本书是国家社科基金"工业化时期德国城市发展与社会变迁研究（1840—1914）13CSS018"的结项成果；本书得到国家一流专业（历史学）项目资助；本书是国家社科基金"19世纪德国的市政改革与城市现代化研究（19BSS055）"的阶段性成果之一。

工业化时期德国城市发展与社会变迁研究

(1840—1914)

徐继承 ◎ 著

中国社会科学出版社

图书在版编目(CIP)数据

工业化时期德国城市发展与社会变迁研究:1840—1914 / 徐继承著.—北京:中国社会科学出版社,2020.10

ISBN 978-7-5203-7129-2

Ⅰ.①工⋯　Ⅱ.①徐⋯　Ⅲ.①城市—社会变迁—研究—德国—1840-1914　Ⅳ.①F299.516

中国版本图书馆 CIP 数据核字(2020)第 170509 号

出 版 人	赵剑英
责任编辑	任　明
责任校对	李　剑
责任印制	郝美娜

出　　版	中国社会科学出版社
社　　址	北京鼓楼西大街甲 158 号
邮　　编	100720
网　　址	http://www.csspw.cn
发 行 部	010-84083685
门 市 部	010-84029450
经　　销	新华书店及其他书店
印刷装订	北京君升印刷有限公司
版　　次	2020 年 10 月第 1 版
印　　次	2020 年 10 月第 1 次印刷
开　　本	710×1000　1/16
印　　张	16
插　　页	2
字　　数	265 千字
定　　价	95.00 元

凡购买中国社会科学出版社图书,如有质量问题请与本社营销中心联系调换

电话:010-84083683

版权所有　侵权必究

目　录

导论 ……………………………………………………………… (1)
  一　研究意义 ………………………………………………… (1)
  二　国内外研究现状 ………………………………………… (2)
  三　国内研究现状 …………………………………………… (12)
  四　相关概念界定 …………………………………………… (15)

第一章　工业化时期德国城市职能的演变与城市发展动力机制 …… (18)
  第一节　工业化时期城市经济职能的变化 …………………… (18)
    一　中小城镇的职能的转变 ………………………………… (18)
    二　区域中心城市经济职能的变迁 ………………………… (20)
    三　柏林成为德国城市体系的核心 ………………………… (25)
    四　城市经济职能的变化对经济社会发展的影响 ………… (28)
  第二节　工业化时期德国城市发展动力机制 ………………… (30)
    一　德意志地区农业生产率的提高促进了农村剩余
        劳动力的转移 …………………………………………… (31)
    二　工业化是德国城市化发展的助推器 …………………… (45)

**第二章　工业化时期德国城市化进程与城市等级规模结构的
　　　　演变** ……………………………………………………… (55)
  第一节　工业化时期德国城市化起步与发展（1840—1871）…… (55)
  第二节　德意志帝国时期城市化初步完成（1871—1914）……… (64)
    一　德意志帝国时期城市化的发展状况 …………………… (64)
    二　德意志帝国时期城市人口增长的构成 ………………… (72)
  第三节　主要工业化地区的城市发展 ………………………… (78)
    一　工业化时期德国西部城市的崛起及其影响 …………… (78)
    二　近代柏林城市人口的发展 ……………………………… (90)

第四节　近代城市体系的变迁 …………………………………（103）
　　一　德意志帝国建立之前城市体系的变迁 …………………（103）
　　二　德意志帝国时期城市发展格局变化 ……………………（109）

第三章　德意志帝国时期市政设施完善与市政管理制度的构建 …（113）
第一节　城市生活设施完善与公共卫生服务体系的初步构建 …（113）
　　一　城市人口的过快增长也导致了城市问题日益严重 ………（114）
　　二　德意志帝国时期城市市政设施建设 ……………………（117）
　　三　德意志帝国时期城市公共卫生服务体系的创立 ………（119）
　　四　大规模城市基础设施改造对城市社会的转型产生积极的
　　　　影响 …………………………………………………………（122）
第二节　城市化进程中的市政管理 ……………………………（125）
　　一　德国城市市政制度形成的主要因素 ……………………（125）
　　二　德国的市政管理制度 ……………………………………（127）
　　三　选举机制改革 ……………………………………………（131）
　　四　德国市政改革过程中的住房问题及其应对措施 ………（140）

第四章　德国工业化进程中的城市社会发展 …………………（150）
第一节　城市社会结构的演变 …………………………………（150）
　　一　工业化启动前后德国城市社会阶级情况 ………………（150）
　　二　德意志帝国时期城市社会结构局部调整 ………………（154）
第二节　工业化时期德国垂直社会流动 ………………………（161）
　　一　垂直社会流动的发展状况 ………………………………（161）
　　二　影响垂直社会流动的因素 ………………………………（165）
第三节　工业化时期德国城市消费社会的形成 ………………（176）
　　一　大众消费群体形成 ………………………………………（176）
　　二　大众消费理念和消费行为的改变 ………………………（179）
第四节　近代德国城市反贫困政策的调整 ……………………（196）
　　一　经济起飞时期以经济利益取向为主的城市反贫困
　　　　政策——埃伯菲尔德体制 …………………………………（197）
　　二　高速工业化时期以社会安全取向为主的城市反贫困
　　　　制度——社会保险制度 ……………………………………（199）
　　三　转型时期德国城市反贫困政策调适的启示 ……………（202）
第五节　妇女的职业化进程明显加快 …………………………（205）

一　劳工妇女职业化状况 …………………………………（205）
　二　中产阶级妇女工作情况 ………………………………（215）
　三　德国女性职业群体兴起的原因 ………………………（218）
结语　对近代德国城市社会发展的思考 ……………………（228）

参考文献 ……………………………………………………………（231）
后记 …………………………………………………………………（246）

图表目录

表1-1　1893—1902年汉堡销往国外煤炭数量统计 …………………（22）
表1-2　1893—1902年不来梅与不来梅港口销往国外煤炭数量
　　　　统计 ……………………………………………………………（22）
表1-3　1836—1854年德国5大博览会交货量情况统计 ……………（25）
表1-4　1900年德意志帝国各地区国内人口流动情况统计 …………（42）
表1-5　1849—1913年德国产业结构的调整状况统计 ………………（44）
表1-6　1851—1910年德国城市行政区合并情况 ……………………（53）
表2-1　1816—1840年普鲁士人口城市化发展状况 …………………（56）
表2-2　1840—1871年普鲁士人口城市化发展状况 …………………（56）
表2-3　1840—1867年普鲁士人口增长率 ……………………………（58）
表2-4　1816—1840年普鲁士各类城市的人口增长状况 ……………（59）
表2-5　1840—1871年普鲁士各类城市的增长状况 …………………（59）
表2-6　1816—1840年普鲁士各地区城市人口增长结构 ……………（60）
表2-7　1840—1871年普鲁士各地区城市发展 ………………………（60）
表2-8　1867年普鲁士人口超过2000人并没有授予城市地位的
　　　　社区情况统计 …………………………………………………（63）
表2-9　近代德国法律意义上的城市与人口统计意义上的城市
　　　　情况统计 ………………………………………………………（65）
表2-10　1871—1910年普鲁士人口城市化发展状况（法律意义上的
　　　　　城市）…………………………………………………………（66）
表2-11　1871—1910年普鲁士城市化水平 …………………………（67）
表2-12　1871—1910年普鲁士各类城市的增长状况 ………………（68）
表2-13　1871—1910年普鲁士各地区城市发展 ……………………（69）

表 2-14　1871—1910 年普鲁士各地区人口超过 2000 人未授予
　　　　城市的社区发展 ……………………………………………（70）
表 2-15　各类城市的职业分布的比重统计（1882、1895、
　　　　1907）……………………………………………………（71）
表 2-16　1871—1910 年普鲁士各类城市人口增长 ………………（72）
表 2-17　1875—1905 年普鲁士人口超过 2 万人的城市人口增长 …（73）
表 2-18　1905 年普鲁士各类城市本地出生人口占城市总人口
　　　　比重 ………………………………………………………（75）
表 2-19　1875—1905 年普鲁士人口构成 …………………………（76）
表 2-20　1816—1910 年柏林城市人口增长概况 …………………（91）
表 2-21　1875—1905 年柏林城市人口增长构成 …………………（93）
表 2-22　1880—1900 年柏林与其他城市人口增长 ………………（95）
表 2-23　1875—1900 年柏林市各区人口增长 ……………………（95）
图 2-1　…………………………………………………………（104）
表 2-24　1600 年德国城市人口排序 ……………………………（104）
表 2-25　1600 年德国城市等级规模分布 ………………………（105）
表 2-26　1800 年德国城市人口排序 ……………………………（106）
表 2-27　1800 年德国城市的等级规模分布 ……………………（107）
表 2-28　1871 年德国城市体系的等级规模分布 ………………（110）
表 2-29　1900 年德国城市体系的等级规模分布 ………………（111）
表 2-30　德意志帝国时期各类城市数量统计情况 ………………（111）
表 3-1　普鲁士 1876—1887 年的各类城市医生分布 ……………（120）
表 3-2　1888—1905 年德国电力中心站数量统计 ………………（124）
表 3-3　1910 年普鲁士大城市的人口数与议员人数 ……………（131）
表 3-4　1890 年普鲁士城市议会中房屋业主所占比例 …………（138）
表 3-5　1910 年德国部分城市每幢住宅平均人口数 ……………（140）
表 4-1　1904—1913 年德国上升的垂直社会流动 ………………（162）
表 4-2　1925—1929 年德国上升的垂直社会流动 ………………（163）
表 4-3　1955 年西德上升的垂直社会流动 ………………………（163）
表 4-4　1898—1962 年德国高级公务员的社会来源 ……………（166）
表 4-5　1914—1969 年德国商业精英的社会来源 ………………（169）

表4-6	1890—1970年德国中级公务员的社会来源	(171)
表4-7	1910—1959年德国白领雇员的社会来源	(172)
图4-1	1909—1914年《德国玩具报》上刊登的纽伦堡地区玩具广告数量对比	(186)
表4-8	1816—1861年普鲁士的女性就业比率统计	(206)
表4-9	1875年普鲁士女性劳工分布情况	(208)
表4-10	1875年普鲁士妇女就业人员年龄和家庭情况	(209)
表4-11	1895年德国妇女工作人数统计	(210)
表4-12	1905—1939年妇女婚姻生子情况	(211)

导　论

一　研究意义

19世纪中叶至20世纪上半叶是德国社会变化非常剧烈的一个时期，而这种变化主要是在城市中进行的，城市发展与社会变迁有着明显的互动关系。因而对工业化时期（1840—1914）德国城市发展与社会变迁的互动性进行系统的研究，不仅在研究领域具有开拓性，将城市史研究进一步推向深入，而且在许多领域都取得了突破性的进展。从城市发展与社会变迁这一独特的视角去进行历史探索，对于探究德国社会的变迁轨迹，对于认识当时的社会，对于整体历史规律的探索都必将有所裨益和启迪。这对于深入认识转型时期德国的社会性质有着积极的意义。

工业化时期是德国历史上一个具有特殊意义的阶段。在这一时期，德国抓住两次工业革命的机遇，实现了从农业社会向工业主导的现代社会的转型，建立起先进发达的工业体系与城市体系。在这一基础上，德国城市社会发生了巨大的甚至根本性的变化，如城市在市政管理、社会结构、社会生活、婚姻与家庭等层面都发生了明显的变化。有鉴于此，工业化时期在德国社会转型发展中的这种特殊性地位，加强对于这一时期城市发展和社会变迁的研究，对于客观认识和把握德国资本主义发展的历史，显然具有重要意义。

加强对于工业化时期德国城市发展与社会变迁研究同样有一定的现实意义。当前我国正处于向工业化、城镇化和信息化社会转型时期。从历史学的借鉴功能出发，研究工业化时期德国从农业社会向工业社会转型过程中经济和社会的变化状况，探讨其得失，对于我国当前的现代化建设应有一定的参考价值。从该意义上讲，研究德国城市发展与社会变迁的关系，考察德国城市发展与社会转型的历史已不完全是一个学术问题，现实意义显著。

二 国内外研究现状

19世纪后半期，德国学术界已经开始涉足城市史相关研究。20世纪60年代以来，联邦德国学术界对城市史的研究进入了崭新的阶段，开始运用新理论、新视角以及研究方法解读城市的发展变迁。[①] 1970年，联邦德国在明斯特建立了比较城市史研究中心，这为城市史的研究提供了一个非常广阔的平台。此时，德国城市史的研究内容也发生了很大的转向，从侧重研究中世纪与近代早期的城市史，转向集中关注工业革命以来的德国城市史。[②] 这一时期德国史学界主要关注单个城市的内部结构变化以及工业化时期的城市发展。在随后的几年时间里，联邦德国的地理学家、历史学家以及生态学家合作对城市史进行跨学科的研究，产生了丰硕的成果，1979年联邦德国出版了《德国现代城市史》一书，在学界引起了轰动。在《德国现代城市史》一书中，首次借用了美国学者研究城市化的理论、方法与视角，以现代化视角对在工业化过程中急剧转型的德国城市进行了解读。[③]

除了建立学术研究所、出版了一些重要的学术著作外，德国研究城市史的学者也开始借助英美学者的研究方法与视角。1980年，明斯特比较城市化史研究中心的历史学家借用了英国"urban"这个词，首先运用"城市化"（Urbanisierung）理论、方法与研究视角阐述德国城市化发展[④]。"城市化"理论的构建、研究方法的创新为德国城市化的研究注入了崭新的活力。这一时期德国城市史主要关注19世纪中期以来德国工业化与城市化互动发展，内容涉及四个方面：（1）人口转型：即从以农业人口为主导乡村社会向以城市人口为主导城市社会转型；（2）经济转型：工业和服务业逐步发展成为国民经济的主导产业；（3）新的社会结构推

[①] Jürgen Reulecke and Gerhard Huck, *Urban History Research in Germany: its Development and Present Condition*, Urban History Yearbook, 1981.

[②] Richard Rodger, *European Urban History: Prospect and Retrospect*, Leicester: Leicester University Press, 1993.

[③] W. H. Schröder (Hrsg.), *Moderne Stadtgeschichte*, Stuttgart: Klett-Cotta, 1979.

[④] 在德语中Urbanisierung与Verstädterung这两个单词都指城市化，其中Verstädterung这个单词主要指人口城市化，而Urbanisierung不仅包括城市的人口增长，也包括城市的产业结构、功能、文化、社会结构等方面的变化。

动了人口空间流动与社会流动;(4)城市文化在社会上不断扩散。①

自 20 世纪 70 年代以来,德国城市史的研究出现了两种倾向。一种是以克拉贝(Wolfgang Krabbe)为代表,着眼于"城市市政管理"研究,主张从政治学角度来研究城市市政管理,集中关注前现代和工业化时期城市社会阶级、寡头政治的执政者和城市精英。② 这个学派早期主要研究城市社会历史。20 世纪 80 年代中期,他们对城市史的研究重心已从对单个城市的研究转向了研究城市管理的两个重要问题。其一,市民如何参与城市市政管理。在快速的城市化过程中,中产阶级怎样适应政治变化和社会重组。近年来,已经开始关注在城市化过程中城市议会功能的变化,尤其是侧重对 19 世纪城市市政管理中政治权力分配的研究。③ 其二,关于市政管理。19 世纪中期,城市化赋予了市政管理独特的身份与职业,同时也引起了地方行政长官权力的损失。研究发现,城市行政管理职业的发展催生了现代市政管理体制,从而对德国城市现代化产生了重要推动作用。城市市政管理职能主要由技术人员与金融人员构成的市政管理体制来行使。这些市政管理者主要对供水、供气、公共卫生、交通和建筑等方面进行管理,这些都是市政建设研究的主题。④ 近年来,许多学者开始转向对市政管理中城市服务体系的研究。由于城市化过程中市政管理当局主动承担市政服务的社会责任,从而进一步推动了社区内基础设施与社会福利的发展。在工业化的过程中出于应对社区服务和公众需要,传统的以地方行政长官为主导的行政管理体制逐步过渡到现代以社区服务为导向的职业行政管理体制。⑤

另一种是以霍尔斯特·马策拉特(Horst Matzerath)为代表的城市化学派,侧重关注工业化时期的德国城市化。他们从各种社会科学的研究视角探讨工业化时期德国城市人口的增长、经济和社会变革的运行规律与城

---

① Richard Rodger, *European Urban History: Prospect and Retrospect*, Leicester: Leicester University Press, 1993.

② JürgenReulecke and Gerhard Huck, *Urban History Research in Germany: its Development and Present Condition*, Urban History Yearbook, 1981.

③ Gall Lothar, *Bürgertum in Deutschland*, Berlin: Btb, 1996.

④ Friedrich Lenger, *Towards an Urban Nation: Germany since 1780*, New York: Berg, 2002.

⑤ Richard Rodger, *European Urban History: Prospect and Retrospect*, Leicester: Leicester University Press, 1993.

市文化的发展。一般以单个城市为个案研究,系统考察城市的社会变迁。维尔纳·康策(Werner Conze)① 认为城市作为独立的研究整体,应包含整个现代城市结构变化问题。城市史主要侧重于两个方面的研究:其一,对典型城市进行综合研究,主要包括人口特点、经济社会结构,其中科尔曼(Wolfgang Köllmann)著的《19世纪巴门社会史》成为城市个案研究的典范。② 其二,城市史应该涉及城市发展的理论建构问题,其中包括市民社会与社会流动。20 世纪 80 年代以来,许多学者开始关注城市的生活条件、城市改造与规划问题。③

20 世纪 70 年代中期以来,德国史学界在研究城市史的过程中研究方法、视角也发生了重要转向,借助不断发展与革新的信息技术,开始运用新史料、新方法对城市史研究的理论进行重构。他们在借鉴美国新城市史研究学派提供的理论与方法的基础上,借助计算机来处理大量的数据档案,对城市史展开量化研究,拓展了比较城市研究的领域。城市史学家在借助计量统计方法的基础上出版了第一部量化分析的现代城市史④,拓展了德国城市化史的研究领域。20 世纪 80 年代中期,以跨学科与国际比较研究为基础的多卷本城市化著作出版⑤,城市史研究已经达到了较高的水平。综观德国学者对城市史研究可以看出,20 世纪 80 年代以前史学界主要关注国内城市史,对城市化的研究较为薄弱。到 20 世纪 80 年代,史学界侧重于国际合作并运用其他的分析方法,从整个欧洲城市发展的视野中去审视德国城市的历史演进,并进行比较研究。⑥

据笔者所知,有关德国城市化的研究在国外学界特别是德国史学界已

---

① 维尔纳·康策是德国著名的城市史学家,其代表作为《施泰因与哈登贝格领导下的普鲁士改革:职业自由与城市规程》(Werner Conze, *Die preußische Reform unter Stein und Hardenberg. Bauernbefreiung und Städteordnung*, Stuttgart: Klett 1956.)

② Wolfgang Köllmann, *Sozialgeschichte der Stadt Barmen im 19. Jahrhundert*, Tübingen: J. C. B. Mohr, 1960.

③ Horst Matzerath, *Urbanisierung in Preussen 1815-1914*, Stuttgart: KohlhammerVerlag, 1985.

④ W. H. Schröder (Hrsg.), *Moderne Stadtgeschichte*, Stuttgart: Klett-Cotta, 1979.

⑤ Hans-Jürgen Teuteberg, *Urbanisierung im 19. und 20. Jahrhundert*, Wien: Bohlau, 1983; Hans-Jürgen Teuteberg (Hrsg.), *Stadtwachstum, Industrialisierung, sozialer Wandel: Beiträge zur Erforschung der Urbanisierung im 19. und 20. Jahrhundert*, Berlin: Duncker & Humblot, 1986.

⑥ Ad van Woude, *Urbanization in History: A Process of Dynamic Interactions*, New York: Oxford University Press, 1990.

有相当丰富的成果。由于德国城市化的著作颇多，本书将有选择地介绍国外史学界对德国城市化研究的相关著作。

（1）关于德国城市化研究的代表性著作

德国学者对德国城市化的研究著作首推霍尔斯特·马策拉特在1985年出版的《1815—1914年普鲁士的城市化》一书①。马策拉特是德国著名城市史学家，也是联邦德国最早引进美国新城市史学研究方法、理论的学者，在其扛鼎之作《1815—1914年普鲁士的城市化》一书中，主要考察了普鲁士城市人口增长、社会流动与城市规划。霍尔斯特·马策拉特和霍拉科把普鲁士城市化的时间界定在1815—1914年，并依据普鲁士城市人口的增长和当时社会经济结构的变化将这一个世纪分为三个阶段：第一个阶段1815—1840年是城市化的准备阶段，城市人口的增长主要以自然增长为主，从整体上看城乡经济发展的差距并不是很大，西部的莱因与威斯特法仑地区的城市化已经启动；第二个阶段1840—1870年是自发发展为主的城市化稳步推进时期，随着德意志关税同盟的成立与第一次工业革命在德国的迅速展开，德国城市化全面启动，主要的工业城市与大城市出现了少量的近距离与季节性移民，城乡经济发展差距持续增大，西部地区的城市化进程明显加快；第三个阶段1871—1914年则是在高速工业化助推下的城市化飞速发展时期，大城市与新型工业城市的人口急剧增长，超过10万人的大城市不断涌现，德国基本实现城市化，东部地区与西部地区城市化的差距进一步拉大。② 霍尔斯特·马策拉特从城乡发展差异的视角解读德国城市化，不仅对城市人口增长与城市增长的结构③进行了详细的考察，还从制度变迁的视角深入分析德国城市化的发展原因，这是本书最重要的创新之处。不过，对工业化与城市化的互动发展的研究则较少关注，这也许是该书的美中不足之处。

---

① Horst Matzerath, *Urbanisierung in Preussen 1815 – 1914*, Stuttgart: Kohlhammer Verlag, 1985.

② Wolfgang Krabbe, *Die Deutsche Stadt 19 und 20 Jahrhundert*, Göttingen: Vandenhoeck & Ruprecht, 1989.

③ 城市增长结构主要依据城市人口的增长率不同，城市增长大体上可以分为：负增长（人口增长率低于0）、适度增长（增长率介于0—1.2%）、强劲增长（增长率介于1.2%—2.4%）、飞速增长（增长率高于2.4%）。马策拉特从城市增长结构的视角中解读了德国东部、中部与西部地区城市化发展不平衡的现象。

与《1815—1914 年普鲁士的城市化》齐名的著作还有克拉贝著的《19、20 世纪德国城市史》。① 克拉贝对 19 世纪以来的德国城市史研究有极深的造诣。他依据德国城市功能的变化将德国城市化划分为三个阶段：1800—1870 年是德国城市化的准备阶段；1870—1920 年为第一次城市化的高速发展阶段；1920—1980 年则是德国城市化的完善阶段，城市社区进行了金融改革与市政管理制度的局部调整。这本书主要从城市功能嬗变的视角来论述德国城市化的演进历程，而对城市化过程中城市人口的增长、经济结构的变迁、地域景观的变化、城市文化的扩散等问题都没有详细论述。从《19、20 世纪德国城市史》一书中可以看出，克拉贝沿袭了德国城市史传统研究思路，主张从市民社会的形成、市民如何参与市政管理、市政管理制度的变迁等问题入手，深入论述了德国城市化进程中现代市政体系的形成、发展与完善，从而为我们展现出近代以来德国市政管理制度的流变与发展。

罗伊勒克（Reulecke）也是德国城市化研究的开拓者之一，其代表作为《德国城市化史》②。《德国城市化史》是一本系统研究德国城市化的专业著作。按照城市管理制度的变迁，德国城市化大体上可以分为：19 世纪中期前城市化的准备阶段、早期工业化时期的城市化阶段（1850—1871）、高速工业化时期的城市化阶段等三个阶段。罗伊勒克从城市人口的增长、城市法律的演变、城市规划的发展、市政管理制度的演变、城市人口的流动、城市金融等层面系统研究德国城市化的发展。该书最大的特色是从市政管理制度的近代转型角度解读德国城市化发展，但对德国工业化与城市化的互动发展则较少涉及。罗伊勒克承袭了从制度变迁视角研究城市化的传统。

此外，霍尔斯特·马策拉特主编的《城市增长和城市内部结构的变化：19、20 世纪的城市化进程问题》是一本从城市内部结构变化的视角解读 19 世纪德国城市发展变化的论文集。③ 该书以工业化以来城市居住

---

① Wolfgang Krabbe, *Die Deutsche Stadt 19. und 20. Jahrhundert*, Göttingen: Vandenhoeck & Ruprecht, 1989.

② Jürgen Reulecke, *Geschichte der Urbanisierung in Deutschland*, Frankfurt am Main: Suhrkamp Verlag, 1985.

③ Horst Matzerath, *Städtewachstum und innerstädtische Strukturveränderungen: Probleme des Urbanisierungsprozesses im 19. und 20. Jahrhundert*, Stuttgart: Klett-Cotta, 1984.

区与工业区的分离为切入点,深入分析了近代德国城市内部结构的变化,并以柏林与汉堡的空间结构的变化为例,为我们展现出不同类型城市的空间结构与布局往往也各不相同。霍尔斯特·马策拉特在借助美国芝加哥城市社会学理论的基础上独辟蹊径地解读德国城市化进程与城市内部结构变化之间的关系,拓展了德国城市化研究的领域。当然由于这本书是一本论文集,仅对德国的个别城市进行了个案研究。因此,对德国城市化的研究缺乏系统的考察,这也是该书的遗憾之处。

另外,英美学者涉及德国城市化研究的相关著作主要有扬·德·弗里斯(Jan de Vries)的《1500—1800年的欧洲城市化》。他在该书中将德国城市化放在欧洲城市化的视野下,从长时段的视角来审视德国城市的发展,以50年作为一个时间单位来系统考察德国城市的成长。据统计,1500年欧洲大约有9.6%的人生活在5000人以上的城市,到1800年已经增加到了13%[①]。欧洲各地区的城市化发展水平存在较大的差异,德国在1500年与1800年的城市化率分别为11%和18%,明显高于欧洲城市化发展的平均水平。他还从20世纪40年代的美国著名的城市学专家马克·杰克逊提出的城市首位度理论[②]的视角着重分析了德国城市体系的演进与等级分布。他认为,与欧洲其他国家的城市等级体系相比,德国城市等级分布具有首位度低、大城市聚集人口能力小的特点。总体上看,在近代早期德国城市体系中缺乏像伦敦、巴黎那样的特大城市,这主要与德国处于分裂割据状态,国内邦国林立,城市发展没有统一的规划等因素有密切关系。[③]

阿德·凡·伍德(Ad van Woude)的《城市史》也是一本研究德国城市体系与等级分布的经典之作。[④] 阿德·凡·伍德不仅从城市经济发展对乡村劳动力的巨大引力作用的视角探讨德国城市人口增长,而且还从城

---

① Jan de Vries, *European urbanization 1500–1800*, Massachusetts: Harvard University Press, 1984.

② 所谓的首位度有两种计算方法,一是首位城市与次大城市人口之比;二是四城市首位指标即首位城市与第二、三、四位城市人口和之比。

③ Jack A. Goldstone, *Cities and Social Change*, Sociological Forum, Vol. 2, No. 1 (Winter, 1987).

④ Ad van Woude, *Urbanization in History: A Process of Dynamic Interactions*, New York: Oxford University Press, 1990.

市行政功能的转变、经济转型以及移民方式的变迁等层面来考察城市化发展。① 他在该书中详细论述了 16—18 世纪的德国城市等级规模的演变，指出在这一时期各邦国的首都与区域贸易中心城市的人口增长较快，但从整体上看德国城市的首位度明显低于英国与法国。

弗里德里希·伦格（Friedrich Lenger）主编的《1780 年以来的德国城市发展》被认为是英美学者系统研究 19 世纪以来德国城市化的经典著作。本书从德国城市史与城市化研究状况入手，深入剖析了城市文化的兴起、市民社会的形成、城市市政管理制度的变迁、城市环境的恶化与城市发展之间的关系，还系统考察了第二次世界大战后西德城市的重建。② 这本书较多关注在城市化过程中城市文化对城市发展的影响，而对社会结构的变化以及产业结构的转型升级则较少涉及。

（2）关于德国城市的个案研究

德国城市的个案研究也是研究工业化以来德国城市化的重要组成部分。20 世纪 60 年代以来，西方学者掀起了对德国城市进行个案研究的热潮，其中不乏一些经典著作。戴维·F. 克鲁（David F. Crew）的《波鸿社会史》就是德国城市个案研究的经典之作。③ 该书主要考察了波鸿的城市发展，运用了详细的档案资料，深入地考察了以家庭为基础的婚姻制度与社会分层制度，重点分析了波鸿的移民模式与城乡移民的动机，细致地梳理了城市化过程乡村过剩人口向城市流动的状况；从政治行为的层面阐述了城市阶级关系，深入地分析了当时城市的主导阶层——城市企业家的政治倾向；并分析了矿工与钢铁企业工人的政治主张。戴维·F. 克鲁研究发现，德国非熟练工人与临时工向社会上层流动的空间较小，而熟练工人向上的流动空间则较大，这主要是与德意志帝国时期教育体制引起社会阶层的严重分化有关。④ 鲁尔地区的企业家不但对城市生活的影响较小，而且参与市政的机会也小；从事贸易与商业的中产阶级则长期控制市政当

---

① Jack A. Goldstone, Reviewed work (s): Urbanization in History: A Process of Dynamic Interactions. by Ad van Der Woude, *Population and Development Review*, Vol. 18, No. 1 (Mar., 1992).

② Friedrich Lenger, *Towards an Urban Nation: Germany since 1780*, New York: Berg, 2002.

③ David F. Crew, *Town in the Ruhr: A Social History of Bochum*, 1860-1914, New York: Columbia University Press, 1979.

④ Klaus Tenfelde, Reviewed work (s): Town in the Ruhr: A Social History of Bochum, 1860-1914 by David F. Crew, *The American Historical Review*, Vol. 85, No. 3 (Jun., 1980).

局，把持市政管理。戴维·F. 克鲁在《波鸿社会史》一书中，还详细地考察了在高速工业化进程中德国城市的社会分层、社会流动以及劳工纠纷等相关领域的问题。

科尔曼著的《19世纪巴门社会史》是德国城市个案研究的典范，也是第一部系统研究19世纪德国工业城市的专著。[①] 该书主要从经济发展、人口变迁、社会分层、无产阶级、宗教与文化、政治发展六个层面来系统地论述巴门的城市发展。科尔曼从宏观视野将作为德国著名纺织业中心的巴门与英国的纺织城——诺丁汉、莱斯特进行比较研究，从社会结构与分层制度的视角审视纺织业城市的转型，详细地分析了在工业化进程中城市的社会结构、人口结构的特点。

（3）移民与城市化的研究

城市化与人口流动有着密切的联系。学术界有关德国移民与城市化的研究著作颇丰。詹姆士·H. 杰克逊（James H. Jackson）著的《鲁尔谷的移民与城市化1821—1914》是研究德国移民与城市化的代表作。该书详细地论述了19世纪德国最重要的工业区——鲁尔区的人口与社会经济发展[②]。在这本著作中，詹姆士·H. 杰克逊通过对1810年、1843年、1867年与1890年杜伊斯堡移入与移出人口的统计，深入地分析了移民群体的宗教信仰、性别比例、人口分布以及融入城市的状况，通过在对移民与杜伊斯堡人口增长的考察中折射出该城市的社会转型，为我们研究城市史提供了新的研究视角与方法。

施特弗·霍赫施塔特（Steve Hochstadt）的《现代性与流动性：1820—1989年德国移民》也是研究德国移民与城市化的代表作之一。施特弗·霍赫施塔特在该书中通过系统地研究19、20世纪德国移民的状况，分析了德国城市移民趋势与移民结构，并探寻城市化过程中城市社会经济结构变化。他以杜塞尔多夫的移民为案例进行系统分析，指出工业革命以前杜塞尔多夫已经出现了大规模的移民，只不过是以近距离、季节性移民为主。他还批判了传统移民理论，驳斥了工业化以后才出现了大规模移民

---

① Wolfgang Kollmann, *Sozialgeschichte der Stadt Barmen im 19. Jahrhundert*, Tübingen: J. C. B. Mohr, 1960.

② James H. Jackson, *Migration and Urbanization in the Ruhr Valley*, 1821–1914, Boston: Brill Academic Publishers, 1997.

的观点。① 他在该书中通过对个体移民、整个家庭移民以及移民中性别比例的考察,分析了城市无产阶级的形成与移民之间的关系。此外,该书还从宏观的视角审视了19世纪德国经济社会结构的变化对整个移民结构的影响。

除此之外,关于德国移民与城市化著作还有科尔曼的《人口史》②、奥利弗·格兰特(Oliver Grant)的《1870—1913年德国的移民与不平等》③、德克·霍尔(Dirk Hoer)的《人口转型:1820—1930年德国移民比较研究》④ 等相关著作。这些著作主要从移民的视角详细地分析了德国城市人口流动、社会结构变化等相关问题。

(4) 德国城市的市政管理制度研究

对德国城市市政管理转型的研究一直是德国城市史研究的重要领域。市政管理近代转型主要包括市政基础设施建设与市政管理制度变迁两个层面。市政管理备受德国学者的青睐,研究成果层出不穷。⑤西尔贝格雷特(Silbergleit)的《普鲁士城市——对1808年城市规程颁布以来100周年

---

① Steve Hochstadt, *Mobility and Modernity: Migration in Germany*, 1820-1989, Ann Arbor: University of Michigan Press, 1999.

② Wolfgang Köllmann, *Bevölkerungsgeschichte*, Köln: Kiepenheuer & Witsch, 1972.

③ Oliver Grant, *Migration and Inequality in Germany*, 1870-1913, New York: Oxford University Press, 2005.

④ Dirk Hoer, *People in Transit: German Migrations in Comparative Perspective*, 1820—1930, New York: Cambridge University Press, 1995.

⑤ 对于德国城市基础设施研究的相关著作有:Silbergleit (hrsg.), *Preussen Städt. denkschrift zum 100 Jährigen Jubiläum der Städteordnung vom 19. november 1808*, Berlin: C. Heymann 1908; Philipp Steuer, *Die Wasserversorgung der Städte und Ortschaften*, Berlin: F. Siemenroth 1912; M. Selter, *Die Trinkwasserversorgung der Rheinprovinz auf Grund amtlicher Erhebungen nach dem Stande von Jahre 1911 bearbeitet*, Bonn *1911*; Paul Mombert, Gemeindebetriebe in Deutschland, In: *Gemeindebetriebe*, hrsg. von Carl Johann Fuchs, Leipzig 1908; E. Grahn, Die Städtische Wasserversorgung, Bd. 1 und 2, München und Leipzig, 1908-1912。对德国市政管理的有关著作可以参见:Wolfgang R. Krabbe, Qualifikation und Ausbildung der Gemeindebeamten vor dem Ersten Weltkrieg, In: *Archive für Kommunalwissenschaften*, Jg. 20 (1981); William Harbutt Dawson, Municipal life and government in Germany, London: Longmans, Green and company, 1914; Larry Frohman, Poor Relief and Welfare in Germany from the Reformation to World War I, Cambridge: Cambridge University Press 2008; Steinmetz, George, "Social Policy and the Local State: A Study of Municipal Public Assistance, Unemployment Relief, and Social Democracy in Germany, 1871-1914." Ph. D. diss., University of Wisconsin-Madison, 1987。

的反思》是研究德国市政管理的一本经典力作。该书主要论述了城市人口的发展与流动，城市行政区的合并，城市基础设施的建设，城市水、电、汽的供应，城市卫生事业发展，城市公园等基础设施与文化设施的发展。①

与英国、法国相比，受19世纪德国特殊国情的影响，德国城市的市政管理制度更为复杂，因而备受研究者的青睐。胡戈·普罗伊斯（Hugo Preuß）的《德国城市发展》也是研究德国市政管理制度发展的重要著作②。胡戈·普罗伊斯在《德国城市发展》一书中详细论述了19世纪以来德国城市的自治传统，并从城市宪法发展视角系统地审视了德国市政管理制度的变迁。城市宪法为市政机构依法治理城市提供了法律依据。由于19世纪70年代以前的德国处于四分五裂局面，不仅各地区的城市宪法存在较大差异，而且各地区的城市市政管理制度也各具特色。

英国学者威廉·哈伯特·道森（William Harbutt Dawson）著的《德国城市生活与市政管理》详细论述了近代德国城市市政管理的发展状况。该书从城市地位与市政权力、城市议会与市长之间的权力分配、城市的土地政策、城市规划、房产规划、公共卫生、贸易、济贫政策、社会福利政策、教育政策、金融与税收政策的视角深入、系统地论述了德国市政的历史发展、市政特色、市政功能以及市政议会的管理职能等相关领域。本书还着重分析了德国市政议会的特点及其在市政管理中的作用③。此外，还有一些相关的学术著作如雨果·R. 梅耶（Hugo R. Meyer）的《德国的市政管理》④、约翰·布朗（John Brown）的《1870—1910年德国城市卫生、住房以及政府干预》⑤ 等也涉及城市的市政管理制度。

除了以上城市化的研究问题外，还有一些论述城市化的相关著作，如

---

① Silbergleit (Hrsg.), *Preussen Städt. Denkschroft zum 100 Jährigen Jubiläum der Städteordnung vom 19. November 1808*, Berlin: C. Heymann, 1908.

② Hugo Preuß, *Die Entwicklung des deutschen Städtewesens*, Bd. 1, Leipzig: B. G. Teubner, 1906, S. 353.

③ Dawson William Harbutt, *Municipal life and government in Germany*, London: Longmans, Green and company, 1914.

④ Hugo R. Meyer, *City Administration in Germany*, The Journal of Political Economy, Vol. 14, No. 9 (Nov., 1906).

⑤ John Brown, *Reforming the Urban Environment: Sanitation, Housing, and Government Intervention in Germany, 1870-1910*, The Journal of Economic History, Vol. 49, No. 2, (Jun., 1989).

沃尔夫冈·措恩（Wolfgang Zorn）主编的《德国经济社会史》①、库钦斯基（Kuczynski）的《德国日常生活史》②、胡贝尔·布里吉特（Huber Brigitte）著《德国的工业革命：区域增长的动力》③、赫尔曼（Hermann）的《欧洲经济社会史》④等相关著作也从不同的视角解读了19世纪德国的人口增长、经济社会发展与城市变迁。

三 国内研究现状

目前，国内学者对德国城市化的研究还处于起步阶段，笔者所著的《德意志帝国时期城市化研究》是国内第一部系统研究德国城市史的专著，该书系统地论述了德意志帝国时期城市人口发展、空间结构变迁、产业转型以及城市化发展的特点⑤。

邢来顺教授认为德国工业化时期的城市化的特点主要有四个方面：第一，在不同规模的城市人口增长速度不一，大城市发展最快，中等城市次之；第二，受工业发展水平的影响，城市发展呈现地区性差异；第三，各城市发展速度与其经济及社会类型联系在一起；第四，城市化进程与国内人口流动有着密切关系⑥。

肖辉英研究员从经济发展与城市化互动发展的视角分析了德国城市化的特点。这些特点如下：第一，城市化的速度快，实现城市化所用的时间少于法、美等国；第二，德国的中小城市多，分布较均匀，人口过于集中的大城市少；第三，城市的发展与资源配置和产业结构的变化紧密相连；第四，德国城市化进程中，人口流动呈波浪式状态，二者之间互为影响，

---

① Wolfgang Zorn, *Handbuch der deutschen Wirtschafts - und Sozialgeschichte*, Stuttgart: Klett, 1976.

② Kuczynski Jürgen, *Geschichte des Alltags des deutschen Volkes*, Köln: Pahl-Rugenstein, 1981.

③ Brigitte Huber, *Tagebuch der Stadt München: die offiziellen Aufzeichnungen der Stadtchronisten 1818-2000*, München: Dölling und Galitz, 2004.

④ Hermann, *Handbuch der europaischen Wirtschafts-und Sozialgeschichte*, Stuttgart: Klett-Cotta, 1980.

⑤ 徐继承：《德意志帝国时期的城市化研究》，中国社会科学出版社2013年版。

⑥ 邢来顺：《德国工业化经济——社会史》，湖北人民出版社2004年版，第382—389页；邢来顺：《德国工业化时期的城市化及其特点》，《首都师范大学学报》2005年第6期；邢来顺：《迅速工业化进程中的德意志帝国人口状况》，《世界历史》1996年第4期。

并有互补作用;第五,德国城市化深受德国的政治统一的影响。①

孟钟捷系统论述19世纪上半叶德意志地区的城镇在外在形态、内部结构、城乡关系、城镇文化等四个方面都出现了明显变化,城镇化运动显示出多样性和复杂性特征。②王琼颖论述了魏玛共和国繁荣时期柏林城市的有轨电车、公共汽车、轨道交通实现了一体化地方管理,柏林的城市交通真正成为面向大众的公共服务事业。③

姜丽丽在硕士学位论文《德国工业革命时期的城市化研究》中主要从宏观的视角解读了19世纪德国城市化的动力、特点以及影响④,该文的结构较为合理,但对于德文资料运用较少。孟鑫在硕士学位论文《德意志帝国时期农村劳动力转移研究》中系统论述了德意志帝国时期农村劳动力向城市转移过程、特点以及对德国社会转型产生的影响⑤。姚倩倩的硕士学位论文《工业化时期德国市政改革研究（1830—1910）》主要从市政改革的推动因素、市政体制的变革、市政设施的完善、改革的影响等方面对工业化时期德国市政改革进行探析。⑥笔者与课题组成员发表了数篇关于德国城市史的论文,按发表时间梳理如下:《"分散与集中"——德意志帝国时期城市化发展及启示》⑦,主要论述了德意志帝国时期城市发展出现了集中与分散两种趋势。《工业化时期德国西部城市的崛起及其影响》⑧,论述了德国西部城市的强势崛起不仅得益于工业化的高速发展、大规模的铁路建设以及农业生产率的提高等因素,也推动了工业化向纵深推进,促进了经济重心的西移,进而带动了西北地区港口城市

---

① 肖辉英:《德国的城市化、人口流动与经济发展》,《世界历史》1997年第5期。
② 孟钟捷:《简析19世纪上半叶德意志地区城镇化的"起步"》,《经济社会史评论》2015年第4期。
③ 王琼颖:《政府导向与城市交通转型——魏玛繁荣时期的柏林城市交通发展》,《都市文化研究》2010年第1辑。
④ 姜丽丽:《德国工业革命时期的城市化研究》,硕士学位论文,华中师范大学,2008年。
⑤ 孟鑫:《德意志帝国时期农村劳动力转移研究》,硕士学位论文,华中师范大学,2018年。
⑥ 姚倩倩:《工业化时期德国市政改革研究（1830—1910）》,硕士学位论文,山西师范大学,2019年。
⑦ 徐继承:《"分散与集中"——德意志帝国时期城市化发展及启示》,《社会科学论坛》2010年第6期。
⑧ 徐继承:《工业化时期德国西部城市的崛起及其影响》,《史学集刊》2012年第5期。

的快速成长。《19世纪德国城市经济职能的变化及其影响》[①]一文指出19世纪德国城市的经济职能也开始朝着商业化、专业化与开放化的趋势发展；19世纪末20世纪初，德国初步形成了以柏林为核心，分区域中心城市和中小城镇两级伸展到全国的城市体系。《德意志帝国时期城市化与现代市政设施的构建》[②]，主要论述了在城市人口增长与社会经济发展的影响下，德国城市的供水设施、供电设施以及城市卫生服务体系初步构建；城市市政设施的建设不仅有利于改善公共卫生状况，减少疾病的发生，同时也带动了电力产业的发展。《近代柏林城市人口增长及其社会影响》[③]，指出近代以来柏林城市人口呈现加速增长趋势，人口自然增长率提高、外来移民以及合并行政区带来人口增长成为柏林城市人口增长的重要组成部分，其中外来移民是柏林城市人口增长最重要的因素。《19世纪德国的城市现代化初探》[④]，系统地论述了19世纪德国的城市现代化主要包括城市基础生活设施的建立与城市管理制度的完善。

综上所述，可以发现中外学术界对德国城市化的研究一直比较重视，许多学者对此潜心研究，并出版了相关专著，但受制于时代特点与各自研究视角、方法的不同制约，在工业化时期德国城市发展与社会变迁的研究上还存在一些问题。

1. 从研究内容来看，有的学者倾向于从长时段的视角解读德国城市的发展历程；有的学者较多关注德国市政管理制度的变迁、近代德国市民社会的形成与发展；另一些学者则集中于德国城市的个案研究，不过从整体上看对工业化时期德国城市发展与社会变迁还缺乏深入系统的研究。

2. 从研究视角来看，大多数学者在论述德国城市化过程中侧重论述城市的人口增长、社会结构的变迁、市政管理制度的形成与演进，而经济结构的变迁与城市空间结构的变化则较少涉及。

3. 从研究方法来看，德国史学界对德国城市化研究注重实证的研究方法，尽管对英、美学者研究城市化提出的理论、方法有所借鉴，但缺少

---

① 徐继承：《19世纪德国城市经济职能的变化及其影响》，《都市文化研究》2016年第2辑。

② 徐继承：《德意志帝国时期城市化与现代市政设施的构建》，《都市文化研究》2017年第1辑。

③ 徐继承：《近代柏林城市人口增长及其社会影响》，《新史学》2018年第1辑。

④ 徐继承、姚倩倩：《19世纪德国的城市现代化初探》，《都市文化研究》2018年第2辑。

系统地从城市化理论的视角来研究德国城市化。当前城市化已经成为许多学科研究的热点，城市化理论也层出不穷，如城市化进程中的阶段性规律、农村人口向城市转移的"推拉理论"等相关理论。我们只有将理论与实践相结合，才能更深入地分析出工业化时期德国城市发展与社会变迁的互动关系。

鉴于上述对工业化时期德国城市发展与社会变迁互动关系的薄弱环节，本书将系统地从工业化时期德国城市职能的演变、城市发展动力机制、城市等级规模结构的演变、市政管理变迁与城市社会发展等视角深入地阐述工业化时期德国城市化的发展轨迹，分析社会变迁的特点。

四 相关概念界定

1. 城市化的内涵

城市化的内涵即什么是城市化的问题，一直是学术界争论的问题。由于各学科在研究城市化过程中的视角存在较大差异，各学科对城市化概念的界定往往各不相同。目前学术界主要从人口学、经济学、地理学和社会学等学科界定城市化。

人口学认为，城市化是农村人口向城市不断集中的过程。人口城市化主要通过两种方式进行：一是城市数量的不断增长导致城市人口占总人口的比例不断攀升；二是单个城市人口不断增长。一般来说，单个城市的人口增长主要取决于两个途径：一方面是人口的机械增长，即农村向城市或城市之间的人口迁移；另一方面是人口的自然增长，即由新出生人口超过死亡人口引起的增长。

从地理学的视角看，城市化是乡村景观向城市景观转化的过程，不仅包括人口和非农业活动向规模不等的城市集中的过程以及乡村景观转化为城市景观的地域推进过程；而且还包含着城市文化、生活方式与价值观念等向农村扩散的过程，以及城市内部地域结构的分化和组合。[①]

社会学所指的城市化是指新的生产方式和生活方式产生、聚集、扩散的过程。在农村外在推力和城市内在拉力的双重影响下，农村人口不断地向城市集中，从而产生了新的社会结构、社会关系、社会观念以及社会行

---

① 李江玉：《我国人口城市化区域发展的静态与动态比较研究》，载李晓西、郑贵斌主编《中国区域经济30年论文精选1978—2008》，北京师范大学出版社2009年版，第449页。

为，形成了与农村相对应的城市社会。同时，城市生活方式扩展到农村，导致农村生产方式和生活方式变质，社会生活向城市性状态转变。因此，城市化就是从农村生活方式向城市生活方式发展、质变的全部过程。[①]

经济学中的城市化主要指从乡村经济向城市经济转变的过程，主要包括三个层面转变：一是产业结构从以第一产业为主向以第二产业与第三产业为主转变；二是劳动力构成从农业人口向非农业人口过渡；[②] 三是消费方式的变化，即从农村消费方式向城市消费方式转变的过程。如果从制度经济学的视角看城市化过程，就是资本、劳动力、物质资料等生产要素在不同空间地域之间自由流动与重新配置的过程，即从资源配置效率低的农村逐步转向城市的过程。可见，经济学主要从产业转型与生产要素重组等方面解读城市化。

基于以上学科对城市化概念的界定，笔者认为城市化不仅是社会经济发展到一定阶段的产物，也是工业革命以来城市受产业结构转型、地域转化与人口增长驱动发展的必然结果。城市化不同于以往任何时期的城市发展，主要指城市在人口规模、空间分布、产业结构等方面发生急剧变化，从而逐渐成为社会经济活动的主导，进而导致人类生产生活方式和居住方式由农村性状态向城市性状态的改变，并不断地向深度和广度推进，最终实现城乡一体化的过程。

2. 城市及其城市规模的界定

另外在研究德国城市化过程中，需要对德国城市的概念进行界定。19世纪，人们主要从两个层面对城市进行界定。其一，统计学意义的城市，即人口超过2000人的社区为城市；其二，法律意义的城市，即国家授予一定法律地位的社区，这类城市人口数量并不固定。本书对德国城市化研究主要基于统计意义上的城市。在德意志帝国时期，以统计意义的城市计算德国城市化率更能反映德国城市化发展的真实水平，因为许多新型的工业城市人口已经远远超过2000人，但囿于各种因素的制约，德国政府并没有及时承认这些城市的法律地位。

19世纪普鲁士统计资料对大城市、中等城市以及小城镇存在严格的界定。根据当时的社会经济发展状况，在1815—1840年小城镇主要指人

---

① 向德平：《城市社会学》，武汉大学出版社2002年版，第137页。
② 秦润新：《农村城市化的理论与实践》，中国经济出版社2000年版，第18页。

口数量低于 3500 人的城镇，中等城市为人口规模介于 3500—10000 人的城市，而大城市则是指人口超过 10000 人的城市。① 1840—1871 年，小城镇主要指人口数量低于 5000 人的城镇，中等城市为人口规模介于 5000—30000 人的城市，而大城市则是指人口超过 30000 人的城市。1871—1910 年，城镇主要指人口数量介于 2000—5000 人的社区，小城市为人口规模介于 5000—20000 人的城市，中等城市为人口规模介于 20000—100000 人的城市，而大城市则是指人口超过 100000 人的城市。

3. 城市体系

城市体系是在一定区域范围内，以中心城市为核心，各种不同性质、规模和类型的城市相互联系、相互作用的城市群体组织，是一定地域范围内，相互关联、起各种职能作用的不同等级城镇的空间布局总况。城市体系的变迁是在较长一段时间内城市空间布局发生重大调整的过程。

---

① *Tabellen und amtliche Nachrichten über den Preußischen Staat für das Jahr 1849*, Bd. 1, Berlin: A. W. Hayn, 1851, S. 255.

第一章

工业化时期德国城市职能的演变与城市发展动力机制

第一节 工业化时期城市经济职能的变化

19世纪初期在法国大革命的冲击下,普鲁士实行了顺应历史潮流的施泰因和哈登贝格改革运动。在这次改革运动中,一方面实行了废除农奴制的改革运动;另一方面也对城市管理体制进行调整。在这场改革运动以及随之兴起的工业化的双重影响下,19世纪的德国城市的经济结构调整力度也明显加大,随之城市经济职能也发生了一定的转变。

本书拟对19世纪德国不同类型城市经济职能的变化进行分类考察,在此基础上探讨处于经济职能之转变中的城市对德国经济快速崛起的作用。

一 中小城镇的职能的转变

19世纪普鲁士皇家统计局的数据显示,1816年普鲁士的中小城市大约有1020个,其中人口低于2000人的城市有665个,人口介于2000—3500人的城市有194个。[①] 中小城市最初承担乡村商业活动中心的角色,因而它们的主要经济职能是商业,但在一些经济发达的地区中小城市的经济职能则具有工商并重的特点。当然这种工业还不是完全意义的机器大工业,主要为本城市的经济腹地内农村提供必要日用消费品以及劳务性手工业。而商业职能则主要表现在以下两个方面,一方面它为本地区的乡村居

---

① R. Jannasch, Das Wachstum und die Concentration der Bevölkerung des Preußischen Staates. In: *Zeitschrift des Kgl. Preußischen Statistischen Bureaus*, Jg. 18 (1878), S. 165.

民提供交换剩余农产品市场;另一方面也是农副产品与周边城镇手工业品进行交换的场所。19世纪德国工业化兴起之前,大多数中小城镇仍然保留着两个基本职能,其一是加工生产面向本区域内乡村的手工业品;其二则是交换农副产品,满足居民的基本生活需求。随着19世纪三四十年代德国工业化的兴起,中小城镇的职能也有所拓展。如工业化程度较高的莱茵地区大部分中小城镇的行业都有所增加,像莱茵地区格拉德巴赫行政专区的希托夫外是该行政专区的航运与贸易中心,1816年该城镇仅有16个行业到1830年已增加到29个[1];与此同时,这些中小城镇的职能也有一定拓展,西部地区索林根、伦内普等以金属冶炼为主导产业的中小城镇,随着工业生产能力增强,也进一步要求改善交通运输环境,19世纪中期以后这些城镇交通运输能力明显改善,也成为区域内交通枢纽。行业与职能持续增加也是中小城镇对城乡居民消费能力增加与消费类型多样化的良性互动。

在19世纪三四十年代兴起的工业化的影响下,中小城镇的职能以及经济结构都呈现出新趋势。

首先,专业化的工业小城镇不断涌现。工业小城镇主要指以某项手工业为主导产业而兴起的小城镇。在工业化大规模开展以前,莱茵地区就曾出现少数以冶铁、五金为主要产业的工业小城镇。譬如奥伯豪森、格尔森基兴就是莱茵地区远近闻名的工业小城镇,其中奥伯豪森成为冶铁、五金专业化城镇,有时也参与乡村工业初级产品最后加工;格尔森基兴则是以采矿为主的专业化城镇。在伍珀河右岸则涌现出一批纺织业专业城镇,其中以巴门市为代表,1882年巴门从事纺织业的城市人口有37590人,约占人口总数的36.4%。[2]

其次,中小城镇的商业职能持续强化,与其他经济区域交往能力也持续增强。专业化的工业小城镇在其商业职能方面演进尤为明显,逐渐成为本区域内商业活动中心。一方面,它们承担起将本地区工业产品向外输出的职能;另一方面,又将本地区工业化所需要的原材料运进来,逐步形成本地工业物流中心。19世纪中期,萨克森王国的格劳豪就以向开姆尼茨转运优质羊毛著称,茨维考则是萨克森最重要的羊绒、毛纺织初级产品的

---

[1] Horst Matzerath, *Urbanisierung in Preussen 1815–1914*, Stuttgart: Kohlhammer Verlag, 1985, S. 146.

[2] Ibid., S. 243.

产地。素有萨克森"曼彻斯特"的开姆尼茨成为德国最重要纺织机械制造业中心，1885年该市拥有18家大型纺织机械机器厂。开姆尼茨、格劳豪、茨维考依托萨克森王国发达的畜牧业逐步形成牧羊业、毛纺织以及纺织机器制造业的产业集群，成为德国闻名遐迩的纺织中心。

随着1834年德意志关税同盟的建立，国内市场的一体化趋势也初现端倪，此时中小城镇逐渐成为本地区与外界经济交往的窗口。19世纪50年代中期以来，萨尔区的萨尔布吕肯的矿上机器制造产品运往鲁尔地区哈根、米尔海姆、奥伯豪森等，其市场的范围已经从萨尔区延伸到鲁尔地区，此时中小城市的市场半径已经突破了19世纪初期的15公里的范围。尤其是19世纪60年代以来全国铁路网初步形成，中小城市的对外交往能力也进一步增强，譬如曼海姆的德国化学染料经由路德维希港口运往开姆尼茨的印染厂。

这一时期中小城镇商业职能还呈现出新的特点。首先，小城镇商业经营模式实现了从定期市场交易向店铺零售商业转变。强劲发展的店铺零售业既是衡量商品经济发展的风向标，也是标志着在商品货币关系条件下乡村对城镇依赖度持续增强。其次，涌现出一批专业化的市场。19世纪后半叶，普鲁士一大批中小城镇拥有手工业与农副产品专市，如皮革专市有34个之多，化学染料及产品专市也有将近70个。① 中小城镇的这些专业市场逐渐成为国内市场重要的构成部分。

二 区域中心城市经济职能的变迁

除了中小城镇之外，区域中心城市也分化出新的经济职能。当时德国大约有40个这样的城市，它们构成了"城市"的主体。如果用人口指标来衡量，19世纪中期这些城市的居民一般都在30000人以上。18世纪，德国区域性的中心城市的经济结构与职能主要是工商并重，当然这一时期城市的工业还不是机器大工业，手工业占据主导地位。随着德国工业化的开展与交通运输业的快速发展，区域中心城市的工业生产能力持续提升，交通地位也不断提高。1883年德意志帝国统计年鉴显示，作为德国西部地区较大中心城市的杜塞尔多夫，其工商职业共有78种之多，主要以纺

---

① M. Neefe（Hrsg.），*Statistisches Jahrbuch Deutscher Städte*，Breslau：Verlag von Wilh. Gottl. Korn，1897，S. 276.

织业、钢铁、造纸、煤炭、化工、精密仪器、服装业等为主，总体上看，工重于商。19世纪中期以来，区域中心城市的经济辐射能力持续提升，面向周围地区的经济职能也发生了一定变化。依据它们的经济职能与主导产业的差异性，这一时期的区域中心城市大致可以分为三类。

（一）交通枢纽城市

19世纪中期以来，德国兴起了大规模修建铁路与开凿运河的热潮，一批铁路枢纽与港口城市快速崛起。西部是近代德国较早大规模修建铁路的区域，其中以科隆到明登，汉堡到杜塞尔多夫铁路开通为标志，形成了德国西部工业区与西北部港口城市相连的铁路网。1871年德意志帝国建立以来，修建横贯东西的铁路也逐渐提上了日程，到19世纪末，逐渐形成了柏林—马格得堡—汉诺威—明登—科隆、柏林—马格得堡—克赖恩森—阿尔滕贝肯—多特蒙德—科隆、柏林—哈勒—诺德豪森—卡塞尔—韦茨拉尔、柏林—哈勒—贝布拉—法兰克福连接中部与西部的铁路。①

发达的交通运输网建成不仅有利于工商业发展，也促进了城市规模的扩大。卡塞尔是卡塞尔行政专区政府所在地，相关数据显示1800年卡塞尔的城市人口仅有18000人，1885年城市人口增长到64083人，到1901年则飙升至109780人。② 这一时期卡塞尔城市人口的快速发展主要得益于19世纪80年代柏林—哈勒—诺德豪森—卡塞尔—韦茨拉尔铁路的开通，卡塞尔成为重要的交通枢纽城市，也是德国西南地区重要的机车生产基地。1885年卡塞尔从事与机车制造业相关的企业有525家，工人13276人。③ 与此同时，卡塞尔不仅是黑森所需煤炭、钢铁等资源的转运中心，而且也是该区域工业产品譬如机车制造产品的外运中心，到19世纪末20世纪初，逐渐发展成为德国西南部重要的物流中心。

在19世纪后半叶德国两次技术革命的影响下，港口城市也呈现出在不同经济区域交替发展的特点。19世纪30年代至70年代，波罗的海的港口贸易增长迅速，约占德国对外贸易总量的70%以上，这主要得益于

---

① Thomas Lenschau, *Deutsche Wasserstraßenand Eisenbahnen in ihrerBedeutung fur aen Verkehr*, Halle: Gebauer-Schwetschke, 1907, S. 78.

② M. Neefe (Hrsg.), *Statistisches Jahrbuch Deutscher Städte*, Breslau: Verlag von Wilh. Gottl. Korn, 1904, S. 463.

③ Jürgen Bergmann, *Regionen im Historischen vergleich Studien zu Deutschland Im 19. und 20. Jahrhundert*, Opladen: westdeutscher Verlag, 1989, S. 184.

谷物贸易持续增长。据统计卢贝克的谷物出口增长从 1835 年的 5000 万马克上升至 1870 年的 19500 万马克，称雄于波罗的海贸易。[①] 1870 年以来，德国重工业发展呈现出强劲的发展图谱，以煤炭、钢铁为主导的工业产品生产能力持续增加，其对外贸易增长几乎都完全集中到了北海各港口。汉堡与不来梅是德国北海港口快速发展的典型代表。

表 1-1　　　　1893—1902 年汉堡销往国外煤炭数量统计

年份	销往英国所占比重（%）	在普鲁士所占比重（%）	煤炭总量（1000 吨）
1893	27.7	72.3	572.7
1894	28.7	71.2	564.3
1895	35.4	64.5	534.9
1896	34.2	71.3	628.5
1897	28.6	71.9	684.2
1898	27.8	71.9	660.3
1899	30.1	69.7	765.0
1900	26.8	72.2	884.2
1901	36.4	62.3	892.7
1902	30.5	67.6	946.0

资料来源：Jürgen Bergmann, *Regionen im historischen vergleich studien zu deutschland Im 19. und 20. Jahrhundert*, Opladen：Westdeutscher Verlag, 1989, S. 32。

表 1-2　　　　1893—1902 年不来梅与不来梅港口销往国外煤炭数量统计

年份	销往英国所占比重（%）	在普鲁士所占比重（%）	煤炭总量（1000 吨）
1893	27.7	72.3	572.7
1894	28.7	71.2	564.3
1895	35.4	64.5	534.9
1896	34.2	71.3	628.5
1897	28.6	71.9	684.2
1898	27.8	71.9	660.3
1899	30.1	69.7	765.0
1900	26.8	72.2	884.2
1901	36.4	62.3	892.7

---

① 邢来顺：《德国工业化经济——社会史》，湖北人民出版社 2004 年版，第 316 页。

续表

年份	销往英国所占比重（%）	在普鲁士所占比重（%）	煤炭总量（1000 吨）
1902	30.5	67.6	946.0

资料来源：Jürgen Bergmann, *Regionen im historischen vergleich studien zu deutschland Im 19. und 20. Jahrhundert*, Opladen：Westdeutscher Verlag, 1989, S. 34。

从表 1-1、表 1-2 可以看出，汉堡与不来梅在销往英国煤炭的比重较高。另外，汉堡与不来梅的港口也出现了分工，不来梅港口主要转运普鲁士地区的工业产品，而汉堡则侧重于转运德意志帝国除普鲁士王国之外的工业品。

第二次工业革命发展起来的新兴化学、电器等工业产品因其在世界上的领先地位而行销世界各地，从而出口量猛增。而汉堡、不来梅等优越的地理位置使其成为萨克森、波希米亚、鲁尔地区等工业化程度较高地区的对外贸易的转运中心，形成了发达的对外销售网络。柏林和西里西亚的很多工业品则通过内河航运体系先运往汉口、不来梅再销往国外。而易北河以东除了柏林和西里西亚部分工业化地区以外，基本上仍是农业区。而这一时期德国农产品基本上只能满足本国所需，鲜有出口。

(二) 工商并重城市

它们不仅是区域性的手工业生产中心和物资集散地，而且也是主要以周边乡村为吸引区和辐射区。在 19 世纪后半叶德国高速工业化与交通运输快速发展的影响下，这类城市产业结构与经济职能也发生了一定变化。例如，科隆是德国西部地区重要的都会城市，17 世纪以来就是科隆行政专区的政府所在地，也是该地区的商业、手工业生产中心，从 1600 年至 1800 年城市人口一直在 4 万左右徘徊。[1] 随着 19 世纪中期以来鲁尔煤田的开发与铁路的修建，位于莱茵河畔的科隆区位优势进一步凸显，也成为西部地区最大的水路交通枢纽与内河港口城市。鲁尔地区重工业的快速发展促使科隆港逐渐发展成为鲁尔地区转运谷物、木材、煤炭、矿石、生铁的物流中心，1880 年货物转运量为 22 万吨，到 1913 年，已经增长到了 141 万吨。[2] 与此同时，科隆也投入到大规模工业化的洪流中，造纸业、

---

[1] Ad van Der Woude, *Urbanization in History：A Process of Dynamic Interactions*, New York：Oxford University Press, 1990, p.88.

[2] 邢来顺：《德国工业化经济——社会史》，湖北人民出版社 2004 年版，第 316 页。

皮革加工业、服装加工业、冶金工业、矿山机械制造、电气工业等产业逐渐成为城市的主导产业。1884 年成立的科隆赫里欧斯电气股份公司,到 1900 年其股本资本约 1600 万马克①,在德国七大电气公司中位列第五。19 世纪末 20 世纪初,科隆城市的产业结构总体上是工业与商业并行发展。据统计,1882 年科隆第一产业、第二产业、第三产业比重分别为 25%、39%、36%,到 1902 年三大产业的比重分别为 16%、44%、40%。②

(三) 新兴工业城市

19 世纪 50 年代以来,德国工业化的重心已从纺织业向大规模建设铁路转变,从而带动了国内钢铁、机械制造业发展。莱茵地区的埃森、多特蒙德、波鸿依靠鲁尔地区丰富的煤炭资源与阿尔萨斯、洛林的铁矿资源形成庞大的钢铁生产中心;在多特蒙德周边兴起一大批专业生产镇,这些城镇以钢铁为原料从事金属加工,主要生产钢管、钢材、钢板等中间产品。在鲁尔地区从事钢铁、矿业、机械制造业等重工业的人口持续攀升。1982 年德意志帝国第一次人口职业普查的相关数据显示,埃森从事矿业、钢铁、冶金制造的人口有 24906 人,约占城市总人口的 38%,多特蒙德有 19735 人,约占城市总人口的 25%③;以生产生铁为例,1878—1879 年鲁尔地区 5 家最大的生铁生产公司——好希望冶炼厂、芬尼克斯、多特蒙德联盟、霍尔德尔和约翰尼斯冶炼厂所产的生铁就占总产量的 67.2%。在钢的生产方面,1903 年鲁尔地区好希望、克虏伯、芬尼克斯、多特蒙德联盟、霍尔德尔、莱因钢铁厂、豪伊施等八大钢铁公司约占德国钢产量的 78%。④ 在高速工业化的强力推动下埃森、多特蒙德成为鲁尔地区的钢铁中心。

综观以上几类城市经济职能的变迁尽管呈现出不同的特点,但也体现

---

① A. Sartorius von Waltershausen, *Deutsche Wirtschaftsgeschichte 1815-1914*, Jena: Verlag von Gustav Pischer, 1923, S. 517.

② *Statistisches Jahrbuch für den Preußischen staat*, Berlin: Königschen Statistischen Bureaus, 1903, S. 171-263; M. Neefe (Hrsg.), *Statistisches Jahrbuch Deutscher Städte*, Breslau: Verlag von Wilh.Gottl.Korn, 1908, S. 102. 笔者根据相关数据计算所得。

③ M. Neefe (Hrsg.), *Statistisches Jahrbuch Deutscher Städte*, Breslau: Verlag von Wilh.Gottl. Korn, 1890, S. 27. 所占城市人口比重由笔者计算所得。

④ Wilfried Feldenkirchen, *Die Eisen-und Stahlindustrie desRuhrgebiets 1879-1914*, Wiesbaden: Steiner Verlag, 1982, S. 196.

出几个总的发展趋势,即经济职能也朝着商业化、专业化与开放化的趋势发展。区域中心城市的经济职能也强化着这些趋向。受社会经济发展的影响,人们对日用生活品社会需求量也持续增长,城市日常性的零售业也日渐兴旺,现代商业经营形式的出现是19世纪德国商业发展中最显著的特点。19世纪七八十年代德国出现了百货商店,诸如1874年建立的德国官员百货商店,它们都是为满足城市化过程中生活水平不断提高的人们对消费的需求。随着国内商业贸易日渐繁荣,流动人口增多,旅馆业便应运而生。旅馆不仅能为商人们提供私下成交的好场所,而且也成为各种商业信息广泛交流和迅速传播的平台。商品经营形式的又一特点是专业性商品市场的大量涌现。一般地方城市总有1—2个专业市场,少数城市还有好几个。譬如开姆尼茨拥有羊毛和毛纱专市、呢绒专市,米尔豪森拥有皮革和皮革制品专市,吕登沙伊德拥有五金专市及克雷菲尔德拥有谷市、麦芽专市。

三 柏林成为德国城市体系的核心

作为德国城市体系核心的柏林,其经济职能也发生着明显变化。19世纪,柏林城市发展迅速,1800年城市人口为150000人,到1900年已经飙升至1888710人[①],人口大约增长10倍,不过,柏林城市发展与其经济职能的变化是密切相关的。

19世纪上半叶,柏林在经济职能上与区域性中心城市并无二致,经济腹地仅限于普鲁士中部,工商并重。尤其是与当时德国其他区域性中心城市的商业发展相比,柏林并没有表现得过分突出。

表1-3　　　　1836—1854年德国5大博览会交货量情况统计

年份	法兰克福/Main		布伦瑞克		莱比锡		柏林		法兰克福/oder	
	吨数	1854=100	吨数	1854=100	吨数	1854=100	吨数	1854=100	吨数	1854=100
1836	11721	163.4	3440	126.8	9650	52.0	2418	49.6	9237	61.3
1840	8964	125.0	4141	152.6	13419	72.3	2778	56.9	11799	78.3
1845	9875	137.6	2123	78.3	15898	85.6	4169	85.4	12465	82.7

---

① M Neefe (Hrsg.), *Statistisches Jahrbuch Deutscher Städte*, Breslau: Verlag von Wilh. Gottl. Korn, 1903, S. 102.

续表

年份	法兰克福/Main		布伦瑞克		莱比锡		柏林		法兰克福/oder	
	吨数	1854=100	吨数	1854=100	吨数	1854=100	吨数	1854=100	吨数	1854=100
1850	7901	110.1	2282	84.1	16381	88.2	4753	97.4	11679	77.5
1854	7174	100	2713	100	18564	100	4879	100	15704	100

资料来源：Wolfram Fischer, Jochen Krengel, Jutta Wietog, *Sozialgeschichtliches Arbeitsbuch, Band I: Materialien zur Statistik des Deutschen Bundes 1815—1870*, München: Verlag C. H. beck 1982, S. 85-86。

从表1-3可以看出柏林国内贸易两个特征：第一，柏林在五大博览会交货量总数偏低；第二，从指数的增长速度看，柏林增长速度是最快的。这主要与这一时期柏林是德国第一次工业革命时期的工业中心有关。

19世纪70年代以来，受第二次技术革命的引领，柏林城市商业职能也呈现出一定的变化。19世纪70年代，柏林出现了现代商业贸易经营形式。19世纪80年代，柏林又涌现出一批百货商店。譬如1889年成立的德国官员百货商店和1891年成立的凯撒市场股份公司。这些大型百货商店在柏林确立了自己的地位后，迅速向布雷斯劳、德累斯顿、汉堡、科隆等地扩张开设分店。受柏林城市人口多与市场规模大等因素影响，19世纪末20世纪初柏林又涌现出赫尔曼·蒂茨、A.韦尔特海姆等123家百货公司。除此之外，出于买卖某些特定产品的需要，柏林在这一时期形成期货贸易。19世纪以前柏林一直存在谷物交易市场，到1886年柏林建立了德国中部地区最大的谷物交易甚至铁制品等包含大宗货物在内总汇型产品交易所。

在上述各种新型商业经营模式不断涌现的同时，传统零售商业也呈现出快速增长的势头。据统计，1882年柏林从事贸易企业有9246个，从业人员35358人，随着经济的发展与市场的繁荣，到19世纪末20世纪初，期货贸易从咖啡、棉花、糖类逐渐拓展到土豆、烧酒、铁制品，到1907年则分别增长到了36077个，从业人员246939人[1]，位列第一。贸易涉及的产业包括纺织、金属加工、皮革、电器、化学、造纸、机器制造业、服装等。从贸易交易资金来看，1882年柏林国内贸易的交易额为22348万

---

[1] *Statistisches Jahrbuch für den Preußischen Staat*, Band Ⅳ, Berlin: Königschen Statistischen Bureaus, 1903, S. 272.

马克,到 1895 年增长到了 78650 万马克,约占德国国内贸易总额的 33.3%。① 柏林贸易量快速增长主要受到以下两个因素推动:一方面,工业化以及铁路、内河航运等交通运输业的发展使柏林区位优势与城市体系的中心地位进一步确立;另一方面,工业化与交通的现代化使国内贸易内容与贸易格局发生了重要变化。从贸易物资的内容看,原先生活物资占主体地位的贸易运输让位于工业原料与产品的运输。从贸易格局看,由于交通的现代化运输手段的支持,各贸易集散地与沿海堆货场之间的联系有了可能,旧有的一些大规模的贸易集散地如莱比锡、美因河畔法兰克福丧失了它们作为国外商品的中介地位。

柏林的工业也有较大的发展,还呈现出一些新的发展特点。19 世纪后半叶柏林的机器制造业取得长足的发展。"机器制造业是工业化历史中最后一个生产领域。"1841 年波尔锡希在柏林建造机车制造厂,1858 年,该厂造出的机车已达 1000 辆。1870 年,柏林已有 46 家机器制造企业。② 德意志帝国建立以后,柏林的机器制造业出现了两大趋势:一是新建企业不断增加;二是企业规模和职工人数迅速增加。据统计,1882 年柏林机器制造业 167 家,企业工人 27654 人,到 1907 年,已经增加到了 645 家,工人 13528 人。③ 另外,战略新型产业也是这一时期柏林工业发展的一道亮丽的风景。德意志帝国建立后,柏林电气工业刚刚起步主要生产发电机和电动机制造、建设电厂、安装电力照明系统和建造电车。1890 年电气股份资本还只有 2350 万马克,1900 年德国电气工业股份资本已经达到了 39670 万马克已经仅次于冶金工业,位列第二。④ 19 世纪末 20 世纪初期,德国电气工业领域中逐步形成了七大巨头,其中柏林的西门子—哈尔斯克股份公司与柏林通用电气公司是电气产业中的行业标兵。1908 年德国电气工业中两个最大的集团——西门子—哈尔斯克股份公司与柏林通用电气公司建立战略联盟。到 1910 年,西门子与通用电气两大集团已经占据当时德国电气工业生产的 75%。⑤ 柏林电气工业的快速成长,一方面与强电

---

① *Statistisches Jahrbuch Stadt Berlin*, Berlin 1903, S. 392.
② Ibid., S. 129.
③ Ibid., S. 271.
④ 邢来顺:《德国工业化经济——社会史》,湖北人民出版社 2004 年版,第 267 页。
⑤ 徐继承:《19 世纪德国城市经济职能的变化及其影响》,《都市文化研究》2016 年第 2 辑。

流技术发展密切相关，因为它是电力生产和电气制造业的前提条件，于是这些大型电气公司就成了集机器制造业、电力供应于一身的企业；另一方面，也与电力在生产中的快速普及有关。直到 1900 年以前，柏林电力生产的 86%用于照明，到 1911 年时，在总数达 1000 万千瓦的发电量中，绝大部分已经用于工业电力。①

除此之外，19 世纪末 20 世纪初，柏林也逐渐发展成为德意志帝国的金融中心。德意志帝国建立之初，境内货币种类五花八门，诸如北德地区的银塔勒尔、不来梅的塔勒尔金币、汉堡—卢贝克马克硬币、南德的古尔登等。1875 年，德国政府颁布银行法，宣布建立帝国银行，统一货币。柏林在德国金融一体化过程中凭借自身政治中心、经济实力等优势条件，其金融产业快速发展。19 世纪 90 年代，德国银行界开始了大规模的并购潮。柏林的德累斯顿银行 1892 年合并了盎格鲁—德意志银行，1895 年吞并不来梅银行，1899 年并购下萨克森银行，1904 年吸纳了埃兰格父子银行，1910 年又先后并购布雷斯劳汇兑银行和符腾堡国家银行。1877 年，柏林八大银行的分行仅有 7 家，1895 年增加到 15 家，1913 年增加到 227 家。② 同期，柏林的四大银行——德意志银行、贴现公司、德累斯顿银行和沙夫豪森银行联合会成了当时德国最大和最重要的四家银行，到 1914 年 6 月 1 日这四家银行的股资分别为 2 亿马克、2 亿马克、2 亿马克和 1.45 亿马克。③ 柏林各大银行业绩骄人，其红利也特别丰厚。19 世纪 80 年代至 1914 年前夕，德意志银行的股息就达到 10%左右，贴现公司股息为 10%—12%，德累斯顿银行的股息为 7.5%。④

四　城市经济职能的变化对经济社会发展的影响

19 世纪德国城市经济职能的转变与产业结构的调整，不仅加速了近代德国经济的一体化过程，而且也使城市成为社会经济发展过程中的主导

---

① 邢来顺：《德国工业化经济——社会史》，湖北人民出版社 2004 年版，第 267 页。

② Dr. Riesser, *Die deutschen Großbanken und ihre Konzentrationim Zusammenhang mit der Entwicklungder Gesamt Wirtschaft in Deutschland*, Jena: Verlag von Gustav Fischer, 1912, S. 334.

③ A. Sartorius von Waltershausen, *Deutsche Wirtschaftsgeschichte 1815-1914*, Jena: Verlag von Gustav Pischer, 1923, S. 559.

④ Hans-UlrichWehler, *Deutsche Gesellschaftsgeschichte, Bd. 3: Von der, Deutschen Doppelrevolution bis zum Beginn des Ersten Welt-krieges 1849-1914*, München: Verlag C. H. beck, 1995, S. 629.

因素。

　　城市经济职能的变化促进了德国城市体系初步形成。城市体系是在一定区域范围内，以中心城市为核心，各种不同性质、规模和类型的城市相互联系、相互作用的城市群体组织，是一定地域范围内，相互关联、起各种职能作用的不同等级城镇的空间布局总况。19世纪以前，德国政治上四分五裂，邦国林立，只是各邦国之间的城市存在松散的联系，并没有出现相互密切联系的全国性的城市体系。1834年德意志关税同盟建立，促进统一的国内市场的形成。在19世纪40年代工业化兴起以及随之而来的国内大规模修建铁路、开凿运河的交通革命的影响下，19世纪末20世纪初期，全德统一交通网络也逐步形成。在工业化发展水平较高的莱茵、威斯特法仑、西里西亚以及柏林等地区的小城镇突破了率先传统的市场和服务功能，与区域中心城市的产业关联性也逐渐加强。以鲁尔地区的钢铁产业为例，位于奥伯豪森的炼铁厂古特霍夫农格特在19世纪40年代以前，主要面向本地乡村市场生产铁具与日用铁制品，其市场半径大约14英里，到19世纪末，该厂不仅引进多特蒙德钢铁企业的炼钢技术，其产品主要是满足科隆的矿山机械产业需要。小城市以产业为纽带，以市场与技术为关联，逐步融入区域中心城市的产业链中。这也进一步增强了区域中心城市对小城市的渗透与控制，小城市变成了地方城市的经济领地，使得地方城市经济腹地也进一步扩大，经济辐射能力也明显提高。另外，区域中心城市逐渐成为统一的国内市场与分工体系中重要的组成部分，充当国内商品流通网络中的纽带，并使本地产品面向全国市场。到19世纪末20世纪初期德国涌现出一批经济活动聚集能力强、人口集中程度高、市场容量大的区域中心城市，譬如科隆、慕尼黑、布雷斯劳、美因河畔的法兰克福、莱比锡、德累斯顿。柏林通过19世纪经济职能的转变，不仅成为国内市场网络中心、成为德国与其他国家经济交往的窗口，它也就势必发展成为德国城市体系的核心。因此，到19世纪末20世纪初期，德国形成了以柏林为核心，以科隆、慕尼黑、布雷斯劳、美因河畔的法兰克福、莱比锡、德累斯顿等区域中心城市为主导，其他中小城市为主体的相互联系的城市体系。

　　城市经济职能的变化也加速了近代德国经济一体化的进程。19世纪末20世纪初期，德国形成以柏林为核心，分地方城市和中小城镇两级伸展到全国的城市体系。城市体系的形成使得德国一体化经济的框架也初现端倪。城市之间横向联系又是地区之间经济交往的主要途径。德国国内大规模人口迁移就是地区之间经济交往的重要表现。1907 年在东、西普鲁士和波森三个省出生的人口中，有 42.2% 的人生活在其他地方，其中 24.8% 在莱茵—威斯特法仑，17.4% 在柏林。① 远距离人口迁移在经济发达地区的人口比例逐渐上升。据统计，1882—1907 年在莱茵地区这一比例由 6.4% 上升到 11.6%，在威斯特法仑这一比例则从 9.2% 上升到 17.8%。② 19 世纪末 20 世纪初期，不同城市之间企业经营联合则是地区间经济交往的重要手段。为了减少竞争损失，消除竞争风险，获得最大利润，各大企业逐渐通过相互间的协议来达成有关生产、销售方面的妥协，以便取得双赢。卡特尔、辛迪加成为 19 世纪末 20 世纪初德国企业之间经济联系的主要形式。譬如，1893 年建立的莱茵—威斯特法仑煤业辛迪加，辛迪加拥有当时鲁尔地区煤炭开采量的 86%。19 世纪后半叶德国化学工业领域涌现出规模不等的 214 家企业，1904 年形成了巴登苯胺—苏打工业和拜耳两大工业集团，到 1914 年这两大工业集团的燃料生产已占当时德国同类生产的 95% 和世界生产的 80% 以上③。

总之，19 世纪城市经济职能的变化是德国城市化助推的结果。城市经济职能的变化不仅是城市产业结构升级，城市功能提升的体现，也促进城市对内辐射能力增强，对外经济交往能力提升，使城市逐渐成为社会经济发展过程中的主导因素，从而为德国在 19 世纪末 20 世纪初的强势崛起创造了条件。

第二节　工业化时期德国城市发展动力机制

一般说来，特定的自然条件、社会、经济、文化等诸种因素是制约和影响城市发展的主要因素。19 世纪 40 年代以来，随着工业化快速推进与交通运输条件的不断改善，这些外部因素越来越多地影响着德国城市的发展变化。德意志地区城市不再只是各邦国的政治中心城市优先发展，而是能够适应时代发展变化的工业城市、交通枢纽城市、因商而兴起城市等经

---

① Thomas Nipperday, *Deutsche Geschichte 1866—1918*, Bd. 1, Arbeitswelt und Bürgergeist, München: Verlag C. H. beck, 1990, S. 39.
② Ibid., S. 40.
③ 邢来顺：《德国工业化经济——社会史》，湖北人民出版社 2004 年版，第 267 页。

济中心城市的快速发展，成为一条新的规律，一批新的以经济为主导功能城市的强势崛起，初步奠定了工业化时期德意志地区的城市格局。与此同时，德国农业也呈现出快速发展的趋势，在推力与拉力相互作用下，形成德国城市发展的动力机制。

一 德意志地区农业生产率的提高促进了农村剩余劳动力的转移

19世纪是德意志从传统的农业社会向现代工业社会转型的关键时期，其间在农业改革与工业化的共同推动下实现了以农业为主体型经济结构向工业主导型经济结构转型。20世纪70年代学术界对19世纪德意志农业史的研究已经展开。就德国农业史研究状况而言，实证性与原创性的学术著作当属恩斯特·克莱恩的《工业化时代德国农业史》、胡伯特·基斯温特的《1815—1914年德国工业革命》、沃特·豪森的《1815—1914年德国经济史》以及亨宁的《1800—1914年间德国工业化》等著作。我国学者对19世纪德国农业史研究还处于起步阶段[①]，仅仅从技术变革的视角解读19世纪德国农业改革，这种解读显然具有一定的局限性。实际上，19世纪德意志农业生产率的提高主要通过废除农奴制为核心的制度变革与农业生产技术革新运动。

（一）废除农奴制为核心的制度变革

17世纪的30年战争结束之后，德意志的许多邦国都出现了"农奴制再版"现象。直到18世纪末19世纪初，德意志的绝大多数农民还处于农奴制的桎梏之下。从农民与地主的关系来看，地主对农民的法律支配权，农民处于完全从属地位，他们没有人生自由，不能自由迁徙，没有自己的财产，世代为奴；地主不仅拥有对农民独立管理权，还拥有对领地内农民的警察管理权和司法审判权。除此之外，地主在经济上对农民还有统治权。农民须承担手工和使役牲畜的义务劳动；农民须根据地主的需要缴纳实物地租。最后，整个社会陷入了一种僵化的形态之中。由于农民对地主紧密的依附关系的存在，整个社会尤其是农村地区犹如一摊死水，陷于一种毫无生气的非流动状态。农民不仅不能自由迁徙，还不能选择职业，甚至结婚也要经过主人的批准。

自18世纪下半叶，随着资本主义因素的增长，农奴制在德意志的处

---

① 目前研究成果主要有：姜德昌：《农业改革与德国工业化》，《史学集刊》1990年第3期。

境日益困难。一方面，落后的农奴制庄园经济无法满足当时西欧地区蓬勃向上的资本主义商品经济对粮食与原料的需求。一些新农业技术，诸如休耕地利用、牲畜在夏天的圈养等都无法在这种农奴制庄园经济下得到充分运用。更重要的是，在农奴制的束缚下农民没有丝毫的生产积极性。面对生产的低效率与日益高涨的粮食价格的刺激，一些开明的庄园主不得不主动放弃旧的农奴制的生产经营方式，逐步采用新的资本主义的生产方式，雇用自由的农业工人进行生产。实践证明，这种新的经营方式是基于科学之上，且能够充分调动生产者的积极性，不仅利润较高，而且生产质量好。因此，农奴制开始走向衰落。另一方面，在18世纪欧洲启蒙运动的影响下，普鲁士的弗里德里希二世推行所谓的"开明专制"，在此背景下，出现了"废除农奴制"的改革。

早在18世纪后半叶，德意志的"解放农民"进程就已经开始了。早在1777年普鲁士的弗里德里希二世已经宣布王室领地上农民人身自由。奥地利的约瑟夫二世也在1781年开始废除农奴制。巴伐利亚则在1783年宣布取消农奴制。然而真正从社会意义上对德意志农奴制进行改革则得益于法国大革命与拿破仑战争的推动。从整体上看德意志的农奴制的改革分两个地区着手进行的，中心地区在普鲁士。

在普鲁士以外的德意志地区，巴伐利亚早在1778年就已经颁布了有关农奴制改革的法令，规定庄园依附农民可以通过赎买的方式从宫廷取得其继承的财产。巴伐利亚宫廷出于觊觎教会财产的考虑，实行了激进的世俗化政策，没收了修道院土地，导致国家成了76%农民的庄园主。尽管，巴伐利亚在1808年颁布的宪法中已经明确宣布农奴制的废除。由于废除农奴制的政策会直接影响到国家财政收入，巴伐利亚政府对废除农奴制改革步伐明显放缓，直到1848年前夕，国家土地上的农民只有小部分取得了自主权。西南的邦国符腾堡与巴登的政府也出于国家财政收入的考虑，也不愿意废除农奴制，直到1820年后才开始实行解放农民的政策，允许农民用赎金赎买封建义务。

普鲁士的农业改革发展道路在德意志各邦中最为典型，被列宁称为"普鲁士道路"。1806年的耶拿之战，普鲁士战败，面临着割地赔款的窘境。在内忧外患之际，普鲁士国王威廉三世任命施泰因为首相，进行废除农奴制改革。1807年，普鲁士政府颁布了《关于放宽土地占有条件和自由使用地产以及农村居民人身关系的敕令》，在该敕令中指出，取消地主对农民的独立管理权、警察管理权和司法审判权,宣布自 1810 年 11 月 11 日废除一切庄园的农奴制。与此同时,农民以购买土地与封建义务的方式获得人身自由。另外,市民与农民可以购买贵族的土地,贵族可以从事工商业。① 在 1811 年哈登贝格的改革中,又颁布了关于调整地主与农民关系的敕令,在继续敦促贵族解除农民封建义务的同时,规定世代雇农将其继承地产的 1/3 割让给地主,而非世代雇农则要将其地产的 1/2 割让给地主,以作为解除原先负担的地租、劳役义务等赔偿。后来由于反抗拿破仑战争的进行,这一敕令执行的效果并不理想。于是 1816 年,普鲁士政府又出台了《调整敕令的申明》,规定财产在纳税册上登记在册的富裕农民才有权赎免有关的封建义务。② 从这条敕令的申明中可以看出,普鲁士政府调高了农民获得解放的前提条件。由于大部分农民没有达到规定条件而被排除出了改革的进程。据德国著名经济史学家库钦斯基的统计,到 1848 年革命前夕,在普鲁士的勃兰登堡、波莫瑞、西里西亚、普鲁士和波森等五个省份中共有 24 万农民获得解放。③ 结果,废除农奴制的问题直到 1848 年革命后才彻底解决。废除农奴制对德意志历史发展进程产生的影响是毋庸置疑的。市民与农民可以购买贵族的土地,贵族可以从事工商业的规定,表明普鲁士政府取消了对财产流通的限制,是用财产来取代出生门第衡量一个人的社会地位,有利于农村经济的商品化与德意志农业资本主义的发展。另外,农民获得人身自由,则为自由迁徙和社会流动创造了条件,为工业化的发展准备了充足的劳动力来源。

1848 年革命以后,德意志地区加快了废除农奴制的步伐。1849 年 3 月,在法兰克福召开的德意志联邦的国民会议上,明确把取消贵族特权和废除农奴制写进了《德意志帝国宪法》。在该宪法中明确规定了公民应该享有基本权利,主要包括言论自由、出版自由、财产自由以及自由选择居住地。④ 此外,1867 年,普鲁士政府先后颁布了《自由选择职业法》与《迁徙自

---

① Marion W. Gray, *Prussia in Transition: Society and Politics under the Stein Reform Ministry of 1808*, American Philosophical Society, 1986, p. 103.

② Ibid., pp. 123-125.

③ Jürgen Kuczynski, *Die Bewegung der deuschen Wirschaft von 1800 bis 1949*, Meisenheim am Glan: Hain, 1948, S. 41.

④ [美]科佩尔·平森:《德国近现代史——它的历史和文化》,范德一译,商务印书馆 1987 年版,第 160 页。

由法》，进一步强化了公民自由选择职业与居住地的权利，在法律上农民解放问题得到了最终的解决。①

以废除农奴制度为核心制度变革对19世纪德意志地区经济的发展产生了积极影响。一方面，促进了国内人口流动。这一时期德意志地区之间人口流动明显加剧。易北河以东地区的人口向经济发展水平较高的中部与西部地区迁入。据相关数据统计，1882年在东、西普鲁士，波森和波美尼亚四个省出生的人口中大约有6.8%在柏林与勃兰登堡地区，有11.8%生活在威特法伦地区，到1907年则分别增加到了19.3%和27.9%。同期在重工业发达的鲁尔地区，远距离移民所占人口的比重也持续上升，从1882年的7.3%到1907年增加到了17.8%，其中远距离迁入者的29.1%来自东部地区，25.2%来自东北地区。②除此之外，还促进了农村过剩劳动力向城市转移。据斯蒂芬·布勒克的研究显示，1880—1910年柏林新增人口76万，其中农村过剩劳动力移民为23万，其余为人口自然增长以及合并行政区带来人口增长，约占新增人口的30.2%。同期，汉堡、布雷斯劳、法兰克福（美因河畔）、科隆、杜塞尔多夫、慕尼黑等城市农村过剩劳动力移民为10.6万、7.3万、3.8万、4.5万、5.3万、6.7万，约占新增人口的33.8%、36.7%、27.6%、35.4%、32.8%、36.8%。③在工业城市，农村剩余劳动力所占新增人口比重更大。据科尔曼的研究，在鲁尔地区多特蒙德、波鸿、盖尔森基兴等工业城市的新增人口中，农村剩余劳动力所占比重为70%。④

另一方面，农奴制的废除使得土地交易更加频繁。废除农奴制不仅从法律上承认了土地可以自由买卖，也认可了贵族可以自由从事工商业，从而客观上促进土地交易更加频繁。相关数据显示，1829年仅东普鲁士格尼斯堡行政专区873个庄园中有365个换了主人，土地交易面积达16875

---

① 目前的相关成果可参见：Ernst Rudolf Huber, *Dokumente zur deutschen Verfassungsgeschichte*, Bd1, Stuttgart: KohlhammerVerlag, 1961; Preußische Gesetzessammlung 1868, Berlin1868。

② Wolfgang Köllmann, *Bevölkerung in der industriellen Revolution—Studien zur Bevölkerungsgeschichte Deutschlands*, Göttingen: Vandenhoeck & Ruprecht, 1974, S. 225-227.

③ 部分数据由笔者计算所得，可以参见 Stephan Bleek, Mobilität und Seßhaftigkeit in deutschen Großstädten während der Urbanisierung, *Geschichte und Gesellschaft*, 15. Jahrg., H. 1, Probleme der Urbanisierung (1989), pp. 5-33。

④ Wolfgang Köllmann, *Bevölkerungsgeschichte*, Köln: Kiepenheuer & Witsch, 1972, S. 171.

公顷。到 1856 年，波莫瑞 978 个庄园被拍卖，土地交易面积达 36875 公顷。① 甚至从前法律根本不允许购买土地的犹太人也加入购买土地的行列，到 1857 年，易北河以东已经有 75 个犹太庄园主。这一时期土地交易的频繁不仅促进了农业商品化的发展，也为适应资本主义发展的现代农业奠定了基础，同时也为工业化的启动提供了过剩农村劳动力。

（二）19 世纪农业生产技术的革新

19 世纪德意志农业改革不仅表现为废除农奴制，建立适应资本主义农业发展的新型制度，而且也体现在农业生产技术的革新。19 世纪中期以来，德意志工业化进入快速发展的轨道，对粮食、原料的需求也日益增长，提高农业单位面积产量与生产经济效益也提上日程，而农业生产技术的革新也显得尤为重要。19 世纪 50 年代以来，德意志在农业生产领域兴起生产技术革新的浪潮。

首先，新的耕作技术的推广。19 世纪以前，德意志各邦国主导的耕作技术是三圃轮作制，即第一年耕种小麦，第二年种豌豆，第三年休耕，以恢复土地肥力。在这种耕作制度下，每年有 1/3 的土地处于休耕状态。19 世纪中期以来，大规模工业化全面开展，市场对粮食、原料的需求也持续增长，四圃轮作制的推广也提上日程。四圃轮作制是指第一年种麦子，第二年种萝卜，第三年种大麦，第四年则种三叶草、甜菜。四圃轮作制代替三圃制，不仅使原有的休耕地得到较充分的利用，提高了土地利用率，而且客观上也解决了饲养牲畜所需的饲料问题，也改善了农作物种植结构。豆类、土豆、三叶草、甜菜等农作物的种植日益推广。据经济史学家亨宁研究表明，19 世纪初，在德意志地区 2100 万公顷的耕地中尚有 700 万公顷耕地处于休耕状态，到 1850 年时，这一数字已减少到大约 300 万公顷。在荷尔斯太因等地，由于饲料问题的解决，牛、马等的饲养量迅速增长。农民也因市场对黄油、奶酪等的旺盛需求而大得其利。此外，原先仅在冬天向地里施加肥料的做法已开始延伸到夏天，从而使土地肥力得到进一步的改善。

其次，较早地使用化学肥料也是德意志农业生产技术进步主要特点。19 世纪早期，一些人民出于增加土地收益与财富的需要，已经采用施加

---

① *Statistisches handbuch für den Preußischen staat*, Band Ⅳ, Berlin: Königschen Statistischen Bureaus1903, S. 183-194.

动物和人类粪肥的方法补充地力。德国著名的化学家李比希在1840年出版了具有划时代的经典著作《化学在农业与生理学中的运用》，在该书中强调，为了恢复土壤的肥力，除施用农家肥外，还应施用植物易于吸收的无机物或者氮、磷、钾等矿物肥料。19世纪70年代以来，德意志相继成功生产了硝酸盐与合成氨，这也标志着该地区的农业进入科学使用化肥的时代。通过大量使用人工合成肥料来增加作物产量成为德意志帝国时期农业生产中一个最显著的特点。据沃特·豪森的研究，到第一次世界大战前夕，德意志在种植谷物中用于化学肥料成本约占总成本的40%。1890—1913年德意志农业中增加了7000万公担合成化学肥料。同期，在德意志农业中所施的钾盐从210万公担增加到3010万公担，智利硝石则由240万公担增至560万公担，过磷酸钙从500万公担增至2000万公担，托马斯炉渣由400万公担飙升到2200万公担，硫酸铵由60万公担猛增到400万公担。仅1913年一年使用的人工肥料的价值总计高达5.73亿马克①。另外，单位面积矿物肥料的使用量也是衡量德意志农业中施肥量的惊人增长的不容忽视的指标。相关研究显示，1878年德意志帝国农业每公顷土地所使用的合成肥料仅有1.7公担，到1913年化肥的使用量则增加到了20.1公担。② 1910年以后，根据哈勃—博施工艺生产出的合成氨产量已经远远超过其他种类的大气氮肥。化肥的广泛使用不仅使休耕地面积占比由30%减为15%③，而且也提高了单位面积产量。

再次，农业生产技术进步还表现在农业机械化水平的提高。随着工业化和城市化进程的发展，大量人口流向城市和工业领域，农业领域中出现劳动力短缺。1885—1900年，易北河以东东普鲁士、西普鲁士以及波森从农业转入工业移民大约有60万。而1907年大约有27万来自波兰、奥匈帝国以及俄罗斯等国外籍劳动在德意志帝国从事农业生产。④ 为弥补劳

---

① A. Sartorius von Waltershausen, *Deutsche Wirtschaftsgeschichte 1815-1914*, Jena: G. Fischer, 1923, S. 452.

② Kiesewetter Hubert, *Industrielle Revolution in Deutschland 1815-1914*, Frankfurt A. M., 1989, S. 36.

③ Wolfgang Zorn, *Handbuch der deutschen Wirtschafts- und Sozialgeschichte*, Stuttgart: Klett, 1976, S. 529.

④ Johannes Müller, *Deutsche Wirtschafts-Statistik: ein Grundriss für Studium und Praxis*, Jena: G. Fischer, 1925, S. 253.

动力的不足，德意志帝国农业领域的机械化也呈现出强劲增长的趋势。相关数据显示，1882年，简易脱粒机的数量为268367台，蒸汽脱粒机为75690台，播种机为63842台，割草机为19634台，到1907年分别增加到947003台、488867台、290039台、301325台。① 除了劳动力短缺外，易北河以东地区容克地主保存了大农场也为农业机械化稳步发展提供了条件。1882年，50—100公顷农场平均使用农机87.6件，到1907年增加到239件，100—200公顷农场由152件增加到288件，200—500公顷农场由207件增加到323件，500—1000公顷农场由234件增加到351件②。当然，农业机械化水平的提高也离不开农机产业快速发展。在德意志帝国时期，农机制造业也日趋繁荣。1895年，从事农机制造的企业数与职工人数分别为1266家、18604人，到1907年二者分别增加到1862家、41514人。德意志成套农机机械的生产最初也是引进英、美的技术，到20世纪90年代，德意志不仅形成完整农机生产线，其产品也开始与外国农机展开竞争。到1913年，德意志已经成为世界上仅次于英国的机器出口大国。

最后，新型农作物的大面积推广也是19世纪德意志农业生产技术革新的最重要手段。19世纪中期以来，德意志在农作物的新品种的推广方面取得了举世瞩目的成就。甜菜与马铃薯的种植就是19世纪德意志农作物推广的重要内容。据经济史学家沃特豪森的研究表明，19世纪50年代，德意志甜菜产量仅为200多吨，到20世纪初已经飙升至1000多万吨，与此同时，种植面积已从3.6万公顷增加到40.2万公顷。甜菜种植业的推广也促进了甜菜加工业的发展。据统计，1871年德意志甜菜加工产量仅为276万吨，到1910年增加到1342.3吨。③ 这一时期德意志从事甜菜加工产业的从业人员的数量也呈现出大幅度增长。1882年该产业的从业人员为6.7万人，到1895年增加到了9.5万人，1907年则上升至13万人。④ 到19世纪末，甜菜糖是德意志重要的出口产品，超过了煤铁或机

---

① A. Sartorius von Waltershausen, *Deutsche Wirtschaftsgeschichte 1815-1914*, Jena: G. Fischer, 1923, S. 553-554.

② Wolfgang Zorn, *Handbuch der deutschen Wirtschafts- und Sozialgeschichte*, Stuttgart: Klett, 1976, S. 523.

③ J. H. Clapham, *The Economic Development of France and Germany 1815-1914*, Cambridge: Cambridge University Press, 1936, p. 293.

④ Ibid., p. 218.

械在外贸中所占的比重。

(三) 德意志的农业改革为农村剩余劳动力的转移创造了条件

19世纪初期兴起的农业改革不仅为19世纪后半叶的德意志地区工业化的高速发展奠定了基础，而且也在德意志经济结构转型，即由以农业占主导地位的经济结构向以工业为主体经济地位的转变发挥举足轻重的作用，主要表现在以下几个方面。

第一，19世纪的农业改革不仅推动了德意志粮食产量的大幅增加，客观上解决了日益增长的人口粮食供给问题，也为工业化过程中劳动力的生存提供了保障。

小麦、黑麦、燕麦等是19世纪后半叶最重要的三大粮食作物，都呈现出强劲的增长势头。据统计资料，1871年，德意志（普鲁士）小麦产量为121.4万短吨，1886年153.7万短吨，1897年为1246短吨；1871年黑麦产量为282.6万短吨，1886年为402.7万短吨，1897年为846.3万短吨；1871年燕麦为162.6万短吨，1886年为242.7万短吨，1897年为637.3万短吨。① 到1913年，德意志黑麦与燕麦出口量大于进口量，成为满足国内粮食需求的重要保障。马铃薯与甜菜是德意志帝国时期最重要的经济作物，其增长势头也毫不逊色。有关数据显示，1879年，德意志（普鲁士）马铃薯产量为188万短吨，1883年为198.6万短吨，1897年为257.8万短吨；1879年甜菜产量为13.2万短吨，1883年为26.4万短吨，1897年为31.2万短吨。②

以粮食为主体的农业经济的发展也促进了人口增长。据德国人口史学家约翰内斯·米勒的研究表明，1816年德意志地区的人口为2483.1万③，1820年为2629.1万，1830年为2951.8万，1840年为3278.5万，1850年为3539.5万，1860年为2774.5万，1870年为4105.8万，1880年为4523.4万，1890年为4943.5万，1900年为5636.7万，1910年为

---

① *Statistisches handbuch für den Preußischen staat*, Band Ⅳ, Berlin: Königschen Statistischen Bureaus, 1903, S. 194-197.

② Ibid..

③ 德意志地区有正式的人口统计数据始于1816年，本书的统计数据主要来自 Johannes Müller, *Deutsche Wirtschafts-Statistik: ein Grundriss für Studium und Praxis*, Jena: G. Fischer, 1925, S. 258。

6492.5万。① 从以上数据可以看出，德意志人口增长存在明显不同两个发展阶段。如果以1871年德意志帝国建立为界，可以发现1830—1870年的40年间德意志地区居民净增1154万，增长幅度为39.1%。而1870—1910年的40年间，德意志帝国从4105.8万增加到6492.5万，净增人口2386.7万，增幅约为58.1%。按照著名经济史学家霍夫曼估算，农业改革使德意志农业劳动生产率提高了63.4%，农业生产率的提高不仅使人口增长成为现实，而且能够转移出更多农村过剩劳动力进入工业或服务业，进而使城市化率由1871年的36.1%上升到1910年的60%。②

第二，农业改革带动了农产品的快速增长，也为德意志地区工业发展提供了原料。

与英国的工业化相比，尽管德意志地区工业化并不是直接从乡村工业化发展起来的，但19世纪后半叶乡村工业在德意志工业发展的作用却不容小觑。19世纪60年代以来，德意志（普鲁士）农业通过向工业部门提供甜菜、马铃薯、羊毛等原料与工业建立较为密切联系。以制糖业为例，甜菜是制糖产业重要的原料。据克拉潘的研究表明，1866—1870年每年平均加工甜菜250万吨，每年平均生产糖21.1万吨；1886—1890年二者则分别为872.2万吨、111万吨，到1906—1910年则上升到1342.3万吨、211.6万吨。③ 到19世纪末20世纪初，德意志（普鲁士）甜菜种植面积已到100多万英亩，生产制糖企业已达350个，大约有工人10万，成为德意志乡村工业发展典型产业。马铃薯制作工业酒精也是这一时期德意志地区工业发展的特色。19世纪90年代以来，德意志（普鲁士）大约5000多个制作工业酒精的工厂，工人大约有13万，每年生产大约30万吨左右。此外，东部地区亚麻纺织、皮革加工等工业原料也来自农业部门，因此，农业改革也为轻工业发展提供了原料。

需要指出的是，农业改革带来农产品的快速增长进而助推工业发展的作用也是有限的。这主要与德意志帝国在19世纪70年代以来的产业结构战略调整有关。19世纪70年代，德国产业结构以煤炭、钢铁为主导产

---

① Gerd Hohorst（Hrsg.）, *Sozialgeschichtliches Arbeitsbuch: Materialien zur Statistik des Kaiserreichs 1870-1914*, Bd. 2. München: C. H. Beck, 1975, S. 45-46.

② Ibid..

③ J. H. Clapham, *The Economic Development of France and Germany 1815-1914*, Cambridge: Cambridge University Press, 1936, p. 293.

业，到19世纪90年代电力与化学逐渐发展成为德国的主导产业。另外，在德意志帝国时期经济发展也呈现出区域发展不平衡的特点。西部的莱茵、威斯特法仑地区主要产业以煤炭、钢铁为主，而易北河以东的东普鲁士、西普鲁士与波森则以亚麻纺织、皮革加工等轻工业为主。因而，在易北河以东的东普鲁士、西普鲁士与波森地区农业增长对工业发展的助推作用更大一点。正如农业史学家皮克金所言："就1914年以前的德国农业发展而言，易北河成为德国两种农业发展模式的天然分界线，易北河以东是由容克主导大地产农业，其他地区则是小规模农业发展。"①

第三，农业改革带来的农业资本的快速扩张，为德意志地区工业化的启动提供了资金支持。农业改革使得农业总产值呈现出快速增长趋势，而且也为向工业部门增加投资提供了可能。据普鲁士统计资料显示，1816年普鲁士农业总产值为15.79亿马克，1822年为18.93亿马克，1831年为25.74亿马克，1840年为31.15亿马克，1849年为35.86亿马克。② 按照德国著名经济史学家霍夫曼的估计，1850—1859年德意志农业年均总产值为60.38亿马克，1860—1869年为74.85亿马克，1870—1879年为84.61亿马克，1880—1889年为97.20亿马克，1890—1899年为115.16亿马克，1900—1909年为140.65亿马克，1910—1913年为154.75亿马克。③ 从以上数据可以看出，德意志的农业产值在19世纪一直处于上升的趋势。如果从农业部门再投资占农业产出比重来看，19世纪则呈现出下降的趋势。据库青斯基的估算，1816年普鲁士农业部门再投资占农业产出比重为75%，1830年为69%，1849年为61%，1870年为53%。1871—1913年，德意志农业部门再投资占农业产出比重的40%—50%。④ 在剔除农业生产者生活成本以外，在19世纪中期以来在农业部门投资比重的减少，有利于德意志地区工业化的资本

---

① J. A. Perkins, Dualism in German Agrarian Historiography, *Comparative Studies in Society and History*, Vol. 28, No. 2 (Apr., 1986), pp. 287-306.

② *Statistisches handbuch für den Preußischen staat*, Band Ⅳ, Berlin: Königschen Statistischen Bureaus, 1903, S. 187-191.

③ 相关数据由笔者计算所得，参见 Walther G. Hoffmann, *Das Wachstum der deutschen Wirtschaft seit der Mitte des 19. Jahrhundert*, Berlin: Springer, 1965, S. 124-140 中表50、表56和表60。

④ JürgenKuczynski, *Geschichte des Alltags des deutschen Volkes*, Köln: Pahl-Rugenstein, 1981, S. 178-214.

积累。

另外,19世纪普鲁士的容克地主向工业领域的直接投资也逐渐成为农业部门向工业提供资金的重要方式。随着工业化的蓬勃发展,一些富有远见的容克地主逐渐将投资的目光从传统的农业领域向矿业、食品加工、机械制造等工业领域。西里西亚的地主在这方面表现得尤为突出。19世纪中期,巴勒斯特莱姆已经在煤炭、钢铁与锌等产业上颇有建树,已经成为西里西亚最著名的工业企业家。据不完全统计,1850—1890年西里西亚地主累计在采矿与冶金领域投资的资金高达1.5亿马克,成为企业家的人数高达132人。[1] 到19世纪70年代,第二次工业革命在德意志帝国大规模地开展,化学与电气工业成为这一时期最重要的战略新兴产业。这些新兴产业中也不乏容克地主的身影。出生于谷克的爱德华·冯·施瓦茨科是柏林著名通用电气公司监事会成员。冯·格尔斯则是科隆电气股份有限公司的独立董事。化学产业也是容克地主涉足较多产业之一,恩格尔霍恩在1863年创立了路德维希巴斯夫公司。在拜尔公司的董事会成员中则有冯·汉森和库尔德·冯·凯瑟尔。据相关统计数据显示,在普鲁士前100名富豪中,其中投资工商业与金融业约占2/3,且大多为容克地主。需要指出的是,出于工业领域的投资回报率高驱使,容克地主更愿意涉足工业领域。西里西亚贵族冯·唐纳斯·马克就是在工业领域投资成功的典范。他不仅涉足银行和百货公司,更将投资的重心转向采矿业,他的采矿企业年煤炭开采量达195万吨,雇用的工人多达4500人,赢利超过500万马克。[2] 不容忽视的是,由于19世纪后半叶,德意志地区的产业结构以煤炭、钢铁与机器制造业为主导,更多的是倚重银行投资。容克地主向工业领域的投资只是起辅助作用。

19世纪德意志的农业改革对工业化的启动与初步发展奠定了基础。由于19世纪德意志地区实行邦国体制,各邦国的工业化发展水平与发展模式也有所差异,因此,19世纪德意志的农业改革对各邦国工业化发展促进作用也不尽相同。由于普鲁士是实行农业与工业双头发展的地区,19世纪德意志农业改革对普鲁士工业发展的促进作用更大。当然19世纪德

---

[1] Johannes Müller, *Deutsche Wirtschafts-Statistik*: *ein Grundriss für Studium und Praxis*, Jena: G. Fischer, 1925, S. 297-303.

[2] Kurt Pritzkoleit, *Wem gehört Deutschland*: *eine Chronik von Besitz und Macht*, Wien, München, Bassel: Kurt Desch, 1957, S. 61-72.

意志农业改革对经济转型也存在一定局限性。譬如 19 世纪农业改革对工业发展提供原料仅仅体现在对农产品加工业与纺织业,而对于 1870 年以来兴起的电力与化学等战略新兴产业来说则更多依靠科技推动。除此之外,农业改革对工业发展提供资金也是仅仅体现在工业化启动之时,当德意志的工业化向重工业领域深入发展时,更多工业发展所需资金主要来自工业的自身资金积累与银行贷款。

19 世纪德国通过改革走上了资本主义发展的普鲁士道路,促进了农业生产率的提高,也加速了农村剩余劳动力向城市转移的步伐。

(四)农业人口向城市的转移

19 世纪 70 年代,随着德国农业的快速发展,农业劳动生产力显著提高。据统计,1870—1913 年,德国劳动力对德国农业发展的贡献率提高了 67%[①],从而为过剩劳动力的转移提供必要的条件。从 1871 年到第一次世界大战前夕,德国国内人口流动也能反映出从传统的农业区向工业化水平较高的地区流动的特点。

表 1-4   1900 年德意志帝国各地区国内人口流动情况统计

地域		迁入人口	迁出人口	国内迁徙中得失人口	
				绝对数	占出生人口百分比(%)
德国东部	东普鲁士	71920	823836	-451916	-18.6
	西普鲁士	169779	355139	-185360	-10.7
	波森	163783	485835	-322102	-14.7
	西里西亚	190593	631863	-441270	-8.8
	波莫瑞	153819	372419	-218600	-11.8
	两个梅克伦堡	75554	174986	-99430	-12.3
	石—荷、吕贝克	242891	202770	+40121	+2.8
	汉堡	349838	82738	+267100	+55.4
	勃兰登堡(含柏林)	1357107	379637	+977470	+24.7

---

① Pedro Lains and Vicente Pinilla, *Agriculture and Economic Development in Europe Since 1870*, New York: Routledge 2009, p.191.

续表

地域		迁入人口	迁出人口	国内迁徙中得失人口	
				绝对数	占出生人口百分比（%）
德国西部	汉诺威	353348	397959	-44611	-16
	奥尔登堡	63751	75840	-12089	-3.0
	不来梅	92050	30020	+62022	+39.5
	萨克森地区、不伦瑞克	456495	690979	-234484	-6.1
	萨克森王国地区	488134	234413	+253721	+6.6
	图林根	181307	270235	-88928	-5.9
	黑森—拿骚、瓦尔德克	296747	308168	-11421	-0.6
	威斯特法仑	574838	314702	+260131	+9.0
	莱茵兰	636289	344499	+291790	+5.5
德国南部	黑森	139178	142275	-3097	-0.3
	巴伐利亚普法尔茨	68016	109155	-41139	-4.7
	萨尔萨斯—洛林	202004	56869	+145135	+9.6
	巴登	185423	144746	+40677	+2.3
	符腾堡、霍衡佐伦	84337	212164	-127827	-5.5
	巴伐利亚—莱茵河右岸地区	166232	222125	-55893	-1.1

通过表1-4可以看出，1900年德国易北河以东的东普鲁士、西普鲁士、波森等农业区在国内人口迁徙中迁出人口大于迁入人口，而德国西部莱茵兰、威斯特法仑、萨克森王国地区与东部勃兰登堡（含柏林）、汉堡是德国工业化水平较高地区在国内人口迁徙中迁入人口远远高于迁出人口。从以上数据可以折射出，农业人口向城市转移。

19世纪50年代以来，随着德意志地区工业向以铁路建设、煤炭与钢铁等重工业领域推进，形成了以煤炭与钢铁为主导产业的现代工业，带动了就业岗位持续稳步增长，从业人员快速增长。在重工业领域，农村的剩余劳力成为城市新增就业的主力军，我们也可以从1849—1913年德国三大产业就业人数所占比重的变化能够折射出农村过剩人口的转移情况。

表 1-5　　　　1849—1913 年德国产业结构的调整状况统计　　　　单位:%

	第一产业	第二产业	第三产业
1849——1858	55	25	20
1861——1871	51	28	21
1878——1879	49	29	22
1880——1889	47	31	22
1890——1899	41	35	24
1900——1909	36	38	26
1910——1913	35	38	27

资料来源: Walther G. Hoffmann, *Das Wachstum der deutschen Wirtschaft seit der Mitte des 19. Jahrhundert*, Berlin: Springer, 1965, S. 35。

从以上数据可以发现，1849—1958 年德国第一产业就业人数所占全国就业人员总数的 55%，到 1910—1913 年下降到了 35%，减少了 20 个百分点；与此同时，第二产业的就业人数占比从 25% 上升到 38%，增加 13 个百分点；第三产业增加了 7 个百分点。从宏观上看，第一产业减少的比重正好与第二产业与第三产业增加的比重相等。1870 年，德国有 4100 万人口，就业人口约占 44%。1913 年全国人口达 6500 万，就业人口从 44% 上升到 46%。

随着高速工业化的快速推进，包括交通运输业和其他服务业在内的第三产业也呈现出强劲的发展态势。在第三产业的就业比重不断上升，这清晰地反映出农村过剩劳动力向第三产业的转移。

1849—1913 年，即德国工业化的起步阶段到初步实现工业化的半个多世纪里，第三产业在总就业人数中的比例持续上升，但增长幅度较小。第三产业的从业人员占就业总人口的比重，1849—1858 年为 20%，1861—1871 年为 21%，1890—1899 年为 24%，1900—1909 年为 26%，1910—1913 年增加到 27%，同期第三产业就业人数的增长幅度略低于第二产业。从 1849—1858 年到 1910—1913 年，第二产业增长了 13 个百分点，第三产业增长了 7 个百分点。[①]

第三产业包括交通运输、商业、银行、保险与旅馆、家庭服务、其他

---

① Walther G. Hoffmann, *Das Wachstum der deutschen Wirtschaft seit der Mitte des 19. Jahrhundert*, Berlin: Springer, 1965, S. 35.

服务以及国防等诸多行业。通过对1867—1913年第三产业的就业人数在全国就业人数中的比重变化情况的考察可以看出农村劳动力向第三产业转移的状况。1867年,交通运输业从业人数为27.1万人,约占全国从业人数的1.7%;商业、银行、保险和旅馆从业人员为87.9万人,所占全国就业人数的5.4%;家庭服务为142.2万人,约占全国就业人数的8.8%;其他服务为50.8万人,所占全国就业人数的3.1%,国防为37.8万人,所占全国就业人口比重的2.3%;到1913年,交通运输、商业、银行、保险与旅馆、家庭服务、其他服务以及国防的就业人员分别增加到117.4万、347.4万、154.2万、149.3万、86.4万,约占全国从业人数的3.8%、11.2%、5.0%、4.8%、2.8%,其中交通运输、商业、银行、保险与旅馆等行业增长最快,家庭服务的增长最慢。1867—1913年,第二产业新增就业人员731万,增长率高达167.6%;同期第三产业新增从业人员508.9万,增长率为147.2%;而第一产业从业人员仅增236.8万,增长率仅为28.4%。① 由此可见,德意志帝国时期第三产业继续呈现勃兴之势,但吸纳农村剩余劳动力的比率和能力尚不如第二产业。从第三产业的从业人员占全国就业人口比重的变化表明,它创造的就业机会越来越多,吸收农村剩余劳动力的能力也逐渐增强。

二 工业化是德国城市化发展的助推器

19世纪50年代以来,德国工业化的快速发展使生产力空前提高,经济领域出现了划时代的变革。由于以大机器生产为主的现代工业高速发展,导致了生产和人口的高度聚集,并由此推动了城市不断产生和扩大。人们发现在城市的单位土地面积上工业生产创造的价值远比农村的单位土地上的农业生产所创造的价值高得多,这就使工业生产的投入、产出越来越集中于城市。生产越集中,城市也就越发展,城市人口增加,城市地域扩大,城市数量增多,城市功能和作用也发生了质的变化。

工业生产是建立在机械化大工业生产和商品大流通为主要内容的开放型经济基础之上,现代大生产工业品的生产目的主要不是为城市内部的消费,而主要是对外部的交换,通过商品流通获得利润,然后不断地扩大再

---

① Thomas Nipperdey, *Deutsche Geschichte 1866 – 1918*, Bd. 1, *Arbeitswelt und Bürgergeist*, München: C. H. Beck, 1990, S. 269.

生产，保持资本的增值和企业的发展，因此，工业时代的城市性质已有了质的改变，它不再是单纯的消费中心，而首先是一个生产中心。外向型城市经济使城市处于社会化大生产状态，特别是社会生产深刻的地域分工与广泛的商品交换的经济大环境中，城市的发展依赖于工业产品的对外交换和商业贸易。为了更好地在经济上对外交流，需要大力发展以城市为枢纽的现代交通网络，同时现代交通工具也为打破地域限制提供了最有利的工具，交通运输的发展加强了城市的开放性，促进了城市与乡村，城市与城市之间的横向联系，打破了城市在地域上的封闭状态，为它的发展创造了更广阔的空间。

工业时代城市发展与工业化双轮互动发展。工业化是城市发展重要的推动力量，城市发展反过来又推动工业化的发展，两者互相影响互相促进。工业革命使生产方式和生产技术发生转变，大工业生产体系逐渐形成，城市经济活动的社会化、专业化向更广的范围发展。在工业革命的进程中，工业布局不断调整，出现了向矿业、水利等资源丰富地区集中的趋势，由此迅速产生了一批工业城市。工业革命还使原来分散落后的手工业生产和以农业为主体的乡村经济发生了性质上和地域上的变化，正如恩格斯所指出的，"城市的繁荣也把农业从中世纪的简陋状态中解脱出来了"人类的生产活动和居住活动开始不断向城市集中。工业化促进生产规模的扩大，人口的增加，使小城市逐渐发展成大城市。同样，城市发展加速了工业化进程：城市生产活动的聚集和人口的增加，推动城市基础设施的兴建和功能的不断完善，为工业化发展创造良好的物质条件，同时也使规模生产获得规模效应；城市发展为工业化生产提供广阔的商品市场和劳动力市场；城市发展还为科学技术教育的发展提供必不可少的土壤，极大地推动了工业生产技术的革新和发明。

（一）新技术革命推动了工业化的高速发展

19世纪70年代以来，德国兴起了以电力与内燃机为主导的技术革命的浪潮。这次新技术革命主要在电工技术取得了重大技术突破。19世纪七八十年代分别出现了直流发电机和交流发电机，到19世纪末已被广泛采用，很快就形成了大规模发电和建立输变电事业。19世纪70年代以来，德国冶金工业技术也取得突破性的进展。贝塞麦炼钢法、西门子—马丁炼钢法和吉尔克里斯特—托马斯炼钢法在德国得到了广泛推广。在冶金和化学工业的发展，使人们获得了更多的可以利用其特性的非天然的物质形式，合金工艺发展就是一个典型的案例。这一时期德国的合金工艺创造了各种高质量的、新型的金属材料。化学工业技术的发展也是德国在第二次技术革命的典型代表。在高分子化学的基础上，20世纪初德国产生了一个庞大的塑料（合成树脂）工业部门：1908年出现了第一种塑料，塑料开始广泛替代木材、石材和金属；1930年，有机玻璃问世；1939年，聚乙烯问世；各种作为包装材料和电子绝缘材料的塑料也不断被制造出来。与此同时，德国也出现了制造人造纤维的工业技术：20世纪初出现了人造丝；随后又出现了醋酸纤维丝、尼龙和涤纶。与化学相关的技术还创造了新的炸药和新的农药。

新技术革命在德国的蓬勃发展极大地推动了德国经济的快速发展。据统计，1871—1913年，德国工业的年均增长率为3.8%，服务业为3.2%，农业为1.6%，整个经济的年均增长率为2.6%。[①] 与同期的英国和法国相比，德国在煤钢重工业和电气、化学等新兴工业占有绝对优势。1910—1913年，德国钢铁年平均产量为1620万吨，为欧洲总产量的2/3。采煤的年平均产量为2.475亿吨，占欧洲总采煤量的一半以上。1913年发电量为80亿千瓦，比英、法、意的总和高出20%[②]；1913年德国在世界电气工业中比重为34.9%，居世界第一。在机械制造和化工方面，德国无论在产量还是技术水平上都超过欧洲其他国家。

(二) 工业化的扩张促进了城市化的快速发展

德意志帝国时期工业化的高速发展，实现了农村过剩劳动力有序、持续地向非农产业转移，促进了人口向城市转移与集中，进一步提升城市化的发展水平。从德意志帝国建立到第一次世界大战前的40年中，工业逐步取代农业成为经济发展的主体，非农产业也成为就业主体，从而带动了城市人口的增加与城市规模的扩大。工业化扩张对城市化的促进作用主要表现在以下几个方面。

首先，在工业化过程中产业的集聚效应促进了城市人口的增长，从而推动了城市化迅猛发展。现代工业生产最主要的特征是机器大生产与专业分工。现代工业使各个产业部门之间基于一定的技术经济关联而形成产业链，各个产业之间关联程度也随之增强。各个企业为了实现规模经济，不能够紧紧依靠单个企业达到一定的生产规模，还要求众多相互关联企业在

---

① 钱乘旦：《世界现代化进程》，南京大学出版社1997年版，第100页。

② 同上书，第101页。

空间上的集聚。德国鲁尔区工业城市的崛起就是一个典型的案例。鲁尔区的煤矿众多，开采出的煤适合于炼焦，再加上离铁矿丰富的阿尔萨斯和洛林比较近，鲁尔丰富的煤与阿尔萨斯和洛林的铁矿相结合，奠定了德国鲁尔区钢铁工业生产的基础。19世纪早期在这里出现了很有影响的钢铁康采恩——蒂森公司和鲁尔煤矿公司。德意志帝国时期，鲁尔地区形成采煤—炼化—发电—炼铁炼钢—钢铁加工—机器制造的产业集聚。这是鲁尔区传统工业的经济基础，曾经占到鲁尔区传统工业的80%。鲁尔区生产的铁80%在本地炼钢，70%在本地区加工成铸件或者轧材，70%的钢材销售到方圆100千米范围的地区。采煤—炼焦—焦化工业也是鲁尔地区重要的产业链。这一时期鲁尔区的煤40%在本地区炼焦，生产焦炭和焦炭副产品，每一种副产品又形成一个产业链。① 鲁尔地区的产业集群不仅降低了产品生产成本与企业的运行成本，也引起相关企业在一定空间集聚。重工业发展带动其辅助产业与服务产业发展，进而创造了大量的就业岗位。据统计，德国制造业从业人员由1882年大约167000人增加到1907年的789000人，产煤工人由1870年的50749人上升到1913年的444406人②。城市就业岗位逐渐增多，从而促进了城市人口的快速增长。

柏林、汉堡、慕尼黑等城市之所以能够从一个区域中心查收发展为大城市，关键因素是这些城市近代工业的兴起成为推动它们发展的直接动力。

柏林作为一个大城市其发展过程经历了两个阶段：第一阶段，1700—1848年，此阶段是柏林作为一个传统首都城市向现代贸易中心城市的转变时期；第二阶段，1848—1945年，是柏林从一个商业贸易城市向工业城市转变的时期，工业化逐渐主导了城市经济发展过程。1701年，柏林成为普鲁士王国的首都，到18世纪后半叶，发展成了普鲁士以纺织业、五金加工和武器为主导产业的工业城市，城市人口也从1701年的29000人增加到1800年的150000人。③

---

① 任保平：《衰退工业区的产业重建与政策选择——德国鲁尔区的案例》，中国经济出版社2007年版，第96页。

② Thomas Nipperdey, *Deutsche Geschichte 1866 - 1918*, Bd. 1, *Arbeitswelt und Bürgergeist*, München: C. H. Beck, 1990, S. 227.

③ Ad van Der Woude, *Urbanization in history: A Process of Dynamic Interactions*, New York: Oxford University Press, 1990, p. 88. 需要指出的是，根据柏林城市统计年鉴，1800年柏林的城市人口为172132人与伍德的数据略有出入。

工业时代的大城市和工业时代之前的区别表现在许多方面，其中一个主要的变化是城市规模的扩大。工业的发展对于柏林城市规模的扩展起着重要的作用。到19世纪40年代，柏林掀起大规模的工业化热潮。1793年柏林引进了第一台蒸汽机，到1850年柏林蒸汽机总数已达58600台。19世纪40年代，德国铁路建设提上日程。1841年，波尔锡希机器厂在柏林建立，1844年该厂成为专门制造机车和其他铁路设备的企业，到19世纪70年代发展成为世界上最大的机车制造厂，仅1870年制造出的机车就达3000辆。1871年，仅柏林的施瓦茨科夫机器厂的工人已达7000人之众。1871—1945年，柏林机器制造厂数量高达169个。1871年，柏林成为德意志帝国首都，城市人口大约为826000人，大约54%的人口从事工业，17%的人口主要以商业、贸易为主，17%的人口在交通运输业谋生，4%的人口服务于公共部门。1871年以来，第二次工业革命兴起，电力、化学成为战略新兴产业。1847年，西门子在柏林建立西门子和哈尔萨克电报公司，到19世纪末成为德国最重要电力公司。工业的发展确实成为柏林城市发展的重要推动力，工业创造了大量的就业岗位，1882年柏林城市新增就业岗位30万个，1895年则超过了40万个。尤其是电力产业迅速发展，1847年，西门子在柏林建立西门子和哈尔萨克电报公司，到1910年，成为德国最重要电力公司，已占据了德国电气工业生产的75%。工业发展产生了巨大的拉力，吸引着为数众多的外地人口到柏林来谋生，其结果是一方面使城市人口的迅猛增加；另一方面也导致了城市用地规模扩大。同时，柏林城市飞速发展的制造业也直接推动了城市商业的进一步发展，使商业、金融及其他各种服务业和文化娱乐业变得活跃。可以说没有工业的飞跃发展，柏林仅靠商业贸易不可能在较短时期内形成世界级的特大城市。近代工业在就业和产出上迅速上升，特别是由于19世纪后半叶的工业化使1800年还是一个相对默默无闻的柏林能够上升为具有世界地位的大城市，到1925年已发展成为与伦敦、巴黎、纽约具有同等地位的世界城市。

汉堡成为德国的大城市也与近代工业的发展有关。汉堡的近代工业在德意志地区各城市中的起步较早，始于19世纪50年代，纺织、食品与冶金等工业。1895年，在汉堡建立德国第一所船舶建造学校，专门培养有关人才，发展相关技术。随后汉堡逐渐形成了民用船只制造、船舶修理，港口贸易产业链。近代工业的建立对于汉堡城市的发展起了重要的推动作用：使汉堡城市的规模扩大，城市人口增加，并带动了交通、通信和教育的发展。19 世纪 80 年代以来，汉堡的近代工业出现了飞跃发展。据统计，1882—1895 年，汉堡新设的工厂就有 135 家，资本总额达 378.6 万马克。1895—1913 年，汉堡逐渐形成以民用商船的建造、大型船舶修理、港口贸易的产业链，该产业的企业达 29 家，从业人口高达 136000 人，由于汉堡是北方最大的经济中心城市，交通方便，城市基础设施较完备，资金、技术、人才也都较集中，故为近代工业的发展提供了一个较好的环境。汉堡城市工业行业较为齐全，门类众多，形成了以轻工业和出口加工业为主体的近代工业体系。从总的方面看，汉堡工业的发展也带动了商业、服务业和金融业的发展。

工业的发展成为汉堡城市发展的重要推动力量，首先，增强了汉堡城市的经济实力，使城市性质发生巨大变化，汉堡由一个单纯的商业贸易城市发展成为以工业为基础，以商业、金融为主导，具有先进的交通通信设施的多功能的经济中心城市。其次，工业的发展也直接推动了汉堡城市地域的扩展，由于建设工厂需要大片的生产和生活用地，而城区已不能满足这种需要，因此大多数工厂都设立在城区和郊区边缘地带。随着工厂数量的增加，工厂更向远郊发展。在 1880—1910 年老城和易北河的南部，商业活动集中，在 1867 年汉堡的人口（以 1894 年城市边界为准）59% 生活在中心城市的区域，24% 生活在市郊的圣乔治区和圣巴里区，仅 17% 生活在远郊广大地区。直到 1910 年，城市的人口分布发生了重大的变化，70% 生活在远郊，19% 生活在两个郊区城市圣乔治区和圣巴里区，11% 生活在城市中心。在 1871—1910 年城市的人口分布发生了重大转变，城市中心人口减少，尤其是老城的南部和北部下降最为严重。一方面，远郊人口出现了大的增长，在 1910 年艾尔贝克有居民 54000 人，埃普多夫 73000 人，巴姆贝克 93000 人，埃姆布特 116000 人（在 1871 年仅有 3000 人）[①]。汉堡原来也是一个要塞，在工业革命以前就有了多层楼房，在 1870 年内城的人口密度比较高，然而在 19 世纪末 20 世纪初，中心城区的人口向郊区人口扩散，改变了早期内城的人口密度。汉堡城市人口发展展示了城市结构的变迁，在现代德国成为城市功能转型——从大都市向商业和金融中

---

① Richaed Lawton and Robert Lee, *Population and Society in Westen Europen Port-city*, 1650-1939, Liverpool：Liverpool University Press, 2002, pp.271-278.

心转移，另一方面工业区位于易北河南部的自由港①。在 19 世纪后半期，随着城市人口的增加、内城人口的向外扩散，工业的发展以及建立卫星城，这些因素改变前工业化时期汉堡城市轮廓。在快速城市过程中汉堡市区的基本社会结构在不断变化，这种社会结构受到汉堡港特殊的地理位置和阿尔斯特河特殊的地理环境影响，社会结构的变化又引起了社会地位的差异。在阿尔斯特河的两边是社会地位最高的人的居住区，尽管汉堡市中心的地位在持续地下降，直到 19 世纪末期上层人的居住区的社会地位没有变。然而由于在 1890 年以后社会阶层高的人日益聚集在新的郊区，内城地区与近郊区的发展速度被落在后面。在城市区的东南部的威德尔区与比尔沃德区以及新城南部是社会等级低的人居住区，这也是工人阶级的主要聚居区，他们的收入水平最低，人口在城市里流动性大。在 1885 年，比尔沃德区的人口密度较高，每公顷有 2000—2500 人②。

慕尼黑之所以优先成为德国南部地区大城市也与它发展工业分不开。近代以来慕尼黑不仅是南德地区土产贸易和进出口贸易的聚散中心，而且也是德国南部地区重要的工业中心。慕尼黑作为一个商品聚散中心拥有其他城市不能比拟的优势，它不仅是巴伐利亚的首府，也是南德的政治、经济和文化中心。慕尼黑具有发展近代工业的有利条件。慕尼黑的近代工业发轫于机器制造业，据统计，1846 年巴伐利亚有 16 家机器制造厂，其中 13 家企业位于慕尼黑③，主要从事纺织、冶金等行业的机械制造。19 世纪 60 年代，随着德国铁路的快速发展，慕尼黑也建立了机车厂，专门生产铁路机车。1870 年以来，以电力为主导的第二次工业革命兴起，慕尼黑工业也迎来快速发展的步伐。电的使用在很大程度上改善了德国工业中动力分布和使用状况。在第一次工业革命中，德国中南部地区由于缺乏矿产资源，工业化进程发展较慢，由于慕尼黑等地多山，水力资源丰富，可以水力发电，已解决自身的动力问题。到 1920 年慕尼黑近代企业已达 1265 家，主要从事冶金、机器制造、电力、银行、保险、邮政等行业。

---

① Matzerath und Thienel, Stadtentwicklung, Stadtplanung, Stadtentwicklungplanung Probleme im19 und 20. jahrhundert am Beispiel der stadt Berlin, *Die Verwaltung*, 10, 1977, S. 173-196.

② Richaed Lawton and Robert Lee, *Population and Society in Westen Europen Port-city*, 1650-1939, Liverpool : Liverpool University Press, 2002, pp. 271-278.

③ A. Schröter und W. Becker, *Die deutsche Maschinenbauindustrie in der industriellen Revolution*, Berlin: Akademie-Verlag, 1962, S. 212.

城市人口也由 1800 年的 3.4 万人，到 1910 年增长为 59.6 万人①。

(三) 工业化促进了原有城市快速发展

在德意志地区工业化以前，城市已有一定程度的发展。这些城市绝大多数是中世纪以后发展起来的，手工业和商业比较发达，但城市中街道狭窄，人口拥挤，市政建设很差，居民生活不便。正如著名的经济史学家库兹涅茨所言："欧洲在现代以前的城市化过程，肯定对经济增长有重大贡献。"没有这些工业化以前建立和发展起来的城市，德意志地区工业化将缺少必要的前提，包括必要的资本、技术和市场，德意志地区的工业化的进展也不可能比较顺利。在德意志地区，工业化开始后，最初的工厂不设在狭小的老市区内，而是设置在郊区，有的甚至设在离市区更远的地方，主要是因为那里土地多，低价便宜，交通便利（诸如在河流旁边或者交通干线附近）。有些工厂仍然设在老社区内，它们主要是在过去的手工作坊、手工工厂的基础上发展起来的。

19 世纪 30—40 年代，德意志地区工业化兴起以后，城市发展很快。"城市人口的增长速度比整个人口的增长速度要快得多。1800 年，德意志地区 10 万以上居民的城市大约有 3 座，总人口为 48 万人，约占德意志总人口 2200 万②的 2%，1910 年这样的城市有 48 座，约占总人口的 20%"③。尽管城市中的居民主要是消费者，但更重要的是城市（包括大多数新城市或正在扩展的城市）是商业城市或综合性城市。城市人口的增长使得原有城市有必要随着工业化的进展而进行改造，否则难以适应社会经济进一步发展的需求，如兴建自来水厂，污水和垃圾处理，安排交通运输，兴建公共卫生设施、居民住宅、市场以及诸如图书馆、博物馆和艺术陈列馆之类的文化活动场所。

(四) 产业集聚还促进了城市规模的不断扩大

产业集聚不仅降低了企业的生产成本，同时也可以促使各个企业向专业化发展，提高整个行业的生产效率。行业集中使经营水平不同的企业集

---

① M Neefe (Hrsg.), *Statistisches Jahrbuch Deutscher Städte*, Breslau: Verlag von Wilh. Gottl. Korn, 1913, S. 27.

② 德国有正式人口统计数据始于 1816 年，这里的数据是根据德国人口学家约翰斯穆勒的推算。

③ Gerd Hohorst (Hrsg.), *Sozialgeschichtliches Arbeitsbuch: Materialien zur Statistik des Kaiserreichs 1870-1914*, Bd. 2. München: C. H. Beck 1975, S. 52.

中在一个地区，同时会吸引有专业化技术的工人集聚，有利于创造出一个完善的劳动力市场。企业集聚还可以使生产技术与创新相互传播。这种生产的专业分工、规模经济与外部经济的必然要求，使产业形成了极强的集聚效应，并对生产要素与人口空间集聚形成了强大拉力，促进了农业过剩劳动力向城市的转移。据统计，在1882—1907年莱茵地区远距离的移民，从6.4%上升到11.6%，远距离移民的比例在威斯特法仑则从9.2%上升到17.8%。1907年，在莱茵地区的大城市中流入的人口比例高达46.7%，威斯特法仑更是高达59.9%。[①] 与此同时，在工业化的推动下，德国城市用地规模也逐渐变大。

表1-6　　　　　　1851—1910年德国城市行政区合并情况

时期	城市数	面积增长（平方千米）	并入行政区增加的人口
1851—1860年	9	68.6	74000
1861—1870年	14	33.5	63000
1871—1880年	20	95.2	70000
1881—1890年	17	243.1	287000
1891—1900年	34	413.5	705000
1901—1910年	57	966.2	1025000

资料来源：Jürgen Reulecke (Hrsg.), *Beiträge zur modern deutschen Stadtgeschichte: Die deutschen Stadt im Industriezeitalte*, Wuppertal: Peter Hammer Verlag, 1978, S. 75。

从表1-6可以看出，工业化以来德国城市通过合并周边行政区而扩大自己的行为呈现一种加速的趋势，1851—1860年仅有9个城市合并行政区，增加人口7.4万人，到1901—1910年高达57个城市合并行政区，增加人口达到了102.5万。20世纪初期，柏林成功地合并了夏洛腾堡市，到20世纪20年代柏林已经成功合并59个行政区，已发展成为拥有面积878平方千米和城市人口400多万人的大城市。汉堡的城市发展也经历了合并周边行政区。

大量的移民涌入大城市，使大城市呈现出优先增长的趋势。大城市人口的优先增长是城市化自身的规律使然的结果。在城市化的加速增长阶段，存在大城市优先增长的规律，但这个规律并不是贯穿整个城市化阶

[①] Thomas Nipperdey, *Deutsche Geschichte 1866-1918*, Bd.1, *Arbeitswelt und Bürgergeist*, München: C. H. Beck, 1990, S. 39-40.

段。大城市能够优先增长主要是由于大城市有重大技术和经济优势引起的。与中小城市相比,大城市在资金、人才、信息、交通、市场、效率等方面具有更大的优势。这是大城市在城市化加速发展阶段优先增长的主要原因。

工业化促进了产业结构的升级与就业结构的变迁,从而促进了城市化的发展。工业化对城市化的促进作用要通过产业转换来实现,产业转换必然导致生产要素在各产业部门之间的流动,以实现资源的有效配置。因此,城市工业的发展水平和生产规模将对生产要素流动,特别是劳动力流动具有根本性的影响。德意志帝国时期,工业化的高速发展不仅使工业产值占国民生产总值的比重持续提升,而且非农产业的就业人数也出现了快速增长的趋势。据德国著名经济学家霍夫曼的统计,1871 年德国农业就业人口为 854.1 万,约占就业总人口的 50.9%,而非农产业的就业人口为 807.8 万,约占 49.1%,到 1913 年农业的就业人口仅增至 1070.1 万,约占 35.1%,而非农产业的就业人口为 1954.2 万,约占 64.9%[1],其中工业的就业人口为 1172 万。从 1871 年德意志帝国的建立到 1913 年 40 多年的时间里,第二产业新增 670.3 万个就业岗位,第三产业新增 360 万个就业岗位,而农业的就业人数仅增加了 240 万。由于就业岗位迅速增加,德国城市人口也由 1871 年的 1479 万增加到 1910 年的 3898 万[2]。由此可见,工业化在促进产业不断升级的同时,也实现了就业结构从以农为主到以非农为主的根本转变,从而提升了城市化发展水平。

总之,高速工业化是德意志帝国城市化发展的根本动力。工业化创造了大量就业岗位为农村剩余人口的转移提供了条件,就业人口增加必然导致城市规模的扩大,城市规模的扩大必然促进消费品工业与服务业的发展,工业与服务业的发展必然导致政府财富与税收增加,从而促进城市基础建设的提升,进而反过来推动工业化和城市化的高速发展。

---

[1] Walther G. Hoffmann, *Das Wachstum der deutschen Wirtschaft seit der Mitte des 19. Jahrhundert*, Berlin: Springer, 1965, S. 35.

[2] Gerd Hohorst (Hrsg.), *Sozialgeschichtliches Arbeitsbuch: Materialien zur Statistik des Kaiserreichs 1870-1914*, Bd. 2, München: C. H. Beck, 1975, S. 52.

第二章

工业化时期德国城市化进程与城市等级规模结构的演变

在拿破仑战争的冲击下,普鲁士启动了施泰因—哈登贝格的改革,实行了废除农奴制的政策。在经济蓬勃发展的推动下,近代城市化也初现端倪。如果我们以德国城市化发展水平为依据,1815—1840年处于近代德国城市化的准备阶段。本书之所以将近代德国城市起步与发展的时间界定在1840—1871年,主要基于以下因素:首先,城市人口的年均增长率是衡量城市起步与发展的一个重要指标。这一时期普鲁士的城市人口平均增长率为1.64%,国家人口增长率仅为0.99%,即使在经济发展滞后的东部地区,城市人口平均增长率为1.11%,这一地区人口增长率仅为0.99%,因此这一时期普鲁士城市人口的年均增长率已经超过国家人口的年均增长率,意味着城市化已经开始启动。其次,根据德国经济与社会发展水平来看,第一次工业革命兴起的时间大致为19世纪30年代,于19世纪70年代初结束。城市化起步的时间大体上滞后于工业化的时间。

第一节 工业化时期德国城市化起步与发展(1840—1871)

19世纪40年代以来,随着工业革命兴起与现代交通运输业的蓬勃发展,现代工业对劳动力的需求持续增加,交通运输业的发展也为劳动力的流动与商品流动提供了前提条件。以机器工业为基础的现代工厂制度,客观要求劳动力、资源等生产要素的集聚才能产生经济效益。生产要素的集聚不仅提高了资源的配置效率,也为农村剩余劳动力的转移提供了条件,从而促使城市人口数量持续增加,城市化水平持续提升。

表 2-1　　　　　1816—1840 年普鲁士人口城市化发展状况

	城市化率(%)		城市人口密度		城市密度		人口密度		平均年增长率(%)	
	1816	1840	1816	1840	1816	1840	1816	1840	人口增长率	城市人口增长率
普鲁士	27.9	27.2	2678	4103	271	282	37	53	1.55	1.49
东部	26.9	22.9	2248	3046	344	355	24	38	1.86	1.16
中部	30.3	30.4	3146	4599	282	282	37	54	1.56	1.59
西部	24.6	25.2	2825	4515	174	212	59	84	1.27	1.37

资料来源：1816：*Das Anwachsen der Bevölkerung im Preußischen Staat seit 1816*. In：Zeitschrift des Kgl. PreußischenStatistischen Bureaus，Jg. 1（1861），S. 27；1840：*Tabellen und amtliche Nachrichten über denPreußischen staat für das jahr 1849*，Bd. 1，Berlin：A. W. Hayn，1851，S. 255。

注：普鲁士的东部地区主要包括东普鲁士、西普鲁士与波森；中部地区由勃兰登堡、波美拉尼亚、西里西亚、萨克森省；西部地区主要指威斯特法仑与莱茵省。

从以上数据可以看出，1816—1840 年普鲁士的城市人口增长率低于普鲁士的人口增长率。同期仅有西部地区与中部地区的城市化率出现缓慢增长，东部地区的城市化率处于下降的趋势。

1840—1871 年普鲁士城市化呈现出启动与稳步发展的趋势。这一时期普鲁士城市化发展主要体现在城市化率的提高、城市人口密度的增加、城市密度的增长等。

表 2-2　　　　　1840—1871 年普鲁士人口城市化发展状况

	城市化率(%)		城市人口密度		城市密度		人口密度		平均年增长率(%)	
	1840	1871	1840	1871	1840	1871	1840	1871	人口增长率	城市人口增长率
普鲁士	27.2	33.2	4103	6623	282	271	53	74	0.99	1.64
西部	25.2	34.2	4515	7594	212	198	84	112	1.01	2.00
中部	30.4	37.0	4599	7607	282	276	54	75	1.01	1.64
东部	22.9	24.2	3046	4337	355	348	38	52	0.93	1.11

资料来源：1840：*Tabellen und amtliche Nachrichten über denPreußischen Staat für dasJahr* 1849，Bd. 1，Berlin：A. W. Hayn，1851，S. 40；Für 1871：R. Jannasch，*Das Wachstum und die Concentration der Bevölkerung des Preußischen Staatesin*：Zeitschrift des Kgl. Preußischen Statistischen Bureaus，S. 278。

注：普鲁士的东部地区主要包括东普鲁士、西普鲁士与波森；中部地区由勃兰登堡、波美拉尼亚、西里西亚、萨克森省；西部地区主要指威斯特法仑与莱茵省。

第二章 工业化时期德国城市化进程与城市等级规模结构的演变

通过表2-2可以看出,普鲁士的城市化呈现出稳步增长态势,城市化率从1840年的27.2%增长到1871年的33.2%。如果从这一时期各个地区的城市化率的增长来看,西部地区从25.2%上升到34.2%,增加了9个百分点;中部地区增长次之;东部地区增长最慢,需要指出的是,就城市化率而言,中部地区最高。城市人口的密度是衡量单位面积人口数量的重要指标。普鲁士城市人口密度从1840年的每平方千米4103人,增加到1871年每平方千米6623人。1840—1871年中部地区城市人口密度最大,西部地区次之,东部地区最低。城市密度主要指国土面积与城市数量之比,反映出特定地区城市数量多少的一个重要指标,在区域面积不发生改变的情况下,城市的密度变小则说明城市数量增加。1840—1871年,普鲁士的城市密度由1840年的282下降到1871年的271,由此可以看出,普鲁士城市数量出现缓慢增长。人口密度反映各地区单位面积人口数量的指标。同期,普鲁士的人口从每平方千米53人上升到74人。就各地区的人口密度来看,西部地区的人口密度最大,中部地区次之,东部地区最少。因为西部地区莱茵兰、威斯特法仑是普鲁士境内工业最发达,经济增长最快的地区。而东部地区则是普鲁士农业地区。

从整体上看,1840—1871年普鲁士城市化呈现出加速发展的趋势,主要与这一时期德国社会经济发展状况密切相关。19世纪40年代以来,德意志地区工业化的重心逐渐从纺织业领域转移到了以铁路建设为主导的重工业领域。据统计,1840年铁路领域的从业人员仅为1618人,1850年为26084人,1860年为85608人,到1870年飙升至161014人[1],短短的30年时间里,铁路从业人员增长了96倍。按照霍夫曼统计,德意志地区冶金工业的从业人员29.6万人到1875年为60.1万人。[2] 需要指出的是纺织业仍然是这一时期就业人数较多的领域。1846年德意志地区纺织就业人数为73.4万人,到1875年为92.6万人;同期服装加工产业就业人数从81.7万人飙升至107.8万人。[3] 另外,1846年纺织业与服装加工产业

---

[1] Rainer Fremdling, *Eisenbahnen und deutsches Wirschaftswachstum 1840-1879*, Dortmund: Gesellschaft für Westfälischen Wirtschaftsgeschichte, 1975, S. 30-31.

[2] Walther G. Hoffmann, *Das Wachstum der deutschen Wirtschaft seit der Mitte des 19. Jahrhundert*, Berlin: Springer, 1965, S. 196.

[3] Ibid..

所占工业领域就业比重为 46.92%；到 1871 年二者占就业的比重下降到了 38.8%。①

另外，1840—1867 年普鲁士城市人口与乡村人口的不平衡性的增长也可以反映出普鲁士城市化的发展。

表 2-3　　　　　1840—1867 年普鲁士人口增长率　　　　　单位：%

	1840—1949	1849—1958	1858—1967
城市	1.34	1.49	2.02
乡村	0.78	0.67	0.78
普鲁士	0.98	0.90	1.20

资料来源：R. Jannasch, Das Wachstum und die Concentration der Bevölkerung des Preußischen Staates in: *Zeitschrift des Kgl. Preußischen Statistischen Bureaus*, S. 25, und *Preußische Statistik*, H. 16, Teil Ⅱ, S. 132。

另外，1840—1867 年普鲁士城市人口增长呈现出明显加快的趋势。1858—1867 年城市人口增长率明显高于 1849—1858 年。这主要与 1858—1867 年德国工业化进程的加快有关。随着工业化的高速发展，提供的就业岗位不断增长，因而城市人口的增长率呈现出持续增长的态势。同期普鲁士农业人口增长则呈现出"凹"形发展趋势。1849—1858 年的普鲁士人口与乡村人口的增长率明显低于 1840—1849 年与 1858—1867 年。1849—1858 年普鲁士人口增长放缓主要与出境移民潮形成密切相关。相关数据显示，仅 1850—1859 年的德国出境移民就高达 110.2 万人，移民率高达 15.94%②。这次移民潮成为德意志帝国建立前最大的移民潮，其中德国西南部农业区成为出境移民的主要来源地。随着 1858—1867 年巴登等地工业发展，在一定程度上消化吸收德国西南地区部分外流人口，到 1860—1864 年德国的出境移民的人数下降 22.5 万，（移民率下降至 6.17%），这无疑对普鲁士农业人口的增长产生重大影响。

1840—1871 年普鲁士各类城市的人口增长出现了分化，一部分城市人口飞速增长，而另一部分城市人口则处于负增长。

---

① 笔者根据相关数据计算所得 Walther G. Hoffmann, *Das Wachstum der deutschen Wirtschaft seit der Mitte des 19. Jahrhundert*, S. 196-205。

② Peter Maschalck, *Deutsche überseewanderung im 19. Jahrhundert*, Stuttgart: E. Klett, 1973, S. 35-37.

表 2-4　　　　　　　1816—1840 年普鲁士各类城市的人口增长状况

增长结构	小城市 2000—3500		中等城市 3500—5000		中等城市 5000—10000		大城市 10000 以上		普鲁士	
	数量	%	数量	%	数量	%	数量	%	数量	%
人口负增长（低于0）	6	3.0	2	3.2	2	3.3	0	0.0	10	2.9
人口适度增长（0—1.2%）	81	40.3	22	34.9	21	35.0	10	33.3	144	37.8
人口强劲增长（1.2%—2.4%）	97	48.2	34	53.9	45	48.4	15	50.0	181	51.2
人口飞速增长（超过2.4%）	17	8.5	5	7.9	2	3.3	5	16.7	29	8.1
总计	201	100	63	100	60	100	30	100	354	100

资料来源：1840：*Tabellen und amtliche Nachrichten über denPreußischen staat für das jahr 1849*，*Bd.1*，Berlin：A. W. Hayn，1851，S.255。

表 2-5　　　　　　　1840—1871 年普鲁士各类城市的增长状况

增长结构	小城市 2000—5000		中等城市 5000—10000		中等城市 10000—30000		大城市 30000 以上		普鲁士	
	数量	%	数量	%	数量	%	数量	%	数量	%
人口负增长（低于0）	37	9.0	6	6.2	2	4.8	0	0.0	45	8.0
人口适度增长（0—1.2%）	245	60	47	38.4	18	42.9	2	16.6	312	55.7
人口强劲增长（1.2%—2.4%）	101	24.7	32	33	19	45.2	6	50.0	158	28.1
人口飞速增长（超过2.4%）	26	6.3	12	12.4	3	7.1	4	33.4	45	8.0
总计	409	100	97	100	42	100	12	100	560	100

资料来源：Silbergleit（Hrsg.），*Preussen Städt. Denkschrift zum 100 Jährigen Jubiläum der Städteordnung vom 19. November 1808*，Berlin：C. Heymann，1908，S.141-168。

注：部分数据作者自己整理所得。

从表 2-4 和表 2-5 可以看出，1816—1840 年普鲁士城市数量仅为 354 座，到 1840—1871 年城市数量上升到了 560 个。与 1816—1840 年相比，1840—1871 年人口介于 2000—5000 人的城市数量增长了 145 个，人口在 10000 人以上的城市数量增加了 24 个，因此这一时期普鲁士城市人口的整体规模要高于 1816—1840 年。依据城市人口增长速度，这一时期德国城市人口的增长结构大体上可以分为四类：负增长、适度增长、强劲增长、飞速增长,其中人口增长率低于0为负增长,人口增长率介于0—1.2%为适度增长,人口增长率高于1.2%而低于2.4%为强劲增长,人口增长率高于2.4%为飞速增长。从城市的增长结构来看,1840—1871年人口负增长的城市数量高达45个,人口飞速增长城市数量为45个,312个城市处于适度增长状态,158个城市处于强劲增长。这一时期之所以出现大城市人口增长快,小城市人口增长速度慢主要与工业化发展进程密切相关。在德国工业化的起步阶段,大城市在区位、技术、资金、人才、市场等方面具有较强的优势,能够提供的就业岗位数量较多,吸引了周边地区人口,大城市的人口也呈现出持续增长趋势,市场规模也不断扩大,集聚人口的能力进一步加强,因而形成了大城市优先发展的态势。与此同时,中小城市在人才、资金、技术、区位等方面处于弱势,经济发展的速度明显低,市场规模小,新增就业岗位较少,集聚人口的能力不足。总的来看,中小城市的发展活力明显弱于大城市。

1840—1871年,普鲁士各地区的城市人口增长也呈现出不平衡的趋势。

表2-6　　　　1816—1840年普鲁士各地区城市人口增长结构

增长结构	东部		中部		西部		普鲁士	
	数量	%	数量	%	数量	%	数量	%
人口负增长(低于0)	4	3.9	4	2.1	2	2.9	10	2.9
人口适度增长(0—1.2%)	31	30.3	70	38.0	33	48.5	134	37.8
人口强劲增长(1.2%—2.4%)	54	52.9	100	54.3	27	39.7	181	51.2
人口飞速增长(超过2.4%)	13	12.9	10	5.6	6	8.9	29	8.1
总计	102	100	184	100	68	100	354	100

资料来源:*Tabellen und amtliche Nachrichten über denPreußischen staat für das jahr 1849*, Bd.1, Berlin: A.W. Hayn, 1851, S.257。

注:部分数据作者自己整理所得。

表2-7　　　　1840—1871年普鲁士各地区城市发展

增长结构	东部		中部		西部		普鲁士	
	数量	%	数量	%	数量	%	数量	%
人口负增长(低于0)	14	7.8	15	5.3	16	15.1	45	8.0
人口适度增长(0—1.2%)	82	45.8	181	65.3	49	47.5	312	55.7
人口强劲增长(1.2%—2.4%)	72	40.3	66	23.7	20	19.6	158	28.3

续表

增长结构	东部		中部		西部		普鲁士	
	数量	%	数量	%	数量	%	数量	%
人口飞速增长（超过2.4%）	11	6.1	16	5.7	18	17.8	45	8.0
总计	179	100	278	100	103	100	560	100

资料来源：Silbergleit（Hrsg.），*Preussen Städt. Denkschrift zum 100 Jährigen Jubiläum der Städteordnung vom 19. November 1808*，Berlin：C. Heymann，1908，S. 141-168。

注：部分数据作者自己整理所得。

通过以上数据可以看出，普鲁士西部地区城市人口增长呈现出两个明显的特征：其一，西部地区城市人口处于负增长的城市数量及其比重都高于中部、东部地区；其二，西部地区城市人口处于飞速增长的城市数量及其比重也高于中部、东部地区。1840—1871年东部地区城市人口处于飞速增长的城市数量不仅低于1816—1840年，而且也低于中部、西部地区。1840—1871年西部地区城市人口增长与该地区的社会经济发展状况紧密相关。随着工业化在莱茵、鲁尔地区的蓬勃发展，推动了巴门、多特蒙德、杜伊斯堡、波鸿等工业城市的快速崛起。这些工业城市的兴起提供了大量的就业岗位吸引了周边近距离的过剩劳动力，从而促进工业城市的快速发展。与此同时，莱茵威斯特法仑的行政中心城市、大学休闲城市聚集人口的能力明显减弱，甚至出现了这些城市的人口不断涌向周边工业城市。总之，1840—1871年，普鲁士各地区的城市人口增长不平衡的现象与这一时期德国各地区工业化发展水平、产业结构密切相关。

这一时期，西部地区大城市的持续快速发展对该地区的城市化发挥着重要的作用。科隆、杜塞尔多夫是德国西部地区重要的区域中心城市。1840年，科隆、杜塞尔多夫城市人口为83615人、25671人，到1871年人口上升为129238人、69365人，科隆、杜塞尔多夫的城市人口分别增长了1.5倍、2.7倍。与此同时，1840年以重工业为主导产业的城市波鸿、多特蒙德、杜伊斯堡、埃森分别为4327人、6712人、7127人、7912人，到1871年城市人口就到了21192人、44420人、30533人、51513人，除波鸿之外这些城市都发展成为大城市，这些城市的人口分别增长了。同期以纺织为主导产业的巴门、埃尔斐特、克雷菲尔德分别从1840年的31287人、31973人、34169人，到1871年发展成为74449人、43616人、71384人。科隆与巴门、埃尔斐特、克雷菲尔德、杜塞尔多夫、波鸿、多特蒙德、杜伊斯堡、埃森形成了城市体系，在该体系中科隆为核心，以杜塞尔多夫、巴门为副中心，初步形成莱茵鲁尔工业城市体系。在该体系中以重工业为主导产业的城市杜塞尔多夫、波鸿、多特蒙德、杜伊斯堡、埃森城市人口的增长速度明显加快，而巴门、埃尔斐特、克雷菲尔德的城市人口增长速度明显低。

在中部地区柏林与布雷斯劳成为区域中心城市，以柏林为主，与布雷斯劳、德累斯顿、波茨坦、莱比锡、马格德堡、夏洛特、法兰克福（奥德）、哈勒、哈伯斯塔特、施特拉尔松、勃兰登堡等城市组成城市体系。中部地区的城市主要以商业为中心，莱比锡、柏林、法兰克福（奥德）是德意志地区博览会的中心城市，另外，机器制造业也是这些城市的主导产业。据统计，1850—1870年，柏林新建13个机器制造厂、哈勒7个、马格德堡6个、布雷斯劳3个，另外，萨克森的莱比锡与德累斯顿分别有10个与7个。[①]

柯尼斯堡是德意志地区东部的区域城市，从1840年城市人口仅有70839人，到1871年增加到了112092人，同期波森的城市人口从36256人增长到了58690人，与中部、西部地区的城市相比，东部地区的城市发展相对缓慢。德国的东部地区农业发达，在这一时期城市主要以商业为主，工业发展滞后，对城市人口集聚能力弱。因此，东部城市人口增长速度明显低。

总之，在城市产业关联度、交通状况、信息流动等方面的制约，1840—1871年各地区的城市体系内城市产业之间的联系不是很密切。这主要受当时社会经济发展水平的影响，工业化刚刚起步，在人员、物质、信息等方面的流动有限。1840年，德意志地区有柏林、汉堡、慕尼黑、科隆、杜塞尔多夫、法兰克福（美因）、布雷斯劳、德累斯顿、莱比锡等9个具有全国影响力的大城市，其中慕尼黑、科隆、杜塞尔多夫、法兰克福（美因）为西部城市。1840年，在全国最大的25个城市分布中，中部地区有12个，东部地区为4个，西部地区9个。1871年，德国25个最大城市的区域分布出现了局部调整，西部地区上升为11个，东部地区增加

---

① Alfred Schröter und Walter Becker, *Die deutsche Maschinenbauindustrie in der industriellen Revolution*, Berlin: Akდemie-Verlag, 1962, S. 72

到5个，中部地区下降为9个。①

19世纪50年代以来，德意志地区对城市界定主要从城市的法律地位来界定，有些人口聚集区超过2000人，并没有授予城市的法律地位。在1860年伦敦举行的国际统计大会上，与会专家从人口统计视角界定城市，认为人口超过2000人的集聚区为城市。1867年，普鲁士统计局第一次将法律授予的城市与人口统计意义上的城市分别进行统计。在人口统计意义上称为城市，但并没有授予法律地位的城市普鲁士有539个，其人口约占普鲁士人口的7.1%。②

表2-8 1867年普鲁士人口超过2000人并没有授予城市地位的社区情况统计

省	2000—5000人	5000—10000人	10000人以上	总计
东普鲁士[1]	3	—	—	3
西普鲁士	7	—	—	7
波森	1	—	—	1
勃兰登堡	16	—	—	16
波美尼亚	1	1	—	2
西里西亚	69	5	1	75
萨克森	29	—	—	29
威斯特法仑	120	7	—	127
莱因	181	26	2	209
石勒苏益格—荷尔斯泰因	37	5	—	42
汉诺威	15	—	—	15
黑森拿骚	11	2	—	13
普鲁士	490	46	3	539

资料来源：*Preußische Statistik*, H. 16, Teil Ⅱ, S. 203。

注：东西普鲁士的划分仅有普鲁士省的一半。

通过以上数据可以看出，人口超过2000人并没有授予城市地位的普鲁士有539个，其中超过10000人的社区有3个，人口介于5000—10000人的社区有46个，而人口在2000—5000人的有490个。如果从地域分布来看，

---

① 1840年，在普鲁士25个最大城市中，东部、中部、西部分别为4个、12个、9个；到1871年，东部有5个，中部下降为9个，西部则增加到11个。

② *PreußischeStatistik*, H. 16, Teil Ⅱ, S. 198.

莱茵与威斯特法仑地区有 336 个社区，约占总数的 62.34%；其次是西里西亚与萨克森分别为 75 个与 29 个。从以上数据可以看出，在德意志地区工业化发展水平较高的莱茵、威斯特法仑、西里西亚以及萨克森地区的人口城市化的程度高于其他地区，而制度建设相对滞后情况下，出现了大量的人口统计意义上达到城市而没有授予城市地位的社区。

总之，1840—1871 年德意志地区城市化已经启动并呈现出加速发展的趋势。尽管与同期的英国城市化发展水平相比，德意志地区的城市化仍然处于起步发展的阶段，但这一阶段的城市化呈现出较为明显的特征：城市化率稳步提高，城市人口增长率高于全国人口的增长率，各地区城市化发展不平衡的现象初现端倪。在 30 年的高速工业化的助推下，德意志地区的城市化呈现出大城市优先增长的发展态势以及西部地区的城市化率优先发展的趋势。

第二节 德意志帝国时期城市化初步完成（1871—1914）

从德意志帝国建立到第一次世界大战前的 40 多年中，德国通过把握第二次工业革命浪潮中的技术变革，迅速实现了从农业国向工业国的转变，由主要资本主义国家工业化进程中亦步亦趋的追随者向拥有自主知识产权的先锋国家转变。在经济结构的转变过程中，在国家统一以及第二次工业革命的巨大冲击引发传统钢铁、煤炭产业的高速增长和新兴的电气、化学工业的迅猛发展等一系列因素的促进作用下，德国城市人口急剧增长，大城市数量不断增加，城市化率持续提高，基本上实现了城市化。

一 德意志帝国时期城市化的发展状况

在德意志帝国时期官方统计资料中对城市主要有两种不同的界定：首先，法律意义上的城市，授予城市特殊法律身份在此基础上形成的人口聚集区；其次，从人口统计方面的城市，即人口超过 2000 人的行政区或者社区。[①] 从

---

① 有关普鲁士人口统计的资料主要有 *Zeitschrift des Kgl. Preußischen Statistischen Bureaus*，Jg. 1 (1861)；*Preußische Statistik*；*Statistisches Jahrbuch für den Preußischen Staat*；*Statistisches Handbuch für den Preußischen Staat*。

以上看出，法律意义的城市侧重强调市民特性；统计意义上的城市则倾向于关注人口规模。

表 2-9 近代德国法律意义上的城市与人口统计意义上的城市情况统计

年份	人口低于 2000 人的城市（仅为法律意义上的城市）			人口高于 2000 人的乡村（仅为人口统计意义上城市）		
	数量	人口	所占人口比重	数量	人口	所占人口比重
1817	665	784870	7.4			
1843	390	531351	3.4			
1849	360	498305	3.1			
1864	294	418443	2.2			
1867	409	561872	2.3	536	1961666	7.1
1871	418	575772	2.3	534	1751099	7.1
1875	389	530962	2.1	617	2094313	8.2
1880	364	503739	1.8	686	2394467	8.9
1885	362	500959	1.8	719	2690731	9.5
1890	346	484824	1.6	796	3165682	10.6
1895	321	444178	1.4	884	3818394	12.0
1900	298	407383	1.2	1000	4704146	13.6
1905	295	406215	1.1	1116	5447751	14.6
1910	288	406626	1.0	1180	6130331	15.3
1925	214	300980	0.8	1033	4538105	11.9
1933	193	271162	0.7	1035	4293527	10.8
1939	179	251499	0.6	1200	4932207	11.8

资料来源：1817：J. H. Hoffman, *Übersicht der Bodenfläche und Bevölkerung des Preußischen Staats*, Berlin 1818, S. 47 f.；1837：Derselbe, *Die Bevölkerung des Preußischen Staats nach den Ergebniss der zu Ende des Jahres 1837 amtlich aufgenammenem Nachrichten*, Berlin 1839, S. 107 f.；1843：C. F. W. Dieterci, *Die Statistischen Tabellen des Preußischen Staats nach der amtlichen Aufnahme des Jahres 1843*, Berlin 1845, S. 32 und 242；1849：*Tabellen und amtliche Nachrichten über den Preußischen staat für des Jahr 1849*, Bd. Ⅰ, Berlin 1851, S. 418 f.；1864：*Preußische Statistik*, H. 10, S. 281；1867—1875：R. Jannasch, Das Wachstum und die Concentration der Bevölkerung des Preußischen Staats, In：*Zeitschrift des Kgl. Preußischen Statistischen Bureaus*, Jg. 18（1879），S. 276 ff.；1880：*Preußische Statistik*, H. 66 S. 272；1885—1895：*Datensatz Urbanisierung in Preußen*；1900—1910：*Statistisches Jahrbuch für den Preußischen staat*, Jg. 1（1903），S. 5；Jg. 4（1906），S. 5；Jg. 9（1911），S5；1925：*Jahrbuch für den Freistaat Preußischen*, Jg. 24（1928），S18；1933 und 1939：*Datensatz Urbanisierung in Preußen*。

通过表 2-9 可以看出，人口低于 2000 人被授予法律意义上的城市数量呈现出下降趋势，从 1817 年的 665 个，到 1910 年下降为 288 个，1939 年下降为 179 个。同期，人口超过 2000 人但未被授予城市的数量则呈现出上升趋势，从 1867 年的 536 个，到 1910 年增加到 1180 个。这个现象的出现主要与 19 世纪 60 年代以来德意志地区工业化高速发展密切相关。19 世纪 60 年代德意志地区的工业化进入了高速发展的阶段，工业化快速发展吸引大量农村的过剩劳动力向城市转移，从而造成了城市人口增长。在城市人口增长的同时，德国法律制度建设滞后，并没有及时对人口规模达到城市的社区授予法律地位。在杜塞尔多夫行政专区甚至出现了人口规模达到 1 万人的社区但并不是城市的现象。

表 2-10　1871—1910 年普鲁士人口城市化发展状况（法律意义上的城市）

	城市化率（%）		城市的人口密度		城市密度		人口密度		年均增长率（%）	
	1871	1910	1871	1910	1871	1910	1871	1910	人口增长率	城市人口增长率
普鲁士	32.5	47.2	6202	14862	269	273	71	115	0.99	1.64
西部	34.2	50.7	7594	23596	198	199	84	234	1.91	2.94
中部	37.0	50.7	7607	16160	276	267	53	119	1.22	2.04
东部	24.2	33.7	4337	7814	348	362	38	64	0.56	1.42

资料来源：*Preußische Statistik*，H. 234，Teil I，S. 2ff，Berlin，1911。

通过表 2-10 可以发现，如果从法律意义上的城市来看，1871 年普鲁士的城市化率为 32.5%，到 1910 年为 47.2%。其中西部地区与中部地区的城市化率分别从 1871 年的 34.2%、37% 到 1910 年分别增加到了 50.7%、50.7%，初步实现了城市化。东部地区的城市化发展水平则相对滞后，1910 年城市化率仅为 33.7%，远远低于普鲁士的平均水平。城市的人口密度也是衡量城市化水平的重要指标。1871 年普鲁士城市人口的密度为每平方公里 6202 人，到 1910 年每平方公里 14862 人。如果从各地区的城市人口密度来看，1871 年中部地区的城市人口密度最大为每平方公里 7607 人，西部地区次之为每平方公里 7594 人，东部地区城市人口密度最小仅为每平方公里 4337 人。到 1910 年，西部地区城市人口密度最大为每平方公里 23596 人，中部地区次之，为每平方公里 16160 人，东部地区城市人口的密度最小仅为每平方公里 7814 人。城市密度是衡量国土面积与城市数量之比的指标，反映出特定地区城市数量多少的一个重要指标，在区域面积不发生改变的情况下，城市的密度变小则说明城市数量增加。这一时期无论是普鲁士还是东西部地区城市密度都变大的情况，反映城市数量减少的趋势。主要这一时期德国城市化过程中出现了行政区合并的情况。譬如19世纪90年代以来汉堡合并重要的工业城市阿尔托纳，阿尔托纳则成为汉堡城市的一个区。美因河畔的法兰克福在1877—1910年间，先后进行了4次行政区并入，合并行政区16个。[①] 如果从人口的密度来看，1910年西部地区人口密度大约是普鲁士人口密度的2倍。这一时期普鲁士的城市人口增长率高于人口增长率，各地区的城市人口增长率也远远高于人口增长率。

表 2-11　　　　　　1871—1910 年普鲁士城市化水平　　　　　单位：百万

年份	总人口	平均增长率（%）	城市数量	城市总人口	城市化率（%）
1871	24.64	2.91[2]	1406	9.18	37.3
1875	25.69	1.05	1517	10.36	40.2
1880	27.28	1.21	1615	11.61	42.6
1885	28.32	0.75	1648	12.75	45.0
1890	29.96	1.13	1726	14.51	48.4
1895	31.85	1.23	1842	16.38	51.4
1900	34.47	1.59	1968	19.14	55.5
1905	37.29	1.59	2088	21.90	58.7
1910	40.17	1.50	2167	24.69	61.5

资料来源：Silbergleit（Hrsg.），*Preussen Städt. Denkschrift zum 100 Jährigen Jubiläum der Städteordnung vom 19. November 1808*，Berlin：C. Heymann，1908，S.141-168；*Preussische Statistik*，Bd. 206（1908）；*Statistik des Deutschen Reiches*，Bd. 209（1910）。

注：1. 部分数据作者自己整理所得。2.1871年的人口增长率较高，主要是由于将先前独立统计的汉诺威、黑森、拿骚与法兰克福也包含在内。

通过表2-11可以看出，如果从统计意义上的城市来看，1871年普鲁士的城市化率为37.3%，到1910年城市化率高达61.5%。1910年城市数

[①] Dieter Rebentisch, Industrialisierung, *Bevölkerungswackstum und Eingeindungen. Das Beispiel Frankfurt am Main 1870-1914*. In: Jürgen Reulecke (Hrsg.), *Beiträge zur modernen deutschen Stadtgeschichte: Die Deutsche Stadt im Industriezeitalter*, Wuppertal: Peter Hammer Verlag, 1978, S, 99.

量高达 2167 个，而法律意义上的城市仅为 1276 个。① 可以看出，从统计意义上的城市来看，更加贴近这一时期普鲁士的城市化的发展水平，而从法律意义的城市来看，普鲁士的城市化水平明显低于正常水平。这一时期普鲁士城市人口的增长率明显高于总人口的增长率，主要基于以下两个原因：其一，城市数量不断攀升，1871 年仅有 1406 个城市，到 1910 年已经飙升到了 2167 个；其二，城市人口的平均规模不断扩大，1875 年普鲁士城市人口的平均规模为 6826 人②，到 1900 年则增加到了 11728 人③。

表 2-12　　　　　　1871—1910 年普鲁士各类城市的增长状况

增长结构	小城市						中等城市				大城市		普鲁士	
	2000以下		2000—5000		5000—20000		20000—50000		50000—100000		100000以上			
	数量	%	数量	%	数量	%	数量	%	数量	%	数量	%	数量	%
人口负增长（低于0）	114	30.2	104	19.0	11	24.4	0	0	0	0	0	0	229	18.5
人口适度增长（0—1.2%）	206	54.5	295	54.0	98	49.5	4	13.3	0	0	0	0	603	48.8
人口强劲增长（1.2%—2.4%）	42	11.1	110	20.1	103	19.8	11	36.7	6	50	4	66.7	276	22.3
人口飞速增长（超过2.4%）	16	4.2	37	6.8	51	6.3	15	50.0	6	50	2	33.3	127	10.3
总计	378	100.0	546	100.0	263	100.0	30	100.0	12	100.0	6	100.0	1235	100.0

资料来源：Silbergleit（Hrsg.），*Preussen Städt. Denkschrift zum 100 Jährigen Jubiläum der Städteordnung vom 19. November 1808*，Berlin：C. Heymann，1908，S. 141-168。

从表 2-12 可以看出，这一时期普鲁士的大城市出现了优先增长的趋势，有 4 个城市处于强劲增长、2 个城市处于飞速增长。大城市的快速增长主要是由于大城市在资金、技术、交通、信息等方面处于绝对优势的状态，因而在聚集人口的能力远远高于中小城市。中等城市人口的增长呈现出加速增长的趋势。在 42 个城市中，仅有 4 个城市处于适度增长，17 个城市处于强劲增长，21 个城市处于飞速增长。小城市的人口增长呈现出两极分化的态势。229 个城市处于负增长，仅有 104 个城市处于飞速增

---

① *Preußische Statistik*，H. 10，16，39，66，96，121，148，177，Teil Ⅰ，Berlin 1911，S. 206，234。

② *Preußische Statistik*，H. 39，Teil Ⅰ，S. 184ff。

③ *Preußische Statistik*，H. 177，Teil Ⅰ，S. 2ff。

长，其中617个城市的人口增长低于2.4%。小城市的人口增长呈现出两极分化主要是由于城市的区位优势、产业结构的差异造成的。

表2-13　　　　　　　　1871—1910年普鲁士各地区城市发展

增长结构	东部		中部		西部		新建省①		普鲁士	
	数量	%	数量	%	数量	%	数量	%	数量	%
人口负增长（低于0）	54	21.7	121	24.4	10	4.3	44	16.9	229	18.5
人口适度增长（0—1.2%）	124	49.8	245	49.5	95	41.3	139	53.3	603	48.8
人口强劲增长（1.2%—2.4%）	55	22.1	98	19.8	66	28.7	57	21.9	276	22.3
人口飞速增长（超过2.4%）	16	6.4	31	6.3	59	25.7	21	8.0	127	10.3
总计	249	100.0	495	100.0	230	100.0	261	100.0	1235	100.0

资料来源：Silbergleit (Hrsg.), *Preussen Städt. Denkschrift zum 100 Jährigen Jubiläum der Städteordnung vom 19. November 1808*, Berlin: C. Heymann, 1908, S. 141-168。

如果从1871—1910年间普鲁士各地区的城市化发展状况来看，城市增长存在区域性发展不平衡的现象。东部地区有54个城市的人口处于负增长的状态，中部地区有121个，新建省有44个，西部地区有10个；东部、中部、新建省以及西部地区人口处于负增长的城市数量占该地区城市数量的比重分别为21.7%、24.4%、16.9%、4.3%。由此可以看出，中部地区的人口处于负增长的城市数量较多，这种现象主要是由于柏林城市人口的快速增长吸引了大量的周边地区的近距离移民。另外，据德国著名学者于尔根·科卡对柏林1907年居民出生来源地调查，每100位居民中大约有40.5人出生于本地，有18人来自勃兰登堡。② 人口增长率超过2.4%的城市数量，东部地区有16个，中部地区有31个，西部地区有59个，新建省为21个；如果从人口增长率超过2.4%的城市数量占该地区城市数量的比重来看，东部地区为6.4%，中部地区为6.3%，西部地区为25.7%，新建省为8.0%。因此，无论是从城市数量还是比重来看，西部地区城市人口的增长都处于最快的增长势头，这主要与这一时期莱茵鲁尔

---

① 新建省主要包括石勒苏益格—荷尔斯泰因、汉诺威、黑森—拿骚、霍恩措伦等省。

② Johannes Müller, *Deutsche Bevölkerungsstatistik EinGrundriβ fürStudium und Praxis*, Jean: Fischer Verlag, 1926, S. 259.

地区社会经济发展水平呈现出加速增长的趋势有密切关系。

表2-14　1871—1910年普鲁士各地区人口超过2000人未授予城市的社区发展

增长结构	东部		中部		西部		新建省		普鲁士	
	数量	%	数量	%	数量	%	数量	%	数量	%
人口负增长（低于0）	1	14.3	8	8.1	28	9.6	4	10.5	41	9.4
人口适度增长（0—1.2%）	2	28.6	45	45.4	143	48.8	22	55.3	210	48.2
人口强劲增长（1.2%—2.4%）	1	14.3	21	21.2	59	20.3	6	15.8	87	20
人口飞速增长（超过2.4%）	3	42.9	25	25.3	62	21.3	7	18.4	97	22.3
总计	7	100.0	99	100.0	291	100.0	38	100.0	435	100.0

资料来源：Silbergleit（Hrsg.），*Preussen Städt. Denkschrift zum 100 Jährigen Jubiläum der Städteordnung vom 19. November 1808*，Berlin：C. Heymann，1908，S. 141-168。

　　1871—1910年普鲁士各地区人口超过2000人未授予城市的社区发展也是衡量人口城市化发展的重要指标。如果从统计意义上的城市来看，1871—1910年普鲁士新增城市435个，其中西部地区新增291个，中部地区新增99个，新增省为38个，东部为7个。如果从城市的增长结构来看，普鲁士有97个城市的人口处于飞速增长，41个城市的人口处于负增长。如果从各地区的城市人口发展来看，西部地区有62个城市的人口处于飞速增长，中部地区有25个城市的人口处于飞速增长，新建省为37个，东部地区为3个；西部地区有28个的城市人口处于负增长，中部地区为8个，新建省为4个，东部为1个。这一时期德国西部超过2000人的社区的快速发展与莱茵、威斯特法仑地区的煤炭与钢铁行业的快速发展紧密相关。据相关资料统计，仅威斯特法仑地区在1872—1910年新成立重工业企业748个，其中煤炭企业179个，钢铁238个分布在乡村。[①] 由于这些重工业的快速发展形成一批人口超过2000人未被授予城市的社区。例如，1873年在哈姆成立了威斯特法仑钢铁公司，1873年该公司的职工仅为563人，到1893年以后威斯特法仑钢铁公司发展成为威斯特法仑钢铁联合会，该公司的从业人员增长到16784人，哈姆的人口也从1984人

---

① Toni Pierenkemper，*Die Westfälischen Schwerindustriellen 1852-1913*，Göttingen：Vandenhoeck und Ruprecht，1978，S. 227-243.

发展到了19000人。

表2-15　　各类城市的职业分布的比重统计（1882、1895、1907）　　单位：%

1882	普鲁士	10万以上的大城市	20000—100000中等城市	5000—20000小城市	2000—5000城镇	人口低于2000人的聚居区
农、林、渔	43.3	1.1	3.3	10.3	27.7	68.6
采矿与工业	33.7	49.7	51.0	52.1	46.3	20.9
贸易与交通	8.4	22.1	16.0	12.3	9.5	3.7
国内服务	2.6	6.0	5.4	5.0	3.6	0.7
自由职业	5.4	11.2	13.9	10.4	4.9	1.9
其他职业	6.5	9.9	10.4	10.0	8.0	4.1
合计	100.0	100.0	100.0	100.0	100.0	100.0
1895	普鲁士	10万以上的大城市	20000—100000中等城市	5000—20000小城市	2000—5000城镇	人口低于2000人的聚居区
农、林、渔	36.1	1.3	3.3	9.3	24.9	64.8
采矿与工业	35.9	50.7	50.5	53.3	45.2	20.8
贸易与交通	10.2	22.8	16.1	12.8	10.7	4.1
国内服务	2.3	5.0	4.3	3.4	2.4	0.7
自由职业	6.2	10.1	14.3	9.5	6.2	2.2
其他职业	9.2	10.1	11.5	11.6	10.7	7.4
合计	100.0	100.0	100.0	100.0	100.0	100.0
1907	普鲁士	10万以上的大城市	20000—100000中等城市	5000—20000小城市	2000—5000城镇	人口低于2000人的聚居区
农、林、渔	32.6	1.2	11.5		65.2	
采矿与工业	37.1	50.3	50.6		19.5	
贸易与交通	11.4	23.1	13.5		4.1	
国内服务	1.8	3.9	2.1		0.5	
自由职业	5.7	9.1	8.1		1.9	
其他职业	11.5	12.4	14.1		8.8	
合计	100.0	100.0	100.0		100.0	

资料来源：

通过表2-15可以发现1882—1907年普鲁士农业、林业、渔业就业人数在经济中的比重呈现下降趋势，从43.3%下降至32.6%，采矿与工业从业人数的比重则从33.7%上升到了37.1%，贸易与交通从业人数所占的比重从8.4%上升到11.4%。1882年，人口低于2000人的聚集区在农业、林业、渔业就业人数所占比重为68.6%，到1907年所占比重下降为65.2%，同期在其他职业的从业人数所占比重从4%上升到8%。无论是1882年还是1895年，城市越大，在农业、林业、渔业就业的比重越小，可以看出大城市在农业、林业、渔业就业人数较少，而人口介于2000—5000人的城镇在农业、林业、渔业从业人数所占高达25%，这类城镇的职能更多是以农产品生产、加工与交易为主。小城市在矿业与工业领域的就业人数所占的比重明显高于其他类型的城市，人口超过10万的大城市则在交通与贸易领域就业所占比重明显高于其他类型的城市。这主要是由于工业化时期大城市在交通、区位、资金、技术等方面具有一定的优势，一般都是区域中心的交通枢纽以及商业中心，与其他中小城市相比，在城市功能上更加多元化。而中小城市，产业结构则较为单一。

二 德意志帝国时期城市人口增长的构成

德意志帝国时期的城市化发展不仅体现在城市数量的增加，城市人口数量的快速增长，不同类型的城市在增长速度也不同。

表2-16　　　　　　　　1871—1910年普鲁士各类城市人口增长

年份	城镇（2000—5000人）			小城市（5000—20000人）			中等城市（20000—100000人）			大城市（100000以上人）		
	数量	人口	%	数量	人口	%	数量	人口	%	数量	人口	%
1871	1024	3069306	12.5	333	2938995	11.9	45	1892294	7.7	4	1275663	5.2
1875	1077	3168884	12.3	378	3338182	13	53	2162824	8.4	6	1673728	6.5
1880	1134	3354067	12.3	410	3652399	13.4	64	2558783	9.4	7	2049136	7.5
1885	1129	3383597	11.9	430	3838422	13.6	74	2639188	9.3	12	2880293	10.2
1890	1155	3471644	11.6	462	4129028	13.8	82	2890117	9.6	16	3979886	13.3
1895	1217	3658059	11.5	511	4614355	14.5	96	3477485	10.9	18	4633361	14.5
1900	1266	3838640	11.1	548	4835405	14	132	4636612	13.5	22	5833952	16.9
1905	1328	4021137	10.8	590	5270171	14.1	142	5154523	13.8	28	7458662	20
1910	1353	4086006	10.2	626	5682779	14.1	155	5900672	14.7	33	9018033	22.5

资料来源：1871—1875：R. Jannasch, *Das Wachstum und die Concentration der Bevölkerung des Preußischen Staat*. In: Zeitschrift des Kgl. Preußischen Statistischen Bureaus, Jg. 18 (1878), S. 273 f.; 1880: *Statistisches Jahrbuch für das Deutschen Reichs*, Jg. 3 (1882), S. 8 ff.; 1885—1890: *Datensatz Urbanisierung in Preußen*; 1895: *Statistik des Deutschen Reichs*, H. 150, S. 71; 1900 - 1910: *Statistisches Jahrbuch für den Preußischen staat*, Jg. 24 (1903), S. 4f.; Jg. 29 (1908), S. 6f.; Jg. 34 (1913), S. 4f。

注：部分数据作者自己整理所得。

通过以上数据可以发现 1871—1910 年间普鲁士大城市、中等城市、小城市以及城镇的数量分别从 4 个、45 个、333 个、1024 个增加到了 33 个、155 个、626 个、1353 个。① 同期大城市、中等城市、小城市以及城镇的人口也从 1275663 人、1892294 人、2938995 人、3069306 人上升到了 9018033 人、9600672 人、5682779 人、4086006 人。② 如果从各类城市所占总人口的比重来看，1871 年大城市、中等城市、小城市以及城镇所占总人口的比重分别为 5.2%、7.7%、11.9%、12.5%③，到 1910 年所占总人口的比重分别为 22.5%、14.7%、14.1%、10.2%④。因此，无论是从城市数量还是城市人口所占总人口的比重来看，大城市增长速度最快、中小城市增长较慢、城镇的增长速度最慢。

德意志帝国时期不仅大城市、中等城市、小城市的人口的增长速度不同，而且不同主导产业的城市人口增长速度相差更大。依据德国城市功能与经济结构差异，普鲁士的城市大体上可以划分为商业城市、行政与军事要塞城市、大学与休闲城市、矿业（包括重工业）城市、纺织业城市、其他制造业城市、综合性城市等七种类型。

表 2-17　　1875—1905 年普鲁士人口超过 2 万人的城市人口增长

城市类型	数量	城市总人口		城市平均人口		城市人口增长（1875=100）					
		1875	1905	1875	1905	1880	1885	1890	1895	1900	1905
商业	13	857538	2267919	65964	174455	116	129	153	184	231	264
行政与军事要塞	10	254176	534126	25418	53423	111	120	138	158	179	210
大学与休闲	8	212123	441087	26515	55136	112	121	133	151	172	208
矿业（重工业）	7	190341	709067	27192	101295	113	134	162	196	256	373
纺织业城市	7	320729	594733	45818	84962	114	129	149	160	175	185
其他制造业城市	15	344774	1128846	22985	75256	113	127	158	192	236	327
综合性城市	24	1075271	2420812	44805	100867	111	124	157	175	202	225

---

①　*Statistisches Jahrbuch für den Preußischen Staat*, Jg. 24（1903）, S. 4f.; Jg. 29（1908）, S. 6f.; Jg. 34（1913）, S. 4f.

②　Ibid.,

③　R. Jannasch, *Das Wachstum und die Concentration der Bevölkerung des PreußischenStaats*, In: Zeitschrift des Kgl. Preußischen Statistischen Bureaus, Jg. 18（1878）, S. 273 f.

④　*Statistisches Jahrbuch für den Preußischen Staat*, Jg. 24（1903）, S. 4f.; Jg. 29（1908）, S. 6f.; Jg. 34（1913）, S. 4f.

续表

城市类型	数量	城市总人口		城市平均人口		城市人口增长（1875=100）					
		1875	1905	1875	1905	1880	1885	1890	1895	1900	1905
柏林	1	966858	2040148			116	136	163	173	195	211
总计	85	4221810	10136738	49668	119256	114	129	155	175	207	240

资料来源：Silbergleit（Hrsg.），*Preussen Städt. Denkschrift zum 100 Jährigen Jubiläum der Städteordnung vom 19. November 1808*，Berlin：C. Heymann，1908，S. 141-168。

注：部分数据作者自己整理所得。

通过表2-17可以看出，普鲁士85个城市的总人口从1875年的422万增加到了1905年的1014万。如果从不同类型城市人口的增长来看，各类型城市人口增长速度存在较大差异。柏林作为德国的首都，城市人口的增长低于全国的平均速度。这主要是由于柏林的城市化水平高，随着柏林城市人口的快速增长，城市的市政供水、供电，住房改造，交通等方面生活设施滞后造成了生活成本上升从而产生了大城市挤出效应大于集聚效应的现象。1875—1905年，军事要塞城市、大学与休闲城市的人口增长速度远远低于普鲁士的平均水平。以商业与服务业为主导产业的城市人口增长速度略高于普鲁士平均水平。以纺织业为主导产业城市在1875—1890年人口增长速度较快，1890年以后城市人口的增长速度明显放缓，到1905年城市人口增长指数已经是最低的。1875—1905年，其他制造业城市、商业城市的人口增长速度远远高于普鲁士平均水平。

不同的产业结构对城市人口增长的推动也迥然不同，之所以出现这种状况主要是由于不同的产业结构在不同的时间内集聚人口的能力也大相径庭。1871年以前，德国还没有完全进入重工化的发展阶段，纺织业仍然是国民经济的主导产业以及吸纳从业人员最多的产业之一，因而纺织业城市的人口增长较快。德意志帝国建立以来，特别是19世纪90年代，德国已经大规模地进入了重工业化的阶段，矿业与机器制造业等重工业逐渐成为德国经济的主导产业。与传统的轻工业相比，重工业具有产业链长、有较低运输成本、较大规模经济等特点。重工业产业的基础性地位和产业发展链条长的特点，决定了对其上下游产业发展的带动作用。一方面，它的发展能为许多产业的发展提供投入品。另一方面，重工业的消耗大，能为本国其他产业创造出巨大的市场需求；它的发展往往容易形成对相关产业、产品的需求，促进了这些产业发展。因此，在这一阶段重工业城市集聚人口的能力大大增强。

城市人口增长作为城市化发展的重要指标，通过对1905年各类型城市的本地出生人口占城市总人口的比重以及各个年龄阶段的人口增长构成等方面的考察，详细地分析出人口自然增长、净移民以及通过合并行政区等因素对普鲁士城市人口增长的作用。

（一）人口自然增长是城市人口增长的源泉

人口自然增长是城市人口增长的源泉，受德国统计资料的限制，本书将以1905年普鲁士各类型城市出生率来反映这一时期普鲁士城市人口的增长情况。（详见表2-18）

表2-18　　1905年普鲁士各类城市本地出生人口占城市总人口比重

城市类型	本地出生人口占总人口的比重（%）	15岁以下所占比重（%）	15岁以上所占比重（%）
商业与服务业	37.7	74.9	22.9
行政与军事要塞	34.4	71.2	20.3
大学与休闲	38.8	75.8	24.5
矿业（重工业）	45.2	76..4	25.7
纺织业城市	58.8	85.3	45.9
其他制造业城市	44.3	74.6	27.3
综合性城市	46.1	79.3	31.1
柏林	40.3	80.5	27.2
平均（85个城市）	42.6	77.6	27.6

资料来源：Silbergleit（Hrsg.），*Preussen Städt. Denkschrift zum 100 Jährigen Jubiläum der Städteordnung vom 19. November 1808*，Berlin：C. Heymann，1908，S. 141-168。

注：部分数据作者自己整理所得。

表2-18清楚地显示出，本地出生率对城市人口增长有一定的影响，各类城市的本地出生率受产业结构的影响也存在较大差异。商业与服务业城市、行政与军事要塞城市以及大学与休闲城市等以服务业为主导产业的城市本地出生人口占总人口比重低于普鲁士的平均水平，而矿业、纺织业、制造业城市等工业城市本地人口的出生率明显高于平均水平。无论15岁以下还是15岁以上，纺织业城市与综合性城市本地出生人口占总人口的比重远高于平均水平，其他类型城市则低于平均水平。通过对表2-17与表2-18的分析可以看出，本地出生人口占总人口的比重较高的城市的人口增长速度低。这一时期纺织业城市的人口增长就是典型的案例。纺

织业城市本地出生人口占总人口比重最高，而在 1875—1905 年期间该类型城市人口增长幅度最低。从侧面也反映出德意志帝国时期城市人口的自然增长对城市人口增长的作用在逐渐减弱。

（二）净移民是城市人口增长的重要组成部分

如果我们仔细考虑城市人口的构成，不难发现净移民是城市人口增长的重要组成部分。我们可以通过净移民（即从流入城市移民减去移出城市移民的数量）所占城市新增人口比重，反映净移民对城市新增人口的贡献。

表 2-19　　　　　　　　1875—1905 年普鲁士人口构成

城市类型	城市总人口		城市人口增长总数	城市人口增长			
	1875	1905		净移民（%）	自然增长率（%）	合并行政区①（%）	净移民与自然增长率的比率
商业与服务业	857538	2267919	1410381	61.2	22.2	16.2	2.76
行政与军事	254176	534126	279950	62.0	26.0	12.0	2.38
大学与休闲	212123	441087	228964	63.9	23.6	12.6	2.71
矿业（重工业）	190341	709067	518726	45.7	32.0	22.2	1.42
纺织业城市	320729	594733	274004	24.7	71.0	4.4	0.34
制造业城市	344774	1128846	784072	44.2	30.3	25.6	1.45
综合性城市	1075271	2420812	1345541	49.6	33.1	17.3	1.50
柏林	966858	2040148	1073290	67.4	32.4	0.2	2.07
区域分布							
东部地区	998959	2009464	1010505	57.6	29.0	13.4	1.98
柏林勃兰登堡、萨克森	15632252	3683583	2120331	66.7	28.5	4.8	2.34
汉诺威、黑森、拿骚	625423	1567834	942411	56.0	29.7	14.3	1.88
莱因威斯特法仑	1034176	2875857	1841681	38.4	35.5	26.2	1.08
总计	4221810	10136738	5914928	54.6	31.0	14.4	1.76

资料来源：Silbergleit (Hrsg.), *Preussen Städt. Denkschrift zum 100 Jährigen Jubiläum der Städteordnung vom 19. November 1808*, Berlin: C. Heymann, 1908, S. 141-168。

注：部分数据作者自己整理所得。

---

① 合并行政区带来的人口增长所占城市新增人口的比重。

通过表 2-19 不难发现，在不同类型城市中净移民对城市人口增长的贡献是不同的。从整体看，商业与服务业城市、行政与军事要塞城市以及大学与休闲城市等以服务业为主导产业的城市净移民对城市人口增长贡献较大，矿业（包括重工业）、制造业城市、综合性城市的净移民率低于普鲁士城市净移民的平均水平，而以纺织业为主导产业的城市净移民所占城市新增人口的比重最低。如果从净移民绝对数量看，综合性城市、矿业城市、制造业城市的净移民数量高于其他城市。如果从区域分布来看，柏林勃兰登堡、萨克森地区城市净移民率最高，而莱因、威斯特法仑地区城市净移民率则最低。[1]

之所以出现各类型城市的城市人口增长构成各不相同，主要有以下几个因素决定。首先，城市功能成为决定各类城市人口增长构成的重要因素。与其他城市相比，以第三产业为主导产业的城市如商业与服务业城市、大学与休闲城市、行政与军事要塞城市的流动人口相对较多，这些城市由功能决定的。因为商业贸易、大学以及军队都需要大量流动人口。相比而言，矿业城市、制造业城市与纺织业城市等工业城市，以生产产品为主，流动人口较第三产业城市相对较少。[2] 而综合性城市作为全国经济、文化中心，流动人口相对较多。其次，各类型城市的社会经济特点也是决定城市人口增长构成的因素。本地人口出生率的高低一方面受本地社会经济发展水平影响，譬如各类城市居民收入水平差距是影响各类城市人口出生率高低的重要因素；另一方面，人口生育行为也是影响各类城市出生率的又一重要因素。有关资料显示，德国矿业城市与制造业城市的移民大部分来自东普鲁士农民，他们把前工业化时期生育行为带入了城市，结果在移民与人口自然增长率共同作用下城市人口增长明显高于其他类型的城市。[3] 当然，不可否认，有些城市自然增长率比净移民率高，主要由于这类城市提供就业机会小，吸收外来移民能力小。德意志帝国时期以纺织业

---

[1] Richard Lawton and Robert Lee, *Urban Population Development in Western Europe from the Late-eighteenth to the Early-twentieth Century*, Liverpool: Liverpool University Press, 1989, pp. 120-149.

[2] Silbergleit (Hrsg.), *Preussen Städt. Denkschroft zum 100 Jährigen Jubiläum der Städteordnung vom 19. November 1808*, Berlin: C. Heymann, 1908, S. 141-168.

[3] Horst Matzerath, *Urbanisierung in Preussen 1815-1914*, Stuttgart: Kohlhammer Verlag, 1985, S. 308.

为主导产业的城市受产业结构的影响提供就业岗位少，吸收外来移民机会小。①

第三节　主要工业化地区的城市发展

一　工业化时期德国西部城市的崛起及其影响

随着19世纪三四十年代德国工业化的兴起与深入推进，城市化也进入持续快速发展的时期。在工业化的强劲推动下，西部城市的发展速度迅速赶上并超过了中部城市，同时它也成为19世纪最后30年推动德国城市化快速发展的重要引擎。与德国其他地区的城市发展相比，西部城市的发展更能集中地反映出这一时期高速工业化与强劲城市化之间的良性互动，由此推动了德国经济的迅速发展与社会的急剧转型。因此，探究这一时期西部城市的崛起为我们研究近代德国城市化提供了重要的范例。

（一）西部城市的强势崛起

德国莱因、威斯特法仑地区不仅拥有丰富的矿产资源以及发达的水上交通运输网等得天独厚的自然地理条件，同时它因毗邻法国与比利时，也能够受到这些工业化发展较早国家的经济辐射。因此，这些良好资源与区位优势不仅使其成为德国工业化的摇篮，也为该地区城市的崛起提供了有利条件。

随着19世纪30—40年代纺织工业的蓬勃发展，西部地区兴起了一批以纺织业为主导产业的城市，诸如莱因地区的克雷菲尔德、巴门。据统计，1815年克雷菲尔德、巴门的城市人口分别为1100人和2000人，到1840年已分别增至13600人和16300人。② 进入19世纪50年代以来，德国工业发展的重心逐步从轻纺工业部门转向铁路建设和钢铁等重工业部门，随之西部的重工业城市也开始崭露头角。1852年鲁尔地区重工业城市杜伊斯堡、埃森、波鸿、多特蒙德的人口仅为13087人、10552人、

---

①　Richard Lawton and Robert Lee, *Urban Population Development in Western Europe from the Late-eighteenth to the Early-twentieth Century*, Liverpool: LiverpoolUniversity Press, 1989, pp.120-149.

②　该数据是笔者根据相关统计数据计算所得。M Neefe（Hrsg.）, *Statistisches Jahrbuch Deutscher Städte*, Breslau: Verlag von Wilh.Gottl.Korn, 1890, S.23-36.

4833 人、13546 人，到 1871 年，这些城市人口分别达到 30144 人、51513 人、21192 人、44420 人。① 这些城市的快速发展与鲁尔地区煤炭产业的强劲增长紧密相关。相关资料显示，1850 年鲁尔地区生产的石煤为 196.1 万吨，到 1870 年增至 1157.1 万吨；从业人员的数量也从 12741 人上升到了 50749 人。②

1840—1871 年，西部城市的发展呈现出加速增长的趋势。研究表明，西部地区在 1840—1871 年的城市化率从 25.2% 上升到 34.2%，城市人口密度从每平方公里 4515 人增加到 7594 人。1815—1840 年至 1840—1871 年，城市人口年均增长率也从 1.01% 上升到了 2.0%③。同期中部地区的城市化率也从 30.4% 增加到 37.0%，城市人口的密度从每平方公里 4599 人飙升到 7607 人，城市人口的年均增长率则从 1815—1840 年的 1.01% 增至 1840—1871 年的 1.64%。④ 从以上数据可以看出，尽管这一时期西部城市的整体发展水平明显低于中部城市，但是西部城市人口的年均增长率明显高于中部城市。

如果从城市增长结构⑤来考察，可以发现西部城市整体增长速度快于中东部城市。1840—1871 年，东部、中部与西部地区人口处于负增长的城市数量分别为 14 个、15 个、16 个，所占各地区城市总数的比重分别为 7.8%、5.3%、15.1%；人口增长率超过 2.4% 城市数量所占的比重则分别为 6.1%、5.7%、17.8%。⑥ 从以上数据中可以看出，西部城市的人口增长呈现出两个明显的特点：一方面，该地区人口处于负增长的城市数量

---

① James H. Jackson, *Migration and Urbanization in the Ruhr Valley 1821—1914*, Boston: Humanities Press, 1997, p.7.

② Thomas Nipperdey, *Deutsche Geschichte 1866—1918*, Bd.1, Arbeitswelt und Bürgergeist, München: C. H. Beck, 1990, S.196.

③ 徐继承：《工业化时期德国西部城市的崛起及其影响》，《史学集刊》2012 年第 5 期。

④ 1840: *Tabellen und amtliche Nachrichten über den Preußischen Staat für das Jahr 1849*, Bd.1, Berlin 1851, S.40; Für 1871: R. Jannasch, *Das Wachstum und die Concentration der Bevölkerung des Preußischen Staates*, in: Zeitschrift des Kgl. Preußischen Statistischen Bureaus, S.278.

⑤ 按照城市人口增长率不同，工业化时期德国城市人口增长大体上可以分为四种类型：负增长（人口增长率低于 0）、适度增长（人口增长率介于 0—1.2%）、强劲增长（人口增长率介于 1.2%—2.4%）、飞速增长（人口增长率高于 2.4%）。

⑥ Horst Matzerath, *Urbanisierung in Preussen 1815-1914*, Stuttgart: KohlhammerVerlag, 1985, S.121.

所占城市总数的比重明显高于中、东部地区；另一方面，该地区人口年均增长率超过2.4%的城市数量所占比重也远远高于中、东部城市。这一时期西部城市人口增长特点与该地区工业化发展密切相关。西部地区的工业化发展，一方面推动了波鸿、多特蒙德、克雷菲尔德等工业城市的迅速崛起，进而带动了周边近距离移民向这些新型的工业城市快速集聚；另一方面也引起了该地区其他类型的城市诸如行政中心城市（Administrative cities）、大学与休闲城市的人口集聚能力下降，甚至这些城市的人口出现了向工业城市迁移的现象。

尽管西部城市增长速度明显加快，但是该地区的城市数量明显低于中、东部地区。1840—1871年的普鲁士有560座城市，其中中部地区拥有278座城市，东部地区有179座城市，位于普鲁士西部地区的威斯特法仑与莱因则仅有103座。[①]

随着德意志帝国的建立与工业化的快速推进，西部潜在的自然资源优势与良好的区位也转化为经济发展强大的动力，西部地区的城市化也进入了持续快速发展的黄金时期。德意志帝国时期西部城市在借助新技术革命、独特资源与区位优势等多重因素的基础上强势崛起，并呈现出鲜明的发展特色。

首先，西部地区的城市化增长幅度明显高于中部地区。衡量城市化增长幅度的指标主要包括城市化率、城市人口密度、人口密度、城市人口年均增长率等指标。1871—1910年西部地区的城市化率从34.2%增长到50.7%，西部地区城市人口密度从每平方公里7594人飙升至23596人，人口密度也从每平方千米84人上升至234人，城市人口年均增长率高达2.94%。同期，中部地区的城市化率从1871年的37%增长到1910年的50.7%，城市人口密度从每平方公里7607人飙升至16160人，人口密度从每平方公里53人上升到119人，人口年均增长率也从1.34%增长到2.04%。[②] 从以上数据中可以看出，西部城市无论是在城市人口密度还是城市人口年均增长率方面都明显快于中部城市。截至1910年，全国人口

[①] Silbergleit (Hrsg.), *Preussen Städt. Denkschrift zum 100 Jährigen Jubiläum der Städteordnung vom 19. November*1808, Berlin: C. Heymann, 1908, S. 141-168.

[②] *Preußische Statistik*, H. 234, Teil Ⅰ, S. 2ff.

超过10万人的大城市有48个，其中西部大约有14个。① 1910年西部城市人口为742.38万，其在全国城市人口比重已从1871年的11.9%增加到了1910年的19.04%②，增长幅度位列全国之首。另外，从德国各地区城市人口增长的结构来看，1871—1910年的西部地区有59个城市人口的年均增长率超过2.4%，而中部地区仅有31个城市。同期，西部仅有10个城市的人口处于负增长，中部地区则高达121个城市。③

其次，西部原有城市实现了由传统产业向现代机器大工业产业转型，同时也带动了一批新兴工业城市的崛起。城市就业结构的变化也反映出这一时期城市产业结构的转型。以各城市就业结构变化为例，素有德国纺织业名城的巴门、克雷菲尔德与埃尔伯菲尔德1882年仅有35%的劳动力从事纺织工业及其相关产业，到1895年这一比例超过了60%；同期德国著名的工业城市多特蒙德、波鸿、萨尔布吕肯从事煤钢以及机械制造业的劳动力比重则从32%上升到40%。④ 与其他地区相比，西部地区重型工业发达，主要的工业城市大约有一半以上的劳动力从事工业与矿业。据统计，1895年东部城市第二产业的平均就业比重为29.8%，到1907年增加到了35.5%，增长幅度为4.7个百分点。同期西部城市在第二产业就业比重则由48.6%增加到1907年的57.6%⑤。新兴城市的崛起也是这一时期西部城市发展的一个亮点。作为鲁尔区最重要的矿业城市格尔森基辛，18世纪中期还是由7个教区合并形成的贸易小镇，到1856年赫伯那和沙姆克矿业公司在格尔森基辛成立，致使该城出现膨胀式发展，人口陡增，在1858—1885年短短的27年间人口增长率高达700%⑥，到1910年人口高达169513人，成为超过10万人的大城市。⑦ 格尔森基辛人口飞速增长与

---

① Gerd Hohorst (Hrsg.), *Sozialgeschichtliches Arbeitsbuch: Materialien zur Statistik des Kaiserreichs 1870-1914*, Bd. 2, München: C. H. Beck, 1975, S. 45-46.

② 笔者依据 *Statistik des Deutschen Reichs*, Bd. 240, Berlin 1911, S. 57ff. 归纳统计。

③ Horst Matzerath, *Urbanisierung in Preussen 1815-1914*, Stuttgart: KohlhammerVerlag, 1985, S. 121.

④ *Statistik des Deutschen Reichs*, Bd. 111, Berlin 1909, S. 55.

⑤ *Statistik des Deutschen Reichs*, Bd. 211, S. 6ff.

⑥ Wolfgang Köllmann, "The Process of Urbanization in Germany at the Height of the Industrialization Period", *Journal of Contemporary History*, Vol. 4, No. 3, Urbanism (Jul., 1969): 59-76.

⑦ James H. Jackson, *Migration and Urbanization in the RuhrValley 1821-1914*, Boston: Brill Academic Publishers, 1997, p. 7.

煤炭产业强劲发展有直接联系。1873 年格尔森基辛石煤产量仅有 7 万吨，而到 1904 年已达到 650 万吨，同期从业人数也呈现出强劲增长态势，从不到 700 人已飙升至 25000 人。[①]

再次，西部城市类型也朝着多样化的趋势发展。按照城市功能的不同，西部城市大体上可以划分为三种类型：其一，综合性城市。这类城市具有经济活动聚集能力强、人口集中程度高、城市基础建设水平高、市场容量大等特点，往往发展成为西部地区的政治、文化与经济中心，如科隆、杜塞尔多夫、科布伦茨等；其二，工业城市。凭借资源优势形成的重工业城市，成为这一时期西部城市化的一大特色，如多特蒙德、杜伊斯堡、波鸿等；其三，卫星城。到 19 世纪 70 年代以来，煤钢与制造业的强劲发展带动了一批专业城镇。这些城镇一般分布在大城市周围，主要生产与大城市主导产业相关联的产品，如埃森附近的阿尔滕多夫主要以其金属铸造业著称。

最后，这些不同性质、类型和等级规模的城市，在市场机制作用下协调发展，进而形成了以综合性城市与工业城市为中心、以各交通枢纽城市为纽带、大中小城市共同发展的城市体系。与此同时，中部地区以柏林为中心的城市体系也初步形成。由于受经济发展水平、交通状况等各种因素的影响，其他地区还难以形成具有内聚力、辐射力以及内部功能联系较强的城市体系。

总之，到 1910 年，德国西部城市已达 239 个，人口超过 10 万人的大城市 14 个[②]。作为德国城市化发展最快的西部地区不仅其经济发展呈现出了强劲发展态势，也成为促进德国经济强势崛起的重要引擎。

(二) 西部城市发展的历史动因

西部城市的强劲崛起并非无因之果，它是 19 世纪中期以来德国工业化的纵深发展、大规模的铁路建设、农业生产率的提高等诸多方面的因素共同作用的结果。

工业化的纵深发展是推动西部城市崛起的根本动力。西部地区是德国最早进行工业化的地区之一，早在 18 世纪 80 年代，杜塞尔多夫的拉廷根

[①] Gerd Hohorst (Hrsg.), *Sozialgeschichtliches Arbeitsbuch: Materialien zur Statistik des Kaiserreichs* 1870-1914, Bd. 2, München: C. H. Beck, 1975, S. 45-46.

[②] Jürgen Reulecke, *Geschichte der Urbanisierung in Deutschland*, Frankfurt am Main: Suhrkamp Verlag, 1985, S. 203-204.

建立起第一座现代化机器纺织厂。19世纪三四十年代西部的克雷菲尔德、亚琛、巴门等城市的纺织工业蓬勃发展,为经济起飞提供了坚实的物质保障。进入19世纪50年代以来,德国工业化发展的重心也实现了从以纺织业为中心的轻工业向以铁路为主的重工业转变。大规模的铁路建设对德国工业的快速发展起到了决定性的作用。铁路建设对钢铁产生了巨大的市场需求,进而在西部地区掀起了一个创办股份制矿业和冶金业公司的热潮,带动了钢铁产业快速发展。据统计,1851—1871年,多特蒙德地区的生铁产量增加了35倍以上,达到421 000吨,几乎是19世纪中期德国生铁总产量的两倍。到1871年,多特蒙德和波恩地区(后者包括位于威斯特伐里亚南部的企业)合计生产了普鲁士铁产量的2/3以上,占整个德意志帝国铁产量的5/8。① 大规模的铁路建设无疑对钢铁产业产生了巨大市场需求。据统计,1840—1844年德国铁路建设消耗的钢铁量约占德国钢铁总产的21.4%,到1855—1859年这一比例上升到29.6%。同期,美国铁路建设消耗的钢铁量仅为3.6%和18.9%。② 除此之外,技术进步也是促进西部钢铁产业快速发展的又一重要原因。用燃煤取代木炭的炼铁法成为这一时期德国钢铁产业的重要技术创新。1849年,鲁尔地区首次生产出吹焦生铁,1850年它占到全部铁产量的37%,到1863年这一比例升至98.7%。③ 钢铁产业的快速发展带动了煤炭产业、金属加工业和机械业的发展,西部莱因的小五金产业诸如螺丝刀、螺母、刀具、锁具以及类似产品呈现出强劲的发展势头。

1871年以来,随着德意志帝国的建立与第二次工业革命的深入展开,西部地区的工业不断向纵深发展,企业规模不断扩大。在第二次工业革命的推动下,煤炭与钢铁等传统产业焕发出勃勃生机。西部地区煤炭与钢铁产业的产能快速提升,并逐步向规模化、集约化、综合高效化发展。以生

---

① Becker, *Die Stollberger Messindustrie und ihre Entwicklung*, München und Leipzig 1913, S. 254-260.

② R Fremdling, "Railroads and German Economic Growth: A Leading Sector Analysis with A Comparison to the United States and Great Britain", *Journal of Economic History*, Vol. XXXVII, No. 3 (September 1977), p. 538.

③ H. J. Habakkuk and M. Postan, *The Cambridge Economic History of Europe*, Vol. 6: *The Industrial Revolution and After: Population and Technological Change*, Cambridge: Cambridge University Press, 1965, p. 445.

铁为例，1878—1879 年，鲁尔地区 5 家最大生铁公司的铁产量就占总产量的 67.2%[①]。1879—1913 年每座高炉产量增幅高达 296.8%，人均产量提高了 2 倍。在钢铁产业规模化发展的同时，大型矿井逐渐成为煤炭开采中的主角。1870 年鲁尔地区石煤产业尚有矿井 215 个，到 1913 年减少到 173 个，同期从业人数却在增长，由 50744 人增加到 444406 人。[②] 毋庸置疑的是，西部地区煤钢等重工业的快速发展并不应该掩盖以电力、化学等为主的新兴战略产业增长的光芒。西部地区最大的电力生产商是莱茵—威斯特伐利亚电气公司。该公司成立于 1900 年，其供电网在莱茵河谷地纵横交错，从科布伦茨一直延伸到荷兰边界；该公司的发电量也从 1900—1901 年的 270 万千瓦跃升到 1910—1911 年的 12170 万千瓦。[③] 西部地区科隆、亚琛、巴门、杜伊斯堡等城市的化学工业也呈现出快速发展的趋势。德国著名化学公司——拜耳的崛起就是西部地区化学产业发展的缩影。它于 1863 年在科乌珀塔尔成立，当时仅有 8 名工人，到 1914 年已成为拥有 7900 人，经营范围涉及颜料、药品、摄影胶片等产品的行业巨头。

这一时期西部工业化的纵深发展主要得益于以下几个因素：其一，以电力、钢铁、内燃机为标志的第二次技术革命悄然兴起，国内掀起了一股史无前例的"科技发明浪潮"，各种前沿实用科技的发明层出不穷，使世纪之交的德国成为"科学上的先导国家"[④]。政府授予发明专利的数量也急剧攀升，1880 年仅有 3887 项，到 1910 年已上升至 12100 项。[⑤] 在这些新型的实用科技发明中，尤其以先进炼钢与采煤技术、电气技术、化学生产的新工艺对西部地区产业发展产生了重大推动作用。其二，德意志帝国

---

① Wilfried Feildenkirchen, *Die Eisen - und Stahlindustrie des Ruhrgebiets 1879 - 1914*, Wiesbaden: Steiner, 1982, S. 179.

② Thomas Nipperday, *Deutsche Geschichte 1866 - 1918*, Bd. 1, *Arbeitswelt und Bürgergeist*, München: C. H. Beck, 1990, S. 227.

③ H. J. Habakkuk and M. Postan, *The Cambridge Economic History of Europe*, Vol. 6: *The Industrial Revolution and After: Population and Technological Change*, Cambridge: Cambridge University Press, 1965, p. 513.

④ Helmut Rumpler (Hrsg.), *Innere Staatsbildung und gesellschaftliche Modernisierung in "Osterreich und Deutschland 1867/ 71 bis 1914*, München: C. H. Beck, 1991, S. 195.

⑤ Alfred Heggen, *Erfindungsschutz und Industrialisierung in Preussen 1793 - 1877*, Göttingen: Vandenhoeck & Ruprecht, 1975, S. 137 - 138；Wilfried Feldenkirchen, *Siemens 1918 - 1945*, München: C. H. Beck, 1995, S. 30, 综合统计。

的建立不仅统一货币、度量衡,也形成了统一的国内市场,为工业的快速发展提供了强大的动力。其三,德国特殊融资制度也成为现代大工业快速发展的制度保障。全能银行集商业银行、投资银行、发展银行和投资信托等功能于一身,不仅为工业企业开展长期信贷以及工业股票的发售提供融资,而且也与大型工业企业相互渗透形成联合股份公司。据统计,1886—1895 年,有 1696 家联合股份公司得到组建,其资本金总额为 16.86 亿马克;到 1906—1913 年,这两个数据分别为 1467 家与 20.87 亿马克。[①]

  西部地区工业化的纵深发展不仅促进了企业规模扩大,而且还使企业朝着专业化的趋势发展。在市场调节与投资效益双重作用的推动下,各企业依据自身发展需求,往往向能源、市场、交通便利的地区集聚。于是,随着众多同类产业及其相互关联紧密的企业在空间上的集聚,具有鲜明发展特色的专业化城市应运而生了。依据城市主导产业不同,西部城市大致可以分为以下几类:第一,受资源要素禀赋差异的影响,各个城市突出自己的比较优势,形成一批资源型城市。最具有代表性的是地处鲁尔地区埃姆斯河和利珀河之间的煤田兴起了一大批专门从事煤炭生产、冶炼加工以及制造业的重工业城市。在这些资源城市中,格尔森基辛以巨型钢铁企业闻名于世,多特蒙德以矿产资源种类多、储量大著称,波鸿则以矿山机械产业见长。除了以上的重工业城市外,也涌现出一批轻工业城市譬如科隆附近的勒沃库森发展成为闻名遐迩的化学城。巴门、亚琛、克雷菲尔德等城市则出现了纺织业、印染以及服装业的产业集聚。第二,利用当地农、牧业发展优势形成农产品加工专业化城市。地处杜塞尔多夫行政专区的昂格蒙德是以农产品加工与农牧产品贸易为主的城市,索林根则依靠当地葡萄种植业发展酿酒产业。第三,利用特殊区位优势形成的交通枢纽的专业城市。西部地区河流众多,水运发达,运河城市成为西部别具一格的专业城市。19 世纪后期,德国西部地区出现了第二次开凿运河的热潮,杜伊斯堡因地处鲁尔河注入莱茵河处,区位优势明显增强。1905 年建成的杜伊斯堡—鲁尔地区港成为当时世界上最大的内河港,也是鲁尔地区煤、铁矿石、石油、建筑材料、谷物等货物运输的重要水上通道,转运货物量已

---

① Peter Mathias, M. M. Postan (ed.), *The Cambridge Economic History of Europe*, Volume 7, *The Industrial Economies: Capital, Labour and Enterprise*, Part 1: *Britain, France, Germany and Scandinavia*, Cambridge: Cambridge University Press, 1978, p. 567.

达1560万吨。① 在以重化工业为主导产业的西部地区，运输任务繁重，因此在某些特定区域因具有发展交通运输业的便利而出现以运输为主的城市。埃森因位居欧洲东西和南北交通要冲，1842年开通了铁路，与原有的运河连成发达的交通网络。随着鲁尔煤田的开发和铁路的修筑，埃森一跃成为德国西部重要的铁路交通枢纽城市。到1885年，该城市的铁路营运里程已达1224.79公里。② 埃森主要承担鲁尔地区繁重运输任务，也因此获得快速发展的机遇，人口从1875年的5.4万，增加到1910年的29.4万。③

这些专业化城市并不是孤立地发展，而是基于一定的产业关联，形成相互依存、紧密联系的协作产业链。具体言之，埃森、多特蒙德、波鸿依靠鲁尔地区丰富的煤炭资源与阿尔萨斯、洛林的铁矿资源形成庞大的钢铁生产中心；在多特蒙德周边兴起一大批专业生产镇，这些城镇以钢铁为原料从事金属加工，主要生产钢管、钢材、钢板等中间产品；在此基础上，这些中间产品通过便利的莱茵河水运和发达铁路运输网络，进入科隆、杜塞尔多夫、杜伊斯堡等地机器制造厂，生产出矿山机械、电力机车、纺织机、铸件、轧钢机等产品。这些专业化城市既是德国乃至世界著名煤钢机器制造业的中心，也是西部地区经济发展的主体。

当然，西部地区城市之间的相互关系，并不是简单的"协作"关系，而是充满了激烈的市场竞争，从而也涌现出一批闻名海内外的跨国企业诸如克房伯、拜耳、格尔森吉尔欣矿山股份公司等企业，由此这些企业也成为西部城市最好的名片。

大规模的铁路建设也是推动西部地区城市发展的重要原因。19世纪后半叶覆盖西部地区的铁路网初步完成，这不仅加强了城市之间经济联系，也为该地区城市体系的形成奠定了坚实的基础。1852年西部莱茵、威斯特法仑地区铁路的营运里程为684.6公里，到1883年已增加到5034.18公里。④ 在铁路里程增加的同时，铁路运输效率也有大幅度的提

---

① Walter G. Hoffmann, *Wachstum Der Deutschen wirstschaft seit der mitte des 19 Jahrhundert*, Berlin: Springer, 1965, S. 424.

② *Statistisches Handbuch für den Preußischen Staat*, Bd. 1, S. 271.

③ Gerd Hohorst (Hrsg.), *Sozialgeschichtliches Arbeitsbuch: Materialien zur Statistik des Kaiserreichs 1870-1914*, Bd. 2, München: C. H. Beck, 1975, S. 45-46.

④ *Statistisches Handbuch für den Preußischen Staat*, Bd. 1, S. 270.

高。1885—1911年，铁路每公里运载乘客增加了277%，每公里的货物运输增长了125%。[①] 铁路运输效率的提高推动了城市之间的经济联系，促进了城市体系的形成与发展。随着德国南北铁路的全线贯通，19世纪70年代中期，近1500公里铁路已将鲁尔地区与北部不来梅、汉堡港口、西南部的萨尔地区连接起来。西部城市由此不仅能够获得萨尔地区的丰富铁矿石资源，也能够源源不断地将工业产品出口到海外市场。大规模的铁路建设还带动了钢铁、机器制造业的快速发展。

19世纪德国农业生产率的提高是西部城市强劲发展的重要前提，农业生产率的提高得益于生产技术的进步。生产技术的进步主要是通过化学肥料的使用、农业机械化水平的提高、新型农作物的推广与农产品的加工等方式来实现的。由于使用了农业机械，采用新的农业科学技术，大大减少了农业所需的人口，提高了农业劳动生产率，由此产生的剩余劳动力成为工业劳动力的后备军和城市人口增长的源泉。据统计，1850—1913年，作为第一产业的农业领域的就业人数在全国从业人员中占的比重由55%降至35%；同期，在工业领域的就业人员由25%上升到38%。[②] 农村过剩劳动力向城市的转移促进了西部地区城市流动人口持续增长。1882—1907年，莱茵地区流入人口的比例由6.4%增加到11.6%，威斯特法仑则从9.2%上升到17.8%。到1907年，在莱茵地区的大城市中，流入人口比例高达46.7%，威斯特法仑更是高达59.9%。[③] 涌入西部城市的外来移民不仅成为一支强大的劳动力后备军，也使城市的消费市场进一步扩大，从而为西部城市崛起注入了持久动力。

总之，西部城市的崛起不仅得益于工业化水平的持续提升、大规模铁路建设的快速开展与农业生产率稳步提高，而且也是西部地区的资源禀赋、交通运输、劳动力、市场发育程度、区位优势等社会、经济、自然诸多因素共同在工业化推动下发生作用的结果。

(三) 西部城市崛起的历史影响

19世纪末20世纪初，德国西部地区的城市人口开始超过农村人口，

---

① 邢来顺：《德国工业化经济——社会史》，湖北人民出版社2004年版，第308页。

② Walther G. Hoffmann, *Das Wachstum der deutschen Wirtschaft seit der Mitte des 19. Jahrhundert*, Berlin: Springer, 1965, S. 35.

③ Thomas Nipperday, *Deutsche Geschichte 1866 – 1918*, Bd. 1, *Arbeitswelt und Bürgergeist*, München: C. H. Beck, 1990, S. 39.

率先实现了城市化，城市在区域经济发展中的主导地位已初步确立。西部城市以第二次产业革命为契机，汇集了该地区科技、产业、金融、贸易等方面雄厚的实力，对于带动煤钢、化学、电力产业的发展，推动产业升级与技术转移，开拓国际市场、参与国际竞争具有重要作用。

第一，西部城市的崛起使该地区城市功能得到充分发挥，推动了德国经济的强劲发展。这种作用集中表现在：19世纪最后30年，以西部城市为依托，形成了日益紧密的城市体系与相对独立的重工业区，促进了德国工业化向纵深发展。这个重工业区由科隆、杜塞尔多夫、波恩、波鸿、多特蒙德、杜伊斯堡、埃森、格尔森基辛、哈根、哈姆、黑尔讷、鲁尔河畔的米尔海姆、奥伯豪森等城市构成。该工业区的产业结构主要以煤钢、机械制造、化工产业为主，它不仅是德国主要的工业中心，也是欧洲最重要的重工业基地。到20世纪初，它的煤产量占德国的80%—90%，钢产量已占65%，工业产值占60%左右。①

莱因鲁尔工业区的形成，主要得益于西部城市体系内各类城市的专业化分工与整体协作，从而推动了工业化向纵深发展。首先，在城市体系内，各个产业部门之间基于一定的技术经济关联而形成产业链，既能发挥城市的专业化生产优势，又能充分利用当地的资源，从而使当地经济得到了合理开发。鲁尔区的煤矿众多，开采出的煤适合于炼焦，再加上离铁矿丰富的阿尔萨斯和洛林比较近，鲁尔丰富的煤与阿尔萨斯和洛林的铁矿相结合，奠定了德国鲁尔区钢铁工业生产的基础。19世纪早期，在这里出现了很有影响的钢铁康采恩——蒂森公司和鲁尔煤矿公司。德意志帝国时期，鲁尔地区形成采煤—炼化—发电—炼铁炼钢—钢铁加工—机器制造的产业集聚。除此之外，采煤—炼焦—焦化工业也是鲁尔地区重要的产业链。鲁尔区生产的铁80%在本地炼钢，70%在本地区加工成铸件或者轧材，70%的钢材销售到方圆100公里范围的地区。② 这一时期鲁尔区40%的煤在本地区炼焦，生产焦炭和焦炭副产品，每一种副产品又形成一个产业链。其次，西部地区的重工业实行产业纵向一体化政策，从自然资源的开发、原材料的攫取、中间产品的加工、直到成品的最终完成都在一个企业内。它不仅能够减少中间产品的远距离运输、降低生产成本，也能够缩

---

① *Statistisches Jahrbuch für den Preußischen Staat*, Berlin 1908, S. 78-84.
② 任保平：《衰退工业区的产业重建与政策选择——德国鲁尔区的案例》，中国经济出版社2007年版，第96页。

短生产周期，提高生产效率。以采矿业的发展为例，从煤炭与铁矿石的采掘，到生铁与钢材的生产，再到金属加工的多道工序，甚至时常还要再延伸到重工机械的制造等，都整合到一家企业内进行。在此基础上，这些企业的生产活动还可能会包括对这些生产过程的副产品进行利用。19 世纪 80 年代，位于奥伯豪森的工厂古特霍夫农格许特（Gutehoffnungshütt 是工厂名称）就已经发展成一个多过程生产企业。在这个企业内部，不仅包含着从铁矿采掘到重工机械再到企业的配售网络等不同的"生产阶段"，而且企业实施产品的多元化战略，在生产煤炭的同时，积极开发化学产品。

第二，西部城市的崛起，也引起了德国经济重心西移。这突出地反映在西部地区的国民收入与第二产业的就业人数所占比重持续上升，中东部地区则相对下降。在第二产业的从业人员方面，1882—1895 年，西部在全国所占就业比重上升 6.3 个百分点，中部地区与东部地区则分别下降了 1.3 个百分点与 16.7 个百分点。[①] 在国民收入方面，1870—1913 年，西部在全国所占比重上升了 9.7 个百分点，中部地区与东部地区则分别下降了 3.1%、15.8%。[②] 随着西部重工业地位的稳步上升与中部地区的相对下降，德国工业经济的重心逐步西移。到 20 世纪初期，"富有生机与活力的鲁尔区已发展成为德国乃至欧洲首屈一指的重工业区"。[③]

第三，西部城市的崛起客观上也带动了西北部港口城市快速发展。随着西部地区工矿业的蓬勃发展以及西部工业化地区与西北部港口之间的铁路线和运河的相继开通，汉堡、不来梅等港口城市也迎来前所未有的发展机遇。工业化的快速发展不仅促进了货物周转量持续扩大、进出口贸易的急剧增长，也带动了汉堡、不来梅等城市相关产业的发展。这一时期船坞、仓库、船只修理和制造、船载物品的加工等批工厂的新建，以及港口服务业的扩大，都加快了汉堡、不来梅的飞速发展。1875 年，汉堡与不来梅的人口仅为 26.4 万、10.2 万，到 1910 年分别增加到了 93.1 万、21.7 万。[④]

---

① 笔者依据 *Statistisches Handbuch für den Preußischen Staat*, Bd. 1, S. 251；*Statistisches Handbuch für den Preußischen Staat*, Bd. Ⅵ, Berlin 1903, S. 271. 归纳统计。

② 笔者依据 Gerd Hohorst（Hrsg.）, *Sozialgeschichtliches Arbeitsbuch: Materialien zur Statistik des Kaiserreichs 1870-1914*, Bd. 2, München: C. H. Beck, 1975, S. 104. 归纳统计。

③ Wilhelm Janssen, *Kleine rheinische Geschichte*, Düsseldorf: Patmos, 1997, S. 247.

④ Gerd Hohorst (Hrsg.), *Sozialgeschichtliches Arbeitsbuch: Materialien zur Statistik des Kaiserreichs 1870-1914*, Bd. 2, München: C. H. Beck, 1975, S. 45.

在西部地区工业化的强劲推动下，不来梅逐渐发展成鲁尔地区的工业品出口到北美市场的重要中转站，汉堡则是西部地区生产原料的重要转运中心。

第四，西部城市的崛起，不仅预示着德国城市由传统的文化、政治与商业中心功能向生产功能的历史性转变，也预示着德国国民经济的主导产业正从第一产业向第二产业调整的历史趋势。德意志帝国时期就业结构的变迁与三大产业社会产值的变化就是对国民经济主导产业调整最好的诠释。以德国三大产业就业人数所占比重变化为例，1871—1913 年农业从业人员比重从 50.9% 下降到 35.1%，第二产业就业比重则从 27.6% 上升到 37.9%。[①] 1904—1905 年，第二产业就业人数的比重首次超过第一产业。与此同时，三大产业的价值创造也呈现出较大的调整。1871 年农业创造价值为 57.38 亿马克（以 1913 年价格计算），到 1913 年增加到了 112.7 亿马克，年均增长率为 1.55%。同期第二产业创造的价值则由 39.97 亿马克增加到了 218.05 亿马克，年均增长率为 3.91%。第一、第二产业产值在社会总产值中的比重也由 1871 年的 40.5% 和 28% 分别调整到 1913 年的 23.2% 和 45%。[②] 此时，德国已经确立了以第二产业为主导的国民经济结构。

总之，西部城市的强势崛起不仅使鲁尔城市群初现端倪，整体上提升了德国城市化的发展水平，而且也助推了德国工业化的纵深发展，深刻地改变了德国经济版图，使西部地区成为德国最具增长潜力的地区之一。

二 近代柏林城市人口的发展

柏林，是普鲁士的首都，1871 年德意志第二帝国建立后成为德国的政治、经济、文化中心，也是世界历史上具有重要影响的城市之一。柏林在德意志发展的历史进程中发挥着举足轻重的作用，它的发展不仅与德意志地区政治、经济以及社会变迁等方面的变化有着密切的关系，而且也对整个德国社会的发展产生着重要的作用。本书拟对近代以来柏林城市人口的变化进行系统考察，对柏林城市人口变化的原因进行分析，在此基础上论述柏林人口变化对德意志地区社会经济产生的影响。

---

① Walther G. Hoffmann, *Das Wachstum der deutschen Wirtschaft seit der Mitte des 19. Jahrhundert*, Berlin: Springer, 1965, S. 205.

② Ibid., S. 454.

(一) 近代柏林城市人口的变化

相关资料显示，1600年柏林的城市人口为2.5万人，在神圣罗马帝国境内位列第九。[①] 1701年勃兰登堡选帝侯弗里德里希三世在普鲁士加冕为弗里德里希一世国王，定都柏林，从此也拉开了它作为普鲁士王国首都的历史大幕。在弗里德里希二世军国主义政策的刺激下，在柏林建造军事要塞，建立近代军事工业和常备军制度，其城市人口出现了快速增长。据估算，1743年，柏林的城市人口增加到了8万，到1800年，城市人口已达15万[②]，成为神圣罗马帝国境内仅次于维也纳的大城市。在近200多年的时间里，柏林城市人口增加了6倍。与此同时，伦敦、维也纳的城市人口从1600年的20万、5万，到1800年，这两个城市人口分别增加到了90万、23.1万[③]，两个城市分别增长了4.5倍和5.6倍。因此，1600—1800年，柏林城市人口的增长速度明显高于伦敦、维也纳，但不容忽视的是，柏林城市人口数量明显低于伦敦与维也纳。

19世纪三四十年代，德意志地区工业化兴起，柏林的城市人口也呈现出强劲的增长势头。1816年，普鲁士政府有了官方的人口统计数据。[④]

表2-20　　　　　　1816—1910年柏林城市人口增长概况

年份	柏林（万）	柏林人口增长率（%）	汉堡（万）	普鲁士（万）	柏林与普鲁士人口的占比（%）	德意志地区（万）	德意志地区增长率（%）
1816	10.3	90.21	5.4	1034.9	0.99	2483.1	9.69
1820	19.6	43.36	8.3	1127.2	1.73	2629.1	12.27

---

① Ad van Der Woude, *Urbanization in History: A Process of Dynamic Interactions*, New York: Oxford University Press, 1990, p.86.

② Ad van Der Woude, *Urbanization in History: A Process of Dynamic Interactions*, New York: Oxford University Press, 1990, p.88. 需要指出的是，根据柏林城市统计年鉴，1800年柏林的城市人口为172132人与伍德的数据略有出入。

③ 维也纳的人口数据来自Ad van Der Woude, *Urbanization in History: A Process of Dynamic Interactions*, New York: Oxford University Press, 1990, pp.86-88. 伦敦1600年与1800年城市人口数据来自：A.L.Beier & F.Roger, *London 1500-1700, The Making of the Metropolis*, London: Longman, 1986, p.39; P.J.Corfield, *The Impact of English Towns 1700-1800*, Oxford: Oxford University Press, 1982, p.8。

④ 柏林市城市人口的官方统计数据始于1709年，参见*Statistisches Jahrbuch Stadt Berlin*, Berlin, 1904, S.29。

续表

年份	柏林（万）	柏林人口增长率（%）	汉堡（万）	普鲁士（万）	柏林与普鲁士人口的占比（%）	德意志地区（万）	德意志地区增长率（%）
1830	28.1	28.46	12.9	1298.8	2.16	2951.8	11.06
1840	36.1	80.33	23.3	1492.8	2.42	3278.5	7.96
1850	65.1	64.51	36.1	1660.8	3.91	3539.5	15.13
1860	107.1	6.16	45.9	1826.4	5.86	3774.5	8.77
1870	113.7	21.54	40.7	2456.8	4.62	4105.8	10.17
1880	138.2	14.90	51.0	2727.9	5.06	4523.4	9.27
1890	158.8	18.89	32.3	2993.5	5.30	4942.8	14.03
1900	188.8	9.69	70.5	3447.2	5.48	5636.7	15.18
1910	207.1		93.1	4016.5	5.16	6492.5	

资料来源：1. *Statistisches Jahrbuch Stadt Berlin*, Berlin, 1904, S. 29. 2. Walther G. Hoffmann, *Das Wachstum der deutschen Wirtschaft seit der Mitte des 19. Jahrhundert*, S. 172-174。

通过上述资料可以发现，柏林的城市人口从1816年的10.3万人到1910年飙升至207.1万人，在不到100年的时间里城市人口增长了20倍。在近100年的时间里，1816—1820年与1840—1860年是柏林城市人口增长最快的两个阶段，其中1816—1820年柏林城市人口较快增长主要与拿破仑战争结束以后，德国实行了哈登贝格改革，颁布废除农奴制与城市规程的改革；而1840—1860年是柏林城市人口的快速增长与德国工业化兴起、大规模修建铁路有密切的关系。城市的首位度是衡量一国首位城市在城市体系中的作用的指标，一般用首位城市与第二城市的人口规模占比来反映。柏林是普鲁士的首位城市，汉堡是第二大城市，在整个19世纪普鲁士城市的首位度大体上在1.9与2.8之间波动。在整个19世纪，德意志地区大城市的城市人口增长较为平衡，从而也反映出德意志地区主要经济区经济发展较为均衡。

如果从柏林的城市人口与普鲁士人口的占比来看，1816年仅为0.99%到1910年增长为5.16%，在不到100年的时间里增长了5倍，柏林在普鲁士王国集聚人口能力的不断增强，也从侧面反映出19世纪柏林的经济社会发展水平持续提升。如果从整个德意志地区看来，1816—1910年德意志地区人口增长超过了2.6倍，而同期柏林城市人口增长了20倍，增长速度远远超过了德意志地区的平均水平。

德意志帝国建立以来,在高速工业化的推动下德国城市人口呈现出加速发展趋势。1875—1905年柏林城市人口与普鲁士人口超过2万人的85个城市的人口增长形成了鲜明的对比。具体数据详见表2-21。

表2-21　　　　　　　1875—1905年柏林城市人口增长构成

城市类型	城市总人口		城市人口增长总数	城市人口增长			
	1875	1905		净移民(%)	自然增长率(%)	合并行政区①(%)	净移民与自然增长率的比率
商业与服务业	857538	2267919	1410381	61.2	22.2	16.2	2.76
行政与军事	254176	534126	279950	62.0	26.0	12.0	2.38
大学与休闲	212123	441087	228964	63.9	23.6	12.6	2.71
矿业(重工业)	190341	709067	518726	45.7	32.0	22.2	1.42
纺织业城市	320729	594733	274004	24.7	71.0	4.4	0.34
制造业城市	344774	1128846	784072	44.2	30.3	25.6	1.45
综合性城市	1075271	2420812	1345541	49.6	33.1	17.3	1.50
柏林	966858	2040148	1073290	67.4	32.4	0.2	2.07

资料来源:Silbergleit (Hrsg.), *Preussen Städt. Denkschrift zum 100 Jährigen Jubiläum der Städteordnung vom 19. November 1808*, Berlin: C. Heymann, 1908, S.141-168。

通过表2-21可以看出,柏林与其他城市人口增长主要由净移民率、人口自然增长率以及合并行政区带来的人口增长三部分构成。1875—1905年,净移民占柏林城市人口增长的比重高达67.4%,从而可以看出柏林能够给外来移民提供较多的就业岗位。据德国人口史学家穆勒相关统计,1900年德国境内勃兰登堡(含柏林)的净移民数量高达977470人,位居第二的莱茵兰地区仅291790人,因此,勃兰登堡(含柏林)是德国流动人口增长最快的地区。② 另外,据德国著名学者于尔根·科卡对1907年柏林1907年居民出生来源地调查,每100居民中大约有40.5人出生于本

---

① 合并行政区带来的人口增长所占城市新增人口的比重。

② Johannes Müller, *Deutsche Bevölkerungsstatistik. EinGrundriβ fürStudium und Praxis*, Jena: G. Fischer, 1926, S.259.

地，有 27.5 人来自德国东部东、西普鲁士、波森、西里西亚地区；有 18 人来自勃兰登堡。①

除此之外，柏林人口自然增长率位列第三，也远远高于其他类型城市。实际上，这一时期柏林人口增长是建立在低出生率与更低死亡率的基础上。19 世纪 80 年代以来，德意志帝国的整体出生率呈现出下降趋势。据统计，1871—1872 年每 1000 名适龄妇女的婴儿成活生育数为 167，1890 年为 160，1900 年为 158，1911 年为 130。② 在柏林、汉堡等大城市，这一数字更低。两个孩子的家庭日益成为一种潮流。人口出生率下降是由多种因素造成的，但德意志帝国时期的高速工业化以及由此引起的社会经济结构的变迁对这种变化直接或间接引起了非常重要的作用。在工业化过程中，越来越多的妇女走上了工作岗位，从而使生育成为负担。另外，19 世纪 80 年代德国政府颁布了社会保障法案使养儿防老的必要性降低。工业化带来的生活水平的提高使得许多夫妇更加注重自己生活质量的提高，降低了生育意愿。所有这些因素促成了人们生育观念发生了变化，人们日益倾向于少要孩子甚至不要孩子。这一时期德国人口的死亡率也呈现出下降的趋势。在整个德意志地区每 1000 人的死亡人数从 1851—1860 年的 26.4，到 1900—1910 年下降为 18.7。③ 有关学者对普鲁士婚生婴儿死亡状况调查显示，1886—1890 年，普鲁士每 1000 活着出生的婴儿在 1 岁时死亡的数据为 210，到 1913 年已经降为 132。④ 这一时期人口死亡率的下降主要得益于科技进步带来的医学知识的增长以及医疗条件的改善。

需要指出的是，合并行政区也是柏林城市人口增长的重要的手段。行政区并入并不是德意志帝国时期城市人口增长的普遍方式，但对于一些城市而言，通过行政区的并入不仅能够扩大城市的范围而且也能增加城市的人口。

---

① Gerd Hohorst (Hrsg.), *Sozialgeschichtliches Arbeitsbuch: Materialien zur Statistik des Kaiserreichs 1870-1914*, Bd. 2, München: C. H. Beck, 1975, S. 40.

② Gerd Hohorst (Hrsg.), *Sozialgeschichtliches Arbeitsbuch: Materialien zur Statistik des Kaiserreichs 1870-1914*, Bd. 2, München: C. H. Beck, 1975, S. 32.

③ J. C. Russell, J. Mols, A. Armengaud, *Bevölkerungsgeschichte Europas: mittelalter bis Neuzeit*, München: C. H. Beck, 1971, S. 148.

④ Gerd Hohorst (Hrsg.), *Sozialgeschichtliches Arbeitsbuch: Materialien zur Statistik des Kaiserreichs 1870-1914*, Bd. 2, München: C. H. Beck, 1975, S. 36.

第二章 工业化时期德国城市化进程与城市等级规模结构的演变

表 2-22　　　　　1880—1900 年柏林与其他城市人口增长

城市	人口		人口增长		人口	人口增长	
	1880	1900（城市行政区变更以后）	绝对增长数	增长率（%）	1900①（城市行政区变更前）	绝对增长	增长率（%）
柯尼斯堡	140909	1899483	48574	34.5	175573	13910	7.3
斯图加特	117303	176699	59396	50.6	146160	30539	17.3
克雷菲尔德	73872	106893	33021	44.7	92045	14848	13.9
多特蒙德	66544	142733	76198	114.5	82914	59819	41.9
汉堡	410127	705738	295611	72.1	511018	194720	27.6
柏林	1122330	1888848	766518	68	1398423	490425	26.0

资料来源：Siegmund Schott, *Die großstadtischen Agglomerationen des Deutschen Reiches*, Breslau: W. G. Korn, 1912, S. 89。

通过表 2-22 可以看出，1880—1900 年柏林在行政区变更以后城市增长 766518 人，城市人口增长率高达 68%，其中行政区并入的人口高达 490425 人，约占城市人口的 26%。如果从城市人口增长率来看，多特蒙德作为德国重工业城市发展典型个案在这一时期展现出惊人的增长，从 1880 年的 66544 人到 1900 年的 142733 人②，增长率高达 114.5%。19 世纪 80 年代后期到 20 世纪初期，德国在第二次工业革命助推下柏林兴起了合并周边行政区的浪潮，先后合并了周边的施潘道、克罗伊茨贝格、特雷普托等城市建立新型工业区。到 20 世纪初，柏林合并了当时人口超过 30 万人的夏洛腾堡市，建立了电子工业区，也使柏林城市人口突破 200 万③，建成区面积由 1880 年 65 平方千米，到 1910 年增加到 248 平方千米。④

表 2-23　　　　　1875—1900 年柏林市各区人口增长

柏林市各区	1875 年	1890 年	1895 年	1900 年
老柏林	30465	23507	20171	16872

---

① 该处人口统计是按 1900 年间 6 个城市未变更行政区划的人口统计。
② Siegmund Schott, *Die großstadtischen Agglomerationen des Deutschen Reiches*, Breslau: W. G. Korn, 1912, S. 89.
③ 徐继承：《德意志帝国时期的高速城市化与公共卫生危机》，《史学集刊》2020 年第 4 期。
④ *Statistisches Jahrbuch Stadt Berlin*, Berlin, 1913, S. 73.

续表

柏林市各区	1875年	1890年	1895年	1900年
（柏林）科隆	15308	12483	10775	9675
弗里德里希城	72865	68136	62037	57071
罗森特	74584	175865	213384	253149
弗里德里希申贝格	107392	260085	268710	289003
路易森城	220039	301634	295471	306512
莫阿比特区	19361	93463	127854	159791
韦汀区	45260	95375	114199	140946
施潘道区	69334	785865	74140	76498
柏林总人口	966858	1578794	1677304	1888848

资料来源：*StatistischesJahrbuchStadt Berlin*，Berlin，1904，S.16。

从以上数据可以看出，1875—1890年老柏林区、柏林科隆区、弗里德里希城区的人口出现了下降的趋势，分别从1875年的30465人、15308人、72865人，到1900年下降到了16872人、9675人、57071人。罗森特、弗里德里希申贝格、路易森城、莫阿比特区、韦汀区的人口则从1875年的74584人、107392人、220039人、19361人、45260人，到1900年上升到了253149人、289003人、306512人、159791人、140946人[①]，其中莫阿比特区的城市人口增长幅度高达725.32%，是柏林各区中城市人口增长最快的。施潘道区的城市人口仅从69334人增加到76498人，增长率为10.33%。柏林城市总人口从1875年的966858，到1900年增加到1888848人，增长幅度为95.36%。

总之，近代以来柏林的城市人口呈现出加速增长趋势，人口自然律提高、外来移民以及合并行政区带来人口增长成为柏林城市人口增长的重要的组成部分，其中外来移民是柏林城市人口增长最重要的因素。在1875—1890年大柏林各个区城市人口增长幅度也存在较大差异，罗森特、弗里德里希申贝格、路易森城、莫阿比特区、韦汀区的城市人口增长幅度最大，施潘道区的城市人口增长幅度较小，而老柏林区、柏林科隆区、弗里德里希城区的城市人口呈现出下降的趋势。

（二）柏林城市人口增长的原因

柏林的城市人口在近200年的时间里呈现出了快速、大规模的增长趋

---

① *Statistisches Jahrbuch Stadt Berlin*，Berlin，1904，S.16。

势，并不是无源之水无本之木，而是与德意志历史发展过程所导致的柏林经济增长及其中心地位形成密切相关的。

首先，近代柏林经济的持续、稳定增长，在德意志地区占据了主导地位，为柏林城市人口的快速增长提供了坚实的物质基础。在这一时期，兴起了修建铁路的热潮，使柏林成为德意志地区的交通中心。19世纪40年代，主要修建了以柏林为中心，通往普鲁士中东部铁路。1841年，开始修通柏林到克滕铁路，该铁路是柏林连接东普鲁士的大动脉，揭开柏林成为铁路枢纽地位的历史。1842年，修建柏林到什切青铁路。1848年又开始修建柏林莱比锡、德累斯顿铁路。到19世纪60年代，由于德意志地区工业化的快速发展，以柏林为中心的中东部地区与西部莱茵威斯特法仑经济交往密切，修建横贯东西的铁路也逐渐提上了日程。到19世纪末，逐渐形成了柏林—马格得堡—汉诺威—明登—科隆、柏林—马格得堡—克赖恩森—阿尔滕贝肯—多特蒙德—科隆、柏林—哈勒—诺德豪森—卡塞尔—韦茨拉尔、柏林—哈勒—贝布拉—法兰克福连接中部与西部的铁路。1848年，柏林与勃兰登堡地区铁路的里程为643公里，到1903年增加到了3790公里，与此同时，1848年普鲁士与德意志地区的铁路里程分别为3144公里、5155公里，到1903年分别飙升至31813公里、52814公里。就铁路里程来看，柏林与勃兰登堡仅次于莱茵省，位列第二。1871年柏林铁路运输创造价值为37百万马克，到1903年为183百万马克。无论是从铁路里程还是铁路所创造价值来看，柏林远远超过德国其他城市，使其成为德国名副其实的交通中心。

19世纪下半叶，柏林交通运输业快速发展的同时，商业也呈现出持续增长的趋势。19世纪上半叶，受交通运输条件的限制，柏林在德意志地区五大博览会的交易量一直处于弱势地位。1836年，柏林、法兰克福（美因）、不伦瑞克、莱比锡、法兰克福（奥德）德意志地区五大博览会交易量分别为2418吨、11721吨、3440吨、18564吨、9237吨，到1854年这五个城市交易量分别为4879吨、7174吨、2713吨、18564吨、15704吨。[①]从以上数据可以看出，尽管柏林交易量处于增长状态，但还是在五大城市中排名滞后。随着19世纪下半叶交通运输条件的改善，柏林区位优势逐渐增强，商业贸易也呈现出快速增长。据统计，1890年柏林从事

---

① 徐继承：《近代柏林城市人口增长及其社会影响》，《新史学》2018年第1辑。

贸易主营企业132357个，辅助企业6889个，职工超过1000人大企业57个；主营贸易企业的职工人数为359986人，大企业的职工人数为162544人；到1907年，从事贸易主营企业132582个，主营贸易企业的职工人数为423987人。① 1882—1895年柏林贸易交易资金也呈现出快速增长的趋势，从1882年的22348万马克，到1895年飙升到了78650万马克，约占国内贸易总额的1/3。② 1871年，柏林城市贸易主要涉及的产业包括纺织、皮革、服装、木制雕刻、食品、造纸、清洁器具等，到1900年间城市贸易的产业调整为化学、机器制造、电器、金属加工、荧光粉、建材、印刷业。1871—1900年，柏林大宗贸易物资也从生活资料升级为工业原料与产品贸易。

近代以来，柏林也是德意志地区制造业的中心。柏林工业门类齐全，生产技术先进，在德意志地区社会经济发展中处于遥遥领先地位，令其他城市望尘莫及，形成独特的工业生产体系。除了满足勃兰登堡与柏林周边区域消费服务功能之外，纵观19世纪柏林的工业生产朝着两个方向发展：第一，面向全国市场的消费品。柏林的服装加工与制造在德意志地区闻名遐迩，1890年，柏林生产服装人口大约90653人，企业1264个。德意志帝国时期柏林的木制雕刻和石雕也是较为著名的高级消费品。相关资料显示，1890年从事石雕与木雕的手工作坊6248个，从业人员24172人，从业人员约占全国总数的70%以上③。第二，资金与技术密集型的产品。铁路机车生产也是柏林工业发展过程中最具代表性的产业。19世纪40年代以来，德意志地区兴起了大规模铁路建设的浪潮，出于减少对英国机车的依赖考虑，1841年，柏林的波尔锡希制造厂成立，主要生产机车、铁路设备、固定式蒸汽机、锅炉，到1890年生产业务又扩展到化工生产设备、涡轮机、压缩机以及制冷机，即使如此，机车仍然是波尔锡希的主要产品。1913年，柏林的波尔锡希企业职工已经达11380人。另外，以电力、电器设备为主导的战略新兴产业成为柏林城市产业发展的标杆。19世纪60年代，维尔纳·西门子研制出电报和电缆设备。西门子在柏林的马克格拉边界创建了西门子—哈尔斯克公司，到19世纪80年代，该公司主要经营发电机、输电设备，以及电器设备，在电报、水下电缆、电话设备等

---

① 徐继承：《近代柏林城市人口增长及其社会影响》，《新史学》2018年第1辑。
② 同上。
③ 同上。

低压设备中处于绝对领先地位。1883年，拉特瑙在柏林成立了德意志爱迪生公司，并在柏林建立了电力总厂。19世纪90年代，德意志爱迪生公司改组成为德国通用电气公司，成为生产、安装和经营电力系统的企业，在高压产品中处于绝对优势。为了确保在电气行业的领先地位，1908年德国电气工业中两个最大的集团——西门子—哈尔斯克股份公司与柏林通用电气公司建立战略联盟，使得德国成为电气化学领域里具有绝对优势的国家。相关资料显示，1913年电器设备的出口市场德国所占份额为46.4%，美国为15.4%。

随着1871年德意志第二帝国建立，德国金融活动也逐渐形成了以柏林为顶点，分等级的层级结构。到1910年，有6家银行的资本超过1亿马克，其中德意志银行为2亿马克，德累斯顿银行为1.8亿马克，贴现公司为1.7亿马克，工商银行为1.6亿马克，沙夫豪森申银行为1.54亿马克，柏林商业公司为1.1亿马克。此时，这些银行的总部都已设在柏林，拥有8500万马克资本的商业银行以及达姆斯塔特银行与合并成德意志国民银行也已将总部设在柏林，这家银行有资本8000万马克。柏林八大银行在德意志帝国时期规模急剧扩大。据统计，1877年，柏林八大银行的分行仅有7家，1913年则增加到227家。这一时期柏林经济在交通、商业、工业、金融等领域的快速发展对柏林人口的快速增长提供了坚实的物质基础。柏林交通运输业的发展为人口流动与商品流通提供了便利，制造业的繁荣则为更多人口提供就业岗位，商业与金融业的发展则有利于商品市场繁荣，因此，柏林经济的发展为城市人口增长提供了坚实的物质基础。同时，柏林城市人口的飞速发展也进一步拉动社会需求，从而使经济发展与人口增长形成良好的互动。

其次，柏林作为近代普鲁士的首都，尤其是1871年以后逐渐发展成为德意志帝国政治、经济和文化教育中心，这也成为外来移民源源不断涌入的重要因素，使柏林城市人口稳固增长趋势不断加强。在政治上，1701年，柏林成为普鲁士王国的首都。1871年，德意志第二帝国建立，成为统一的中央集权君主制国家，并有效地加强了对全国控制。柏林不仅是德国政府与帝国议会所在地，而且也逐渐名副其实地发展成为德国政治中心。在经济上，从18世纪开始柏林的工商业开始向普鲁士的城乡辐射。1834年，德意志关税同盟成立，德意志统一民族市场初现端倪。在大规模工业化与修建铁路的浪潮的双重影响下，柏林逐渐发展成为德意志地区联系国内市场，进行对外交往的窗口。随着德意志民族统一与统一国内市场的形成，柏林在德意志地区的经济发展的交换网络中发挥着枢纽作用。在文化上，1810 年，普鲁士创办了柏林大学，该大学成为世界上第一所现代性研究性大学。德意志第二帝国建立以来，柏林的高等教育迎来快速发展机遇。1879 年，柏林技术高等学校成立；1906 年，柏林商业高等学校建立。19 世纪末 20 世纪初，柏林大学已经发展成为与哥廷根大学并驾齐驱的德国一流大学。出于加强科学研究的需要，国家介入科研的状况也出现了重大突破。19 世纪末 20 世纪初，德国政府在柏林建立促进基础研究的四大研究所，即威廉皇帝化学研究所、威廉皇帝生物研究所、威廉皇帝实验治疗和劳动生理研究所、威廉皇帝生物研究所。高等教育发展和研究所的建立无疑使柏林成为德国文化和教育研究中心。

最后，德意志地区农业的发展也是近代柏林城市人口增加的重要因素。19 世纪德意志地区进行了以废除农奴制为主的制度变革，不仅促进土地自由交易，而且也有利于农业生产技术的改进。19 世纪 60 年代以来，普鲁士易北河以东地区四圃轮作制逐渐取代三圃轮作制，大大地提高土地的耕作效率。德意志帝国时期农业化学取得长足的发展，相继成功生产了硝酸盐与合成氨，这也为化学肥料广泛运用于农业生产提供了前提条件。在四圃轮作制的推广和化学肥料的较早使用等农业生产技术助推下，19 世纪后半叶德意志地区最重要的小麦、黑麦、燕麦三大粮食作物产量出现了大幅度的提升。普鲁士统计资料显示，1871 年，德意志（普鲁士）小麦、黑麦、燕麦产量分别为 121.4 万、282.6 万、162.6 万短吨，到 1897 年三者的产量分别增加到 1246 万、846.3 万、637.3 万短吨。[①] 小麦、黑麦、燕麦等三大粮食作物的产量提升不能掩盖马铃薯与甜菜等相关农作物产量的大幅度提高。有关数据显示，1879 年，德国的马铃薯、甜菜产量分别为 188 万、13.2 万短吨，1897 年二者的产量上升为 257.8 万、31.2 万短吨。[②] 马铃薯、甜菜一直是德国工业酒精与制糖业的重要原料。小麦、黑麦、燕麦等农作物产量的大幅度提高，成为满足国内粮食需求的重要保障。因此，近代以来德国农业发展不仅能够保证柏林居民粮食与肉类的供应，而且也能够为相关产业发展提供保障。

---

① *Statistisches handbuch für den Preußischen staat*, Band Ⅳ, Berlin: Königschen Statistischen Bureaus, 1903, S.194–197.

② Ibid..

(三) 近代柏林城市人口变化的影响

近代柏林城市人口的变化不仅与这一时期柏林和德意志地区社会经济变化有着紧密的关系，而且它也对柏林和德意志地区社会经济产生了深远的影响。

第一，柏林城市人口的变化促进了城市规模急剧扩大。近代以来，柏林的城市人口快速增长就是城市规模扩大重要组成部分。据柏林城市统计年鉴估算，1800 年柏林城市人口仅为 172132 人，到 1900 年已飙升至 1888574 人，[1] 在一个世纪的时间里城市人口增长 10 倍。柏林城市人口增长的同时，城市的用地规模急剧增加。19 世纪 40 年代，柏林与夏洛腾堡只是相邻城市，经济交往并不是很密切。在高速工业化推动下，周围小城镇诸如施潘道、夏洛腾堡也逐渐变成了柏林的郊区。柏林也由 1800 年的 2 个区，发展成为 1910 年的 13 个区，城市建成区面积由 1880 年的 65 平方公里[2]，增加到 1910 年的 248 平方公里。[3] 另外，城市人口规模的增长为柏林城市的制造业、商业发展注入了活力。柏林作为德意志帝国时期的制造业中心、商业中心，在自身人口增长难以满足社会经济发展的需求时，外来过剩劳动力的迁入不仅弥补柏林的劳动力巨大缺口，而且扩大了柏林城市消费市场。许多农村人口迁入柏林以前，主要以农业为主，依靠自然经济过着自给自足的生活。在进入柏林以后，这些外来移民一般以非农业为主，在衣、食、住、行等方面不得不依靠市场交换，客观上增加了城市的整体购买能力。据统计，柏林 1875 年牛肉和牛奶消费分别为 52700 吨、1365400 吨，到 1900 年上升到 77300 吨、1848300 吨。在电力方面，1890 年柏林的居民用电和工业用电约占德国电力总量的 17%。1900 年柏林个人交通支出的居民消费额约占全国的 23%。[4] 不断扩大的购买力与消费支出，无疑对柏林乃至德国制造业、农业发展产生推动作用。

第二，柏林城市人口的增长促进了德国城市体系变迁，形成以柏林为主导单一中心的城市体系。1600 年，但泽、维也纳、布拉格、奥格斯堡

---

[1] *Statistisches Jahrbuch Stadt Berlin*, Berlin, 1903, S. 1.

[2] M Neefe (Hrsg.), *Statistisches Jahrbuch Deutscher Städte*, Breslau: Verlag von Wilh. Gottl. Korn, 1890, S. 5.

[3] Ibid., S. 27.

[4] 相关数据根据柏林统计年鉴与德意志帝国年鉴计算所得，*Statistisches Jahrbuch Stadt Berlin*, Berlin, 1903, S. 207-231; *Statistik des Deutschen Reichs*, Berlin, 1902, S. 345-374。

等城市是神圣罗马帝国境内人口最多城市,帝国境内并没有出现人口占绝对优势城市,因此,这一时期形成了以但泽、维也纳、布拉格、奥格斯堡为首位城市的多中心的城市体系。到 18 世纪上半叶,奥地利、普鲁士逐渐发展成为德意志地区的两大邦国,维也纳和柏林成为德意志地区最重要的城市,因而形成了以维也纳和柏林为首位城市的双中心城市体系。随着 1871 年德意志第二帝国的建立,奥地利被排除出德国,柏林成为德意志帝国的政治、经济与文化中心,德国城市体系逐步发展成为以柏林为主导的城市体系。毋庸置疑的是,柏林城市人口的变化是推动近代以来在德意志地区城市体系变迁的重要因素。1600 年,柏林城市人口仅有 2.5 万,在德意志地区位列第九,并不具备首位城市的条件。1800 年,维也纳城市人口为 23 万,柏林的城市人口为 17 万人,成为德意志地区仅次于维也纳的第二大城市。1900 年,维也纳城市人口为 167.5 万,柏林城市人口 188 万,无可争议成为德国的首位城市。

第三,柏林城市人口增长促进了柏林经济崛起,进一步优化了德国区域经济发展。近代以来,西部莱茵、威斯特法仑地区毗邻法国、荷兰受区位优势的影响工业化发展水平一直处于德意志地区领先地位。东部地区尤其是易北河以东地区则一直是德意志地区农业发达的地区,在此基础上 19 世纪 60 年代以来逐渐"东农西工"的经济发展格局。在这种区域发展不平衡的制约下,德国城市区域分布也呈现出"西密东疏"特点。西部地区工业城市一路高歌猛进,迅速跻身于德国大城市的行列,而中东部地区大城市受工业发展先天不足的制约,发展动力不足,难以与西部城市的发展相提并论。[①] 随着 1871 年德意志第二帝国的建立,柏林不仅发展成为德国政治、经济和文化中心,而且也成为德国中部地区经济发展的引擎。这突出地反映以柏林为中心的中部地区的国民收入占比重持续上升,东部地区则相对下降。1870—1913 年,中部地区的国民收入在全国所占比重上升了 3.1 个百分点,西部上升了 9.7 个百分点,东部地区则下降了 15.8 个百分点。[②] 尽管 1870—1913 年,中部地区在国民收入的增长幅度没有西部地区大,但是中部地区也呈现出持续快速增长的趋势。另外,人

---

① 本书所指的德国西部地区主要指威斯特法仑与莱茵地区;中部地区主要包括勃兰登堡、波美拉尼亚、西里西亚、萨克森省;东部地区则包括东普鲁士、西普鲁士与波森。

② 笔者依据 Gerd Hohorst (Hrsg.), *Sozialgeschichtliches Arbeitsbuch*: *Materialien zur Statistik des Kaiserreichs* 1870-1914, Bd. 2, München: C. H. Beck, 1975, S. 104. 归纳统计。

均收入也是衡量一个地区经济发展水平的重要指标。据统计，1913年勃兰登堡（包含柏林）的人均收入为1605马克，相当于德意志帝国平均水平的138%，到1928年勃兰登堡（包含柏林）的人均收入为1566马克，相当于全国平均水平的132%；1913年莱茵的人均收入为1263马克，相当于全国平均水平的109%，到1928年二者的数字分别为1218马克，103%。① 如果从全国排名来看，1913与1928年勃兰登堡（包含柏林）位列全国第二，莱茵位列全国第四。由此可以看出，柏林人口增长不仅促进了以柏林为中心的中部地区经济增长，进一步优化德国区域经济的发展。

德意志帝国时期城市化的发展，不仅体现在城市人口的增长，也表现为城市空间结构的调整。随着现代大工业的兴起与发展，尤其是德意志帝国建立以来高速工业化的快速推进，德国城市空间结构也发生了较大的变化。本节主要从城市区域布局的优化，城市内部结构的变化等层面论述德国城市空间结构的调整状况。

第四节 近代城市体系的变迁

城市体系是在一定区域范围内，以中心城市为核心，各种不同性质、规模和类型的城市相互联系、相互作用的城市群体组织，是一定地域范围内，相互关联、起各种职能作用的不同等级城镇的空间布局总况。城市体系的变迁是在较长一段时间内城市空间布局发生重大调整的过程。②

一 德意志帝国建立之前城市体系的变迁

17世纪以来，神圣罗马帝国境内城市沿着埃姆登、班贝格与布拉格一线分成两部分。1600年，德国人口超过1万人的城市大约有33个，这一时期城市排序与等级规模分布详见表2-24。

---

① Cord Hohorst（Hrsg.），*Sozialgeschichtliches Arbeitsbuch: Materialien zur Statistik des Kaiserreichs* 1870-1914, Bd. 3, München: C. H. Beck, 1975, S. 79.

② 对于城市体系变迁与区域分布可以参见：Jan De Vries, *European Urbanization*, 1500—1800, Massachusetts: Harvard University Press, 1984; Ad van Der Woude, *Urbanization in History: A Process of Dynamic Interactions*, New York: Oxford University Press, 1990。

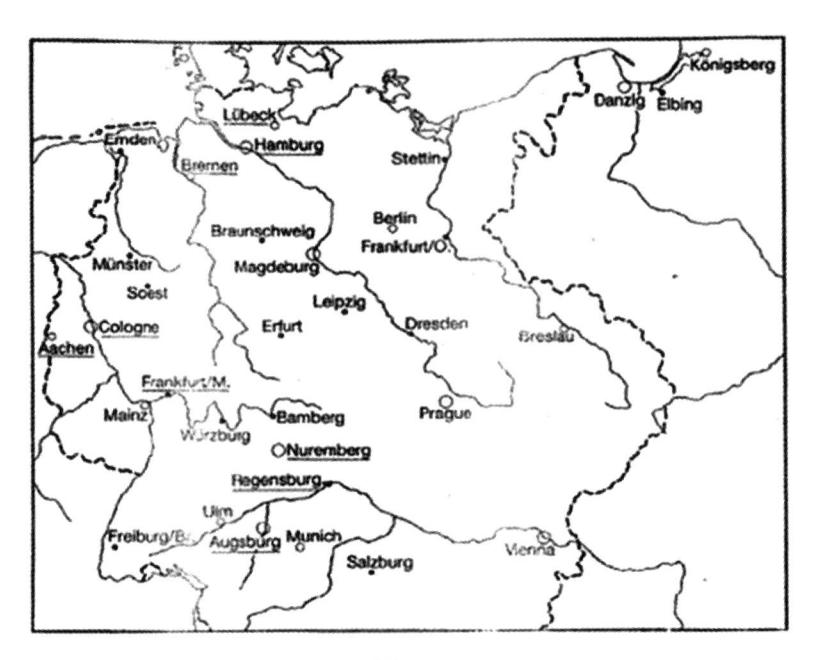

图 2-1

资料来源：Quelle：Ad van Der Woude, Urbanization in history：A Process of Dynamic Interactions, New York：Oxford University Press, 1990, p. 86。

表 2-24　　1600 年德国城市人口排序　　单位：千人

城市	但泽	维也纳	布拉格	奥格斯堡	科隆	马格德堡	纽伦堡	汉堡	布雷斯劳
排序	1	2	3	4	5	6	7	8	9
规模	50	50	50	48	40	40	40	40	30
城市	柏林	卢卑克	乌尔姆	亚琛	不来梅	柯尼斯堡	美因兹	慕尼黑	埃尔福特
排序	10	11	12	13	14	15	16	17	18
规模	25	23	21	20	20	20	20	20	19
城市	法兰克福 M	不伦瑞克	厄尔宾	雷根斯堡	莱比锡	法兰克福/O	班贝格	德累斯顿	什切青
排序	19	20	21	22	23	24	25	26	27
规模	18	16	15	15	14	13	12	12	12
城市	明斯特	埃姆登	弗莱堡	萨茨堡	索斯特	维尔茨堡			
排序	28	29	30	31	32	33			
规模	11	10	10	10	10	10			

资料来源：Ad van Der Woude, *Urbanization in History：A Process of Dynamic Interactions*, New York：Oxford University Press, 1990, p. 86。

表 2-25　　　　　　　　1600 年德国城市等级规模分布　　　　　单位：千人

城市人口	10—19	20—39	40 以上
城市数量	16	9	8
城市举例	埃尔福特、法兰克福 M.、不伦瑞克、厄尔宾、雷根斯堡、莱比锡、法兰克福/O.、班贝格、德累斯顿、什切青、明斯特、埃姆登、弗莱堡、萨茨堡、索斯特、维尔茨堡	布雷斯劳、柏林、卢卑克、乌尔姆、亚琛、不来梅、柯尼斯堡、美因兹、慕尼黑	但泽、维也纳、布拉格、奥格斯堡、科隆、马格德堡、纽伦堡、汉堡

资料来源：Ad van Der Woude, *Urbanization in History*: *A Process of Dynamic Interactions*, New York: Oxford University Press, 1990, p. 85。

据 1600 年德国城市人口规模来看，人口超过 4 万的城市为超大城市，人口规模介于 2 万—4 万的城市为大城市，人口规模为 1 万—2 万人的城市为中等城市。在人口超过 1 万人以上的城市组成的城市体系中，人口超过 4 万人以上的城市为 8 个，9 个城市的人口规模介于 2 万—4 万，16 个城市的人口规模 1 万—2 万人。但泽、维也纳、布拉格为德国最大的城市，其人口规模为 5 万人，维尔茨堡、索斯特、萨茨堡、埃姆登、弗莱堡则为人口最少的城市，人口仅有 1 万人，其间最大城市与最小城市[①]人口之比为 5∶1。这一时期城市的区域布局分布呈现出三个明显的特征。

第一，沿着埃姆登、班贝格与布拉格一线，可以将德国城市区域布局分为两部分，在该线的东北部分布着人口规模超过 1 万的城市有 15 个，约占这 33 个城市总人口的 38%，而该线的西南部城市则有 18 个，约占这 33 个城市总人口的 62%。在 8 个人口超过 4 万人的城市中，仅但泽、汉堡以及马格德堡 3 个城市分布在埃姆登、班贝格与布拉格一线的东北部，5 个城市分布在埃姆登、班贝格与布拉格一线的西南部。在 9 个人口规模介于 2 万—4 万的城市中，柏林、卢卑克、不来梅、柯尼斯堡 4 个城市分布在埃姆登、班贝格与布拉格一线的东北部，5 个城市分布在埃姆登、班贝格与布拉格一线的西南部。从以上城市的分布可以看出，分布在埃姆登、班贝格与布拉格一线的东北部的城市，不仅数量少、人口规模也较小，而且城市区域分布较为分散。从以上的城市布局可以看出，神圣罗马帝国境内经济重心在埃姆登、班贝格与布拉格一线东南部。

第二，与英国、法国的城市体系相比，1600 年的德国城市体系呈现

---

① 最小城市为 33 个城市组成的城市体系中人口最少的城市。

出多中心的特点，在该城市体系中没有一个人口规模占绝对优势的首位城市。这一时期神圣罗马帝国境内有三个最大的城市为但泽、维也纳、布拉格，这三个城市的人口大约为5万，奥格斯堡城市人口为4.8万。德国特大城市较少，只有为数不多的中等城市作为区域经济中心，彼此之间的相互联系较少。商业中心城市与港口城市成为这一时期德国重要的城市类型，它们不仅是连接不同地区商业与贸易往来的重要桥梁，也是德国多中心城市体系的重要组成部分。

第三，在1600年的德国城市体系中，城市的主要产业以商业、贸易为主，因此，商业城市、港口贸易城市在神圣罗马帝国境内发展较快。据相关资料统计，在1600年德国人口最多的9个城市中，但泽、奥格斯堡、科隆、马格德堡、纽伦堡、汉堡与布雷斯劳7个城市是贸易与商业城市。这些城市职能是连接本地市场与国外市场进行远距离贸易的重要节点。这一时期许多中小城市也是以商业贸易为主导产业。社会财富与经济发展水平是衡量城市地位的重要指标。除此之外，城市地位的高低还受政治因素的影响，帝国自由城市的地位较高。这一时期自由城市无论是在城市数量还是城市人口都不容忽视。这33个城市中有10个城市是自由城市，它们的城市人口几乎占这33个城市总人口的50%。

此后，随着社会经济的不断发展，传统的贸易城市衰落，新型的商业与港口贸易城市迅速崛起。到19世纪初期，德国城市的区域分布已经出现了重大的调整。

表2-26　　　　　　　　1800年德国城市人口排序　　　　　　单位：千人

城市	维也纳	柏林	汉堡	布拉格	柯尼斯堡	德累斯顿	布雷斯劳	科隆	但泽
排序	1	2	3	4	5	6	7	8	9
规模	231	150	100	77	59	55	54	42	40
城市	马格德堡	不来梅	法兰克福M	慕尼黑	莱比锡	格拉茨	奥格斯堡	不伦瑞克	纽伦堡
排序	10	11	12	13	14	15	16	17	18
规模	37	36	35	34	32	31	28	27	27
城市	波茨坦	亚琛	阿尔托纳	布吕恩	卢卑克	雷根斯堡	什切青	美因兹	曼海姆
排序	19	20	21	22	23	24	25	26	27
规模	27	24	23	23	23	23	23	22	22

续表

城市	杜塞尔多夫	斯图加特	哈勒	卡塞尔	班贝格	厄尔宾
排序	28	29	30	31	32	33
规模	20	20	19	18	17	17

资料来源：Ad van Der Woude, *Urbanization in History: A Process of Dynamic Interactions*, New York: Oxford University Press, 1990, p. 88。

表 2-27　　　　　1800 年德国城市的等级规模分布　　　　单位：千人

城市人口	17—33	34—67	68—135	136—271
城市数量	23	9	2	2
城市举例	莱比锡、格拉茨、奥格斯堡、不伦瑞克、纽伦堡、波茨坦、亚琛、阿尔托纳、布吕恩、卢卑克、雷根斯堡、什切青、美因兹、曼海姆、杜塞尔多夫、斯图加特、哈勒、卡塞尔、班贝格、厄尔宾	柯尼斯堡、德累斯顿、布雷斯劳、科隆、但泽、马格德堡、不莱梅、法兰克福/M.、慕尼黑	汉堡、布拉格	维也纳、柏林

资料来源：Ad van Der Woude, *Urbanization in History: A Process of Dynamic Interactions*, New York: Oxford University Press, 1990, p. 88。

随着德意志地区社会经济的发展与大西洋沿岸商路开辟，进入 19 世纪以来的德国城市人口出现大幅的增长，城市数量不断增长，其中人口超过 1 万人的城市已达 61 个。[①] 城市的区域分布日益分散，并出现了较大的都市。在人口最多的 36 个城市组成的城市体系中[②]，德国最大城市与最小城市的人口比例为 14∶1，而 1600 年仅为 5∶1。维也纳与柏林的城市人口已达 23.1 万与 15 万。[③]

德意志地区城市区域布局也出现了较大调整。18 世纪后半叶以来，普鲁士的快速崛起与德国经济重心的东移导致了德意志地区东北部的城市人口呈现出快速增长的趋势。1600 年沿着埃姆登、班贝克与布拉格一线

---

① Ad van Der Woude, *Urbanization in History: A Process of Dynamic Interactions*, New York: Oxford University Press, 1990, p. 89.

② 本书也是选取德国人口最多的 33 个城市，但是哈勒、卡塞尔、班贝格、厄尔宾的城市人口都是 1.7 万人，所以 1800 年德国人口最多 33 个城市实际数量为 36 个。

③ Ad van Der Woude, *Urbanization in History: A Process of Dynamic Interactions*, New York: Oxford University Press, 1990, p. 87.

以北15个城市的人口约占德国最大的33个城市总人口的38%,到1800年,沿着埃姆登、班贝克与布拉格一线以北的18个城市的人口约占德国最大的33个城市总人口的51.5%。德国西南部施瓦本、弗兰科尼亚与巴伐利亚三个王国的城市人口占全国城市人口的比重呈现出下降的趋势。1600年,这三个王国城市人口约占全国城市总人口的25%,到1800年已经下降到了10%。德国北部港口的城市人口占德国城市总人口的比重也从1600年的27%下降到1800年的22%。内陆城市的人口则出现了较大的增幅。1600年布伦瑞克、埃尔福特、布雷斯劳与柏林周边城市的人口仅为德国城市人口的25%,到1800年,这些地区的城市人口已经上升到了30%。①

城市区域分布的较大调整是德国社会经济发展的必然结果。在中世纪行将结束之际,以传统贸易与手工业为主导产业的城市在德国城市体系中居于主导地位。与此同时,行政城市(主要指各王国首都)则呈现出欣欣向荣的发展势头,而港口城市发展则日渐衰落。到18世纪,随着新型工业与商业的日渐繁荣,工商业城市也呈现出强劲的发展势头,以传统贸易为主导产业的城市则逐渐衰落了:施瓦本的奥格斯堡在德国城市排名中从第四下降为第六;莱因的科隆则从第五降为第八,德国中部的马格德堡从第六降至第十。汉堡、柯尼斯堡、莱比锡、法兰克福等新型的商业与港口贸易城市则迅速崛起。

传统中心城市衰落主要受以下几个因素的影响:其一,传统产业不能适应时代发展的需要。到18世纪,传统贸易、手工业很难竞争过新型工商业,传统产业的衰落导致传统中心城市集聚人口的能力明显减弱。其二,受社会冲突影响。在近代的30年战争与德国宗教战争中,奥格斯堡、纽伦堡等中心城市受到沉重的打击,城市的地位迅速下降,奥格斯堡和纽伦堡从1600年的第4位、第7位,到1800年进一步降至第16和18位。其三,这些古老中心城市仍然青睐于中世纪与文艺复兴时期的建筑风格,此时城市主城区的建设难以适应当时社会经济发展的要求。②

与17世纪传统的中心城市相比,19世纪以来的德国行政城市发展突飞猛进,城市人口增长强劲。1600—1800年,维也纳的人口增长了5倍,

---

① Ad van Der Woude, *Urbanization in History: A Process of Dynamic Interactions*, New York: OxfordUniversity Press, 1990, p. 87.

② Ibid., p. 89.

名副其实地成了德国最大的城市。柏林的人口增长了6倍，从第十跃升为第二大城市。同期，德累斯顿的人口也增加了5倍，它已经赶上并超过了莱比锡，成为萨克森地区最大的城市①。斯图加特、波茨坦、汉诺威、卡塞尔、杜塞尔多夫与曼海姆首次跻身于德国城市前30强，人口超过17000人。德国各地区的行政城市发展较好，西部地区的杜塞尔多夫、美因兹与曼海姆发展突飞猛进，成为科隆、法兰克福与埃森强劲的竞争者。到1800年，德国最大的36个城市中，50.2%的人口分布在行政城市。②

1600年德国的城市等级体系具有多中心的特点，到1800年，德国出现了以维也纳与柏林为中心的双核城市等级体系。这主要与神圣罗马帝国政治结构呈现二元结构密切相关。此时的德意志处于奥地利和普鲁士两大邦国的支配之下。从城市的区域分布来看，慕尼黑成为德国南部最大的城市，德累斯顿是萨克森最大的城市，拥有较大自主权，汉堡发展成为德国最重要的港口贸易城市与北部的商业中心，法兰克福、莱比锡与布雷斯劳则是德国最重要的商品交易中心。

二 德意志帝国时期城市发展格局变化

19世纪上半叶，德国工业化的兴起带动了城市化的快速发展。到1850年，普鲁士人口规模达到5万人的城市有17个，超过10万人的城市仅有柏林、汉堡、慕尼黑、布雷斯劳，这些城市主要以商业、贸易、银行业为主，也是各地区的行政中心。③

随着德意志帝国时期工业化的高速推进，德国城市化也呈现出快速发展态势，城市人口规模不断扩大。1871年，人口超过2.5万的城市已达49个，其中32个城市的人口已经超过5万人，超过10万人的城市则有8个。

---

① H. Blaschke, *Bevölkerungsgeschichte von Sachsen bis zur industriellen Revolution*, Weimar: Böhlau, 1967, S. 77.

② Ad van Der Woude, *Urbanization in History: A Process of Dynamic Interactions*, New York: OxfordUniversity Press, 1990, p. 89.

③ James H. Jackson, *Migration and Urbanization in the RuhrValley*, 1821–1914, Boston: Brill Academic Publishers, 1997, p. 7.

表 2-28　　　　　1871 年德国城市体系的等级规模分布　　　　单位：千人

城市人口	43—85	86—171	172—343	344—687	688—1375
城市数量	33	7	2	0	1
城市举例	卡塞尔、亚琛、阿尔托纳、奥格斯堡、巴门、不伦瑞克、不来梅、开姆尼茨、克雷菲尔德、但泽、杜塞尔多夫、埃尔伯菲尔德、埃森、法兰克福a.M.、哈勒、汉诺威、美因兹、什切青、斯特拉堡、米尔豪森、纽伦堡、波森、波茨坦	慕尼黑、马格德堡、斯图加特、莱比锡、德累斯顿、科隆、柯尼斯堡	汉堡、布雷斯劳		柏林

资料来源：M Neefe（Hrsg.），*Statistisches Jahrbuch Deutscher Städte*，Breslau：Verlag von Wilh. Gottl. Korn，1903，S.108。

与 1800 年相比，德意志帝国建立之初的城市区域分布也出现了重大调整。

首先，以纺织业为主导产业的工业城市强势崛起，传统贸易城市日渐式微。随着 19 世纪 30 年代中期德国工业化的迅速展开，一批以纺织工业为主导产业的城市也呈现出强劲的发展态势。到德意志帝国建立之初，巴门、开姆尼茨、克雷菲尔德、埃尔伯菲尔德等工业城市的人口分别为 7.3 万、6.7 万、5.7 万、7.1 万，并强势步入当时德国最大的 33 个城市之列。卢贝克、埃尔宾、班贝格等传统贸易城市受社会经济发展的影响，未能成功跻身于前 33 强。

其次，柏林逐渐发展成为全国的首位城市，城市首位度[①]持续增强。随着德意志帝国的建立，柏林不仅是全国的政治中心、经济中心与文化中心，也成为名副其实的首位城市。在政治、经济、交通等因素的推动下，柏林集聚人口能力不断增大，也使得德国城市首位度持续提高。1800 年城市的首位度为 1.53，1871 年则达到 2.68。[②]

1900 年，人口超过 10 万的城市已达 33 个，其中 16 个城市的人口已

---

　① 城市首位度是一国（地区）范围内首位城市与第二位城市人口数量之比，表明某国家或地区不同规模城市的差异程度。

　② 笔者自己计算所得。数据来源于：Ad van Der Woude，*Urbanization in History：A Process of Dynamic Interactions*，New York：OxfordUniversity Press，1990，p.88；M Neefe（Hrsg.），*Statistisches Jahrbuch Deutscher Städte*，Breslau：Verlag von Wilh. Gottl. Korn，1903，S.108。

经超过20万，柏林的城市人口则进一步飙升至188万。① 城市体系的等级规模分布也出现了大幅调整。

表 2-29　　　　　1900年德国城市体系的等级规模分布　　　　单位：千人

城市人口	100—199	200—399	400—799	800—1599	1600—3199
城市数量	17	10	5	0	1
城市举例	埃森/Ruhr、夏洛腾堡、不来梅、阿尔托纳、杜伊斯堡、埃伯菲尔德、斯特拉斯堡、哈勒、但泽、多特蒙德、巴门、曼海姆、亚琛、格尔森基欣、不伦瑞克、基尔、波森	科隆、法兰克福M.、纽伦堡、汉诺威、马格德堡、斯图加特、开姆尼茨、杜塞尔多夫、什切青、柯尼斯堡	汉堡、慕尼黑、德累斯顿、莱比锡、布雷斯劳		柏林

资料来源：M Neefe (Hrsg.), *Statistisches Jahrbuch Deutscher Städte*, Breslau: Verlag von Wilh. Gottl. Korn, 1908, S. 45。

通过以上统计资料可以发现，与19世纪初期相比，德国城市的区域布局出现了较大调整，主要表现在以下几个层面。

第一，工业城市迅速崛起。19世纪中期，德国工业化的启动与快速发展也推动了工业城市的繁荣与发展。尤其在工业发达的莱因、威斯特法仑与勃兰登堡柏林地区，一批新型的工业城市迅速崛起。随着德国钢铁与煤炭业的强劲发展，鲁尔地区的杜伊斯堡、多特蒙德与格尔森基辛等以煤钢为主导产业的工业城市也出现强劲的发展态势，19世纪中期的格尔森基辛还是仅有2000人的小镇，到1900年已发展成为拥有12.9万人的大城市，经过半个世纪的发展，城市人口增长了60倍。位于勃兰登堡的夏洛滕堡1875年还是仅有2.5万人的中等城市，到1910年已经发展成为拥有30.5万人的大城市，缔造了德国工业城市发展的神话。

表 2-30　　　　　德意志帝国时期各类城市数量统计情况　　　　单位：个

	1871	1875	1880	1885	1890	1895	1900	1905	1910
2000—5000	1716	1837	1950	1951	1721	2068	2269	2386	—
5000—20000	529	591	641	683	629	796	864	945	—
20000—100000	75	88	102	116	125	150	194	208	—

---

① M Neefe (Hrsg.), *Statistisches Jahrbuch Deutscher Städte*, Breslau: Verlag von Wilh. Gottl. Korn, 1908, S. 45.

续表

	1871	1875	1880	1885	1890	1895	1900	1905	1910
100000 以上	8	12	14	21	24	28	33	41	48

资料来源：M Neefe (Hrsg.), *Statistisches Jahrbuch Deutscher Städte*, Breslau: Verlag von Wilh. Gottl. Korn, 1908, S. 43。

注：由于资料缺失，据有关学者考证1910年德意志帝国人口超过1万人城市有576个，其中超过10人的城市有48个。

第二，德国城市体系呈现出以柏林为主导的单一城市体系。近代以来，特别是1600年以来的德国城市体系从多中心的城市体系到19世纪初期演变为双中心的城市体系，再到19世纪末20世纪初已经发展为以柏林为中心的单一城市体系。德国城市体系之所以呈现出这种局面，主要与近代以来德国政治结构的演变有密切的关系。17世纪以来，神圣罗马帝国皇帝只是名义上的最高统治者，德国形成邦国林立的政治结构，此时德国行政城市发展较快，到19世纪初德国又形成以奥地利与普鲁士为主导的二元帝国，德国城市体系呈现出以柏林与维也纳为中心城市体系。随着1871年德意志第二帝国的建立，奥地利被排除出德国，柏林成为德意志帝国的政治、经济与文化中心，德国城市体系逐步发展成为以柏林为主导的城市体系。

第三，德国城市的区域布局呈现出"西密东疏"的特点。在1900年德国33个人口超过10万人的大城市中，东部仅有12个，西部则高达21个[①]。东部城市主要以综合性城市为主，而在西部地区工业城市的数量占压倒性的优势。鲁尔地区出现了埃森、多特蒙德、格尔森基辛、杜伊斯堡、巴门、杜塞尔多夫、科隆与亚琛8个人口超过10万人的城市，其中埃森、多特蒙德、格尔森基辛、杜伊斯堡、巴门等工业城市首次跻身于德国前33名城市，而卢卑克、埃尔福特、班贝克、卡塞尔、奥格斯堡、波茨坦等城市则跌出33强。

---

① 德意志第二帝国建立前，德意志联邦东西部主要以埃姆登、班贝格与布拉格一线分界线；而德意志第二帝国建立后，则以汉堡、马德哥堡与德累斯顿为界。

第三章

德意志帝国时期市政设施完善与市政管理制度的构建

从德意志帝国的建立到第一次世界大战前夕的40年间，德国大城市的市政设施建设取得了长足的发展。城市初步建立了供水、供气、排水、电力等供应系统，并获得显著的发展。清除垃圾、街道清洁等卫生清理工作逐步展开，医院、食品检测、殡仪业等医疗设施也初步构建。城市构建了现代化的公共交通设施，引进了近郊的有轨电车、火车等现代交通方式。社区也拥有各种各样运动、教育和娱乐（体育设施、公园、剧院、博物馆、乐团、图书馆和档案馆）等公共基础设施。这些公共基础设施并不是个别城市拥有，它们已成为现代城市生活方式和社区活动不可或缺的公共设施。社会转型阶段城市基础建设的发展不仅是工业化时代市政建设的集中体现，也是城市社会生活的重要组成部分。依法行政也为城市市政管理的近代转型提供了前提条件。[1] 从某种意义上说，经济发展推动了现代市政管理体系的初步构建，城市基础设施建立与完善也为经济增长与现代工业成长的进一步发展创造了不可或缺的环境。

第一节　城市生活设施完善与公共卫生服务体系的初步构建

就近代德国城市市政管理研究而言，实证性与原创性的专著当属西尔贝格雷特（Silbergleit）的《普鲁士城市——对1808年城市规程颁布以来100周年的反思》、胡戈·普罗伊斯（Hugo Preuß）的《德国城市发展》、

---

[1] Ernst Forsthoff, *Die Verwaltung als Leistungsträger*, Stuttgart und Berlin 1938, S. 67.

英国学者威廉·哈伯特·道森（William Harbutt, Dawson）著的《德国城市生活与市政管理》、雨果·R. 梅耶（Hugo R. Meyer）的《德国的市政管理》①、约翰·布朗（John Brown）的《1870—1910年德国城市卫生、住房以及政府干预》等学术著作。国外的学者主要从现代市政管理制度产生与发展、城市基础设施的建设、城市功能的变迁等方面系统论述德国市政的发展。在我国史学界对德国近代城市市政管理的研究尚处于起步阶段，并没有系统研究，主要散见于一些学者论著之中。②

德意志帝国时期是德国城市化快速发展时期，也是以城市基础设施改造与市政管理制度革新为主导的城市现代化迅速推进的时期。城市化的快速发展为城市现代化提供了动力，城市现代化也进一步提升了城市化的发展水平。这一时期城市化与城市市政设施形成良性互动发展局面，总结德意志帝国时期城市化与市政设施建设的经验教训，对当今城市化发展能够提供借鉴作用。

一 城市人口的过快增长也导致了城市问题日益严重

1871年以来，不断向纵深推进的德国工业化进程不仅改变了人口的就业结构与区域分布，也推动了城市化高速发展。第二次工业革命从根本上改变了德国社会经济结构，工业逐渐取代了农业成为国民经济中的主导产业。三大产业的社会总产值也是衡量社会经济结构变化的重要指标。1871年，德国农业社会生产总值为57.38亿马克，到1913年农业社会总产值增加到了112.7亿马克，增长率为96.4%。1871年德国的工业社会产值仅为39.97亿马克，到1913年则上升到了218.05亿马克，增长率高达445.5%。③ 农业与工业的产值在社会总产值的比重也由1871年的40.5%、28%，分别调整为1913年的23.2%、45%。这一时期德国经济结构的调整也导致了就业人口结构的变化。在三大产业中，1871年在农业领域的从业人员为854.1万，到1913年该领域的就业人数增加到了1070.1万，仅仅增长了25%；1871年德国工业的就业人数501.7万，到

---

① Hugo R. Meyer, City Administration in Germany, *The Journal of Political Economy*, Vol. 14, No. 9 (Nov. 1906).

② 徐继承：《德意志帝国时期的城市化研究》，中国社会科学出版社2013年版。

③ Walther G. Hoffmann, *Das Wachstum der deutschen Wirtschaft seit der Mitte des 19. Jahrhundert*, Berlin: Springer, 1965, S. 205.

1913年则猛增至1172万，这一时期工业领域的增长幅度高达134%。同期，德国在服务业就业人数也呈现出快速增长的趋势，从259.6万快速增长到了768.3万，大约增长了150%。① 如果三大产业就业人数所占比重来看，1871—1913年德国农业就业人数的占比从50.9%下降至35.1%；工业领域的就业人数的所占比重则从27.6%上升到37.9%。1904—1905年，第二产业就业人数的比重首次超过第一产业的比重。

德意志帝国时期电力逐渐取代蒸汽机成为工业生产的新型动力，使工业生产逐渐摆脱了对风力与水力的依赖。城市因在资本、技术、人才、市场等方面比乡村具有更大的竞争优势，因此，这一时期城市逐渐成为工业投资的首选地。此外，城市还具有交通发达、市场容量大等优势，有利于降低企业的生产成本。

德意志帝国时期城市发展主要表现两个方面：其一，城市数量急剧增多。1871年，德国共有大小城市2328个。②③ 从1871年至1910年，德国城市的数量上升至3787个，新增城市1459座④。其二，城市人口的快速增长。这一时期城市人口的快速增长主要与人口自然增长、合并行政区以及外来移民密切相关。

19世纪德国人口快速的自然增长加重了城市人口的压力。1830年至1910年，德国人口呈现出加速增长趋势。相关数据显示，1830年德国人口为2951.8万，1870年增加到4105.8万，净增人口1154万，增长幅度为39.1%⑤。而在1870—1910年的40年间，德国人口由4105.8万上升到了6492.5万，净增人口2386.7万，增幅约为58.1%。

除了人口的自然增长之外，通过合并行政区也是城市人口快速增长的

---

① 农业、工业和服务业就业人数的增长幅度由笔者计算，相关数据可以参见 Walther G. Hoffmann, *Das Wachstum der deutschen Wirtschaft seit der Mitte des 19. Jahrhundert*, Berlin: Springer, 1965, S.454-455。

② Walther G. Hoffmann, *Das Wachstum der deutschen Wirtschaft seit der Mitte des 19. Jahrhundert*, Berlin: Springer, 1965, S.35.

③ M Neefe (Hrsg.), *Statistisches Jahrbuch Deutscher Städte*, Breslau: Verlag von Wilh. Gottl. Korn, 1912, S.43.

④ 由于19世纪80年代以来德国出现了大城市合并周边小城市的现象，故城市数量不是简单的相加。

⑤ 徐继承：《德意志帝国时期城市化与现代市政设施的构建》，《都市文化研究》2017年第1期。

重要因素。行政区的并入不仅可以增加城市人口还可以扩大城市的范围，美因河畔的法兰克福就是合并行政区的典型个案。在 1877—1910 年，它先后进行了四次（1877 年、1895 年、1900 年、1910 年）行政区域的并入，合并新行政区 16 个，城市人口从 1870 年的 8.47 万增加到 1910 年的 41.45 万。[1] 尽管这种行政区的并入并非各城市的普遍现象，但在 19 世纪 90 年代以来成为推动城市化的一股强大的动力。据统计，1891—1900 年，有 34 个城市合并行政区，城市人口增加 70.5 万，1900—1910 年却有 57 个城市合并行政区，增加人口高达 102.5 万。[2]

需要特别指出的是，外来移民在城市人口增长过程中发挥着重要的作用。1870 年以来，第二次工业革命在德国蓬勃发展，也促进了与最新经济发展紧密联系的专业城市的快速崛起。譬如鲁尔地区生产煤炭、钢铁的重工业城市多特蒙德、埃森、杜伊斯堡在 1875 年人口还仅有 57742 人、37380 人、54790 人，到 1910 年城市人口分别飙升至 214226 人、229438 人、294653 人，增长幅度高达 271%、513.8%、437%。另外，工业化的高速发展对城市功能要求也日益提高，而在 19 世纪 80 年代快速发展起来一些多功能、商业性和服务性的都会城市。这些城市通常是某一地区的中心城市，集商业、交通、金融、信息等功能于一体，城市人口以前所未有的速度增长。如汉堡是德国北部地区重要的中心之一，在 1875—1910 年增长 251.8%，同期科隆、慕尼黑、法兰克福分别增长了 281.6%、209.0%、302.0%。[3] 如果从城市新增人口的构成来考察，外来移民在城市新增人口比重明显高于人口的自然增长的比重。通过对 1875—1905 年普鲁士人口超过 2 万人的 85 个城市考察可以发现，矿业城市与都会城市外来移民占城市新增人口的比重分别为 45.7% 和 49.6%，而人口增长占新增人口的比重为 32.2% 和 33.1%。[4] 由此可以看出，外来移民在高速工业化的过程中对城市化推动发挥着举足轻重的作用。

---

[1] JürgenReulec3ke (Hrsg.), *Die deutsche Stadt im Industriezeitalter. Beiträge zur modernen Stadtgeschichte*, Wuppertal: Peter Hammer Verlag, 1978, S. 99.

[2] Ibid., S. 75.

[3] Gerd Hohorst (Hrsg.), *Sozialgeschichtliches Arbeitsbuch: Materialien zur Statistik des Kaiserreichs 1870-1914*, Bd. 2. München: C. H. Beck, 1975, S. 45-46.

[4] Silbergleit (Hrsg.), *Preussen Städt. Denkschrift zum 100 Jährigen Jubiläum der Städteordnung vom 19. November 1808*, Berlin: C. Heymann, 1908, S. 141-168.

城市人口的过快增长也导致了城市问题日益严重,尤其是住房紧张与基础设施供给严重短缺成为政府亟待解决的问题。急剧增长的城市人口不仅刺激了城市住房需求,也给城市的建筑行业提供了大量劳动力,与此同时,市政工程也为过剩资本提供了投资渠道。据霍夫曼的估算,1851—1859年,改造基础设施市政工程的年均投资为0.4亿马克,农业建筑年均投资为1.8亿马克;到1900—1913年分别增加到3.38亿、4.2亿马克,二者增长幅度分别为10.5倍、2.3倍。[1] 城市人口急剧增加也导致了用水短缺,而水质差、缺乏照明、医疗条件低下等社会问题都构成了城市阴暗面。譬如在汉堡城市的供水系统中,其饮用水是不经过过滤的。因此在为城市提供水资源的过程中,富含于水中的病菌将有可能蔓延至全城。在19世纪70年代,汉堡就曾因受到水体自带疾病的不良影响而引发霍乱。[2]

二 德意志帝国时期城市市政设施建设

德意志帝国时期城市市政设施建设主要包括城市生活设施的构建和城市公共卫生服务体系的创立,而首当其冲的是城市生活设施的改造,这是德国市政建设的重头戏。

这一时期城市基础设施最具有代表性是电力设备的出现,城市照明系统取得突飞猛进的发展。电力作为德意志帝国时期新发展起来的一种新型能源,在城市发挥着越来越重要的作用。它不仅在企业中得到了广泛运用,也在城市的公共交通以及人们日常生活中得到了普遍应用。19世纪80年代以来,许多城市开始建立自己的发电企业与供电设施。自1887年普鲁士的第一个发电厂诞生于埃伯菲尔德以来,巴门、科尼斯堡和汉诺威等城市相继出现了发电厂。

到19世纪90年代以来,城市的供电设施也取得了显著发展,供电企业的数量不断攀升。据统计1871—1880年德国城市仅有4家供电企业,

---

[1] 相关数据根据霍夫曼表31(第1栏)、表35(第1栏)和表41(第3、4栏)得出。参见Walther G. Hoffmann, *Das Wachstum der deutschen Wirtschaft seit der Mitte des 19. Jahrhundert*, Berlin: Springer, 1965, S.97–141。

[2] Jörg Vögele, Urbanization and the urban mortality change in Imperial Germany, *Health & Place* Vol.6, No.1 (March, 2000), p.48.

1891—1900 年增加到 36 个，1900—1908 年则飙升到 76 个供电企业。① 到 1908 年，普鲁士 2/3 的大中城市拥有发电企业。

供电设施作为城市规划中的重要的生活设施，其建设标准一般以满足城市总人口以及城市经济发展需要为宗旨。不同城市供电企业运营方式也相差甚远，有的城市主要倚重国有企业，有的则要求私营企业承担，甚至有些城市要求国有与私人合资企业共同承担。出于对城市供电企业运营成本考虑，一般优先由大企业来供给满足整个城市的供电需求。譬如莱茵地区的城市出于管理需要实行了大的供电企业对整个地区集中供电制度。在莱茵、威斯特法仑省呈现出城市越大，对电力市场的需求也随之增加，城市供电设施逐步完善，供电网络向城市周边地区不断延伸，城市供电系统覆盖面积也呈现出快速增长的态势。19 世纪 90 年代以来，有轨电车网建设提上日程。有轨电车网的修建出于运营成本考虑，人口众多、经济发展水平较高的大城市往往是首选之地，德意志帝国时期有轨电车网的架设主要在人口规模达到 5 万人的大城市，② 19 世纪 80 年代铺设了柏林到夏洛腾堡、汉堡到阿尔托纳的有轨电车网，到 90 年代又铺设了门兴格拉德巴赫、迪尔肯、叙希特尔恩以及菲尔森连接四个城市的有轨电车网。有轨电车网修建缩短了城市与近郊之间时空距离，加速了人员的社会流动，为城市之间人流、物流以及信息流的进一步发展提供了便利条件。

城市供水设施的建设同样也呈现出强劲的增长态势。有关资料显示，1871 年以前，仅有 17 个城市拥有城市集中供水系统，1871—1880 年新增 36 个城市，1881—1890 年为 22 个城市，1891—1900 年为 24 个城市，1901—1907 年为 3 个城市。③ 1903 年在普鲁士人口超过 1.5 万人的城市中，大约 95% 的人口能够直接使用城市集中供水④，经济社会发展水平较高地区城市供水设施建设较为普及，以莱茵省为例，94% 的人口超过 5000 人的城市已经拥有独立的供水系统，相比之下，社会经济发展较为

---

① Horst Matzerath, *Urbanisierung in Preussen 1815 – 1914*, Stuttgart: Kohlhammer Verlag, 1985, S. 337.

② Paul Mombert, *Gemeindebetriebe in Deutschland*, In: *Gemeindebetriebe*, hrsg. von Carl Johann Fuchs, Leipzig 1908, S. 75.

③ Silbergleit (hrsg.), *Preussen Städt. denkschrift zum 100 Jährigen Jubiläum der Städteordnung vom 19. november 1808*, Berlin: C. Heymann, 1908, S. 348.

④ Philipp Steuer, *Die Wasserversorgung der Städte und Ortschaften*, Berlin 1912, S. 53.

滞后的东普鲁士地区，仅 27% 的城市建立了供水基础设施。① 同样大城市在供水设施的建设方面也明显领先于小城市。据统计 1900 年普鲁士人口超过 25000 人的城市都有自来水总厂，而对于人口低于 25000 人的城市来说，大约仅有 38% 的城市拥有中心水厂。② 较大的城市一般都有两个自来水厂，尤其是私人经营的水厂所占比例额较大，但是市政与社会也拥有一定股份资本。这一时期各类城市在排水设施的建设方面也是参差不齐。大城市的排水设施的建设明显高于中小城市，1907 年普鲁士的相关数据显示，人口超过 10 万人的大城市的排水管道平均长度为 670 公里，人口低于 20000 人的城市仅 230 公里。③

三 德意志帝国时期城市公共卫生服务体系的创立

德意志帝国时期市政设施建设最显著莫过于城市公共卫生服务体系的创立，医生数量与治疗水平明显提高，城市的医疗设施建设都取得显著成绩。④

大量高水平的医生也是衡量城市公共卫生服务发展水平的重要指标。这一时期医生的数量呈现出强劲增长的趋势。1867 年普鲁士大约有执业医生 7420 名，到 1913 年已增加到 20394 名⑤，在不到半个世纪的时间里，普鲁士执业医生总数增加两倍。

这一时期城市医生数量的快速增长并不是无源之水，无本之木，而是各种因素综合作用的结果。首先，从事医学专业的大学生增加是医生数量增长的重要原因。据统计，1871 年普鲁士医学专业的大学生大约有 1300

---

① M. Selter, *Die Trinkwasserversorgung der Rheinprovinz auf Grund amtlicher Erhebungen nach dem Stande von Jahre 1911 bearbeitet*, Bonn 1911, S. 6.

② E. Grahn, *Die Städtische Wasserversorgung*, Bd. 1, München und Leipzig 1908, S. 309; E. Grahn, *Die Städtische Wasserversorgung*, Bd. 2, München und Leipzig, 1912, S. Ⅷ.

③ *Das Preußischen Medizinal-und Gesundheitswesen in den Jahren 1883 bis 1908*, Berlin 1908, S. 107.

④ 有关城市医疗卫生体系研究取得显著成果，诸如 O. Rapmund, *Das öffentliche Gesundheitswesen*, Leipzig 1901; Albert Guttstadt, *Deutschlands Gesundheitswesen*, Leipzig 1890/1891; M. Pistor, *Das Gesundheitswesen in Preußen*, Berlin 1896; William Harbutt, Dawson, *Municipal life and government in Germany*, London 1914, S. 189ff.

⑤ *Statistisches Handbuch für den Preussischen Staat*, Bd Ⅳ, Berlin 1903, S. 378; *Das Gesundheitswesen des Preussischen Staat im Jahre 1913*, Berlin 1915, S. 47.

人，到 1910 年医学专业的大学生增加到了 8600 人①。其次，1870 年德意志帝国户籍制度改革加速了医生的自由流动。受市场因素冲击，经济欠发达地区医疗资源呈现出向外流失的趋势，经济发展水平较高的莱茵、威斯特法仑地区则成为医生首选之地。不过，这也造成德意志帝国各邦国医生数量分布不平衡，然而如何处理优质的医疗资源向经济发展的大城市过度集中与经济欠发达地区医疗资源匮乏之间的矛盾成为这一时期德国医疗改革的关键所在。为此，德国东部省份的农村地区通过国家与当地政府政策支持帮助年轻医生建立诊所，以及完善当地的医疗设施。② 19 世纪 80 年代，德国各邦国在经济欠发达的乡村地区建立卫生防疫站，通过对疾病采取预防措施能够在一定程度上暂时解决各地区以及城市与乡村在医疗资源分布不平衡的矛盾，从整体上提高医疗资源的使用效率。

需要指出的是，在人口规模不同类型城市的医生数量也是相差甚远。

表 3-1　　　　　普鲁士 1876—1887 年的各类城市医生分布

	1876 年		1887 年	
	医生	比重（%）	医生	比重（%）
人口低于 5000 人的城镇	3201	40.2	3156	34.0
5000—50000 人的小城市	2307	29.1	3005	32.4
50000—100000 人的中等城市	664	8.3	792	8.5
100000 人以上的大城市	1784	22.4	2331	24.1
总计	7956	100.0	9284	100.0

资料来源：*Zeitschrift des Kgl. Preussischen Statistischen Bureaus Bd.* 27（1887），Berlin 1887, S. XⅥ。

从以上统计数据可以看出小城市、中等城市、大城市的医生数量从 1876 年的 2307 人、664 人、1784 人，到 1887 年分别增加到 3005 人、792 人、2331 人；同期低于 5000 人的城镇医生数量则从 3201 人下降到 3156 人。如果从各类城市中医生所占比重来看，城镇医生所占比重下降幅度大约 6.2%，大城市医生所占比重的增长幅度为 1.7%，中等城市为 0.2%，小城市为 3.4%，因而小城市医生增长幅度最大、大城市次之，中等城市最小。之所以出现以上情况，主要由于 1871—1890 年德国 5000—20000

---

① *Jahrbuch für die amtliche Statistik des preussischen Staats*, Berlin, 1912, S. 478.

② *Das Sanitätswesen* 1898, 1899 *und* 1900, Berlin 1907, S. 590.

人的城市增长速度明显快于其他类型城市,而大城市在 1890 年以后才表现出强劲的增长势头。

在大力培养高素质合格医疗人才的同时,德国医院在设备、机构以及管理能力等方面获得前所未有的突破。1877—1904 年普鲁士国有、私人以及国有与私人共同创建的医院的总数已经增长了 4 倍。① 1877—1911 年,普鲁士每 10000 位居民中医院能提供床位数呈现上升趋势,每 100 位居民伙食标准提高了 3 倍,每 10000 位居民中治愈病人的数量增长了 4 倍。② 床位数作为衡量公共卫生服务水平的重要指标:1895 年科隆每 10000 人的床位数为 63.4,东部贡宾嫩的古谢夫为 11.3,柏林为 45.8,布雷斯劳为 42.8。③ 医院在城市与城镇分布的差距更为明显,据统计 1900 年分布在城市的国有医院约占普鲁士医院总数的 28.7%,城镇仅占 2.6%;分布在城市的国有医院的床位数约占 32.0%,城镇的仅占 1.3%。④

药品的加工、生产与销售也是德意志帝国时期城市公共卫生服务业发展的典范。由于药品的加工与生产必须得到国家的授权许可,因而国有制约企业无论在数量还是地位上都处于主导地位。制药业的从业人员出现了先增长后下降的趋势,据统计 1876 年从业人员为 10883 人,1887 年为 11192 人,1900 年为 10958 人,1913 年为 10900 人。⑤ 这一时期药品销售与流通方面呈现出强劲的增长势头⑥,需要注意东部地区与西部差异极其明显。就单个行政专区制药业发展而言,东部的易北河施特拉尔松德或者埃尔福特制药业发展显著,而西部地区特里尔的药品业发展相对滞后,因而从总体上看东西部在药品生产的差距逐渐缩小。

---

① *Das Deutsche Reich in gesundheitlicher und demographischer Beziehung*, Berlin 1907, S. 243.

② Paul von Esche, *Die versorgung der Bevölkerung mit Krankenhäusern in Deutschland von 1876 bis zur Gegenwart*, in: Archiv für Hygience, Bd138, 1954, S. 387, 389, 392.

③ *Das Sanitätswesen 1898, 1899 und 1900*, Berlin 1907, S. 123.

④ *Das Sanitätswesen 1898, 1899 und 1900*, Berlin 1907, S. 126. 1900 年德国国有医院 1792 个,其中普鲁士城市国有医院为 514 个,城镇为 46 个;德意志帝国床位数为 103207 个,其中普鲁士城市有 33033 个,城镇为 1292 个。在城市每个床位大约有 7.3 个护工,城镇为 4.3 个。

⑤ *Statischer Handbuch für den Preussischen Staat*, Bd. Ⅳ, Berlin 1907, S. 370.

⑥ 普鲁士 1867 年有 2213 个药店,1876 年为 2361 个,1887 年为 2352 个,1900 年为 3146 个,1913 年 3821 个。*Jahrbuch für die amtliche Statistik des preussischen Staats*, Berlin 1883, S. 488; *Preußische Statistik*, H. 43, S. 75; *Zeitschrift des Kgl. Preussischen Statistischen Bureaus* Bd. 27 (1887), S. ⅩⅥ; *Das Sanitätswesen 1898, 1899 und 1900*, Berlin 1907, S. 601.

城市与小城镇的公共卫生服务差距还表现在药品流通方面。由于城镇条件所限，药品供应明显低于城市。据统计普鲁士1876年平均9364人拥有一个药店①，人口规模达到25000人的城市平均7321人，介于5000人与25000人的中等城市为4773人，低于5000人的城镇为11428人。另外，1887年普鲁士拥有2532家药店，其中1876家药店分布在人口高于25000人的社区。② 当然仍然存在一些问题诸如东部地区与西部省份在公共服务上的差距，普鲁士新建省（石勒苏益格荷尔斯泰因、黑森拿骚、汉诺威）的公共卫生服务水平高于德国的平均水平。不仅东部地区，而且工业化快速发展的地区也存在医疗资源分布不平衡的状况。

这一时期德国城市公共卫生服务水平提高还与医疗卫生的管理水平提升密切相关。19世纪70年代以来，医院开始设置急诊室、门诊部、医务科、护理部、财务科、保健科、后勤等科室。19世纪80年代又建立了帝国卫生局、主管医院、社区卫生服务站、疾病防疫站、乡镇卫生院。③ 1899年，普鲁士又实行了由行政专区的医生督导城市的公共卫生事务的制度，在人口规模达到5000人以上的城市组成卫生委员会处理相关事务。20世纪初期，全国医护协会、德国保健协会、医疗协会、卫生协会、专科疾病防治协会、防疫协会等医疗民间组织相继建立。

四 大规模城市基础设施改造对城市社会的转型产生积极的影响

自19世纪70年代到第一次世界大战前夕是德国工业化与城市化快速发展时期，各个城市原有的基础设施并不能满足经济社会发展的需求，于是掀起了大规模城市基础设施改造与建设热潮，对德国从传统的农业社会向现代的城市社会的转型产生积极的影响。

大规模的城市基础设施的改造与建设，尤其是城市用水设施的改造有利于提高公共卫生状况，减少疾病的发生。在19世纪70年代以前，大多数城市的供水系统中，其饮用水是不经过过滤的。19世纪70年代以来，德意志帝国对城市的环境卫生和基础设施建设进行了系统性的改进，并着重开展市中心供水系统和下水道系统的建设。1870年，德国开始启动市

---

① *Preußische Statistik*, H. 43, S. 75.
② *Zeitschrift des Kgl. Preussischen Statistischen Bureaus* Bd. 27（1887），S. XVI.
③ Claudia Huerkamp, *Ärzte und Professionalisierung in Deutschland*, in: Geschichte und Gesellschaft, Jg. 6（1980），S. 366.

中心供水系统装置的建设，随后下水道系统建设也纷至沓来。以柏林的城市供水系统改造为例，1871—1910 年柏林引进施普雷河与水源新建 7 座大型的现代水库以满足城市居民的生活用水与工业用水。随着居民用水和工业用水的增加，污水处理也成为柏林城市难题。处理城市污水的配水管网拓展工程建设由此展开，配水管网总长由原来的 193 公里增加到 1360 公里，投资于用水输送与污水处理的资金也是巨大的，相关资料显示，仅 1904—1905 年，柏林改造配水管网的资金高达 8772619 马克①，用水设施现代化使德国公共健康状况有了极大的改善。这一时期肠胃病和儿童传染病的患发是影响德国人口死亡率发生变化的最主要因素。经过大规模供水设施的改造，患发肠胃病和儿童传染病的概率明显降低。据统计，1877年平均每 1000 人有 294 人因肠胃病致死，每 1000 名儿童中大约有 109 人因儿童传染病致死，到 1905 年，二者的数据分别下降到 230 人和 43 人。②德国公共健康状况有了改善还表现在城市人口死亡率的降低。受城市环境状况恶化的影响，1871—1875 年，城市人口死亡率是农村人口死亡率的 2倍；但到 20 世纪初，上述现象发生了转变，农村的人口死亡率开始高于城市。"1906—1908 年，普鲁士的农村人口死亡率达 1.82‰，而城市人口死亡率仅为 1.78‰。"③

19 世纪 80 年代以来，电力开始为解决德国城市照明和动力问题提供新的技术方案，电力工业快速崛起客观上推动了德国的产业结构升级。在德意志帝国时期，城市人口快速增长，市政管理部门积极应用新技术系统来解决一系列城市问题，其中电力、交通技术等为此提供了新的机遇。在处理同燃气照明技术的关系中，市政管理部门的角色转变是明显的，而且燃气照明技术与电力照明技术在一定程度上是相对抗的。市政管理者对燃气技术、私人燃气公司与之后出现电气化的态度是相似的。市政府在积极改进燃气照明的同时，电力开始为解决照明和动力问题提供新的技术方案。1888—1893 年为城市客户提供电力的电力中心站缓慢增长，到 1895 年才达到 195 个。在 1896 年，新的电力中心站数量快速增加。在 19 世纪 90 年代

---

① M Neefe（Hrsg.）, Statistisches Jahrbuch Deutscher Städte, Breslau: Verlag von Wilh.Gottl.Korn 1908, S. 542.

② Jörg Vögele, Urbanization and the Urban Mortality Change in Imperial Germany, Health&Place, Vol. 6, No. 1（March, 2000）, p.45.

③ Ibid., p. 43.

余下的时间里，每年的涨幅超过 100（见表 3-2）。这可以从我们获得的关于 1888—1905 年德国电力中心站数量统计的数据中看出（见表 3-2）。

表 3-2　　　　　　　　1888—1905 年德国电力中心站数量统计

年份	数量（个）	年份	数量（个）
1888	15	1897	375
1889	22	1898	527
1890	30	1899	669
1891	43	1900	813
1892	65	1901	907
1893	96	1902	991
1894	132	1903	1073
1895	195	1904	1135
1896	269	1905	1175

资料来源：Statistik der Elektrizitatswerke in Deutschland nach dem Stande vom 1. *April* 1905，*Elektrotechnische Zeitschrift*，Vol. 27 (1906)，S. 188。

在电力工业快速发展的同时，也促进了德国产业结构的升级。发电机和电动机的广泛使用使德国工业生产中的动力结构发生变化。直到 1900 年以前，德国电力生产的 86% 还是用于照明，到 1911 年时，在总数达 1000 万千瓦的发电量中，绝大部分已经用于动力。冶金工业 20% 的动力为电力，采矿业为 16%，机械工业为 13%，轨道电车为 6%，电器工程为 3.5%，铁路为 2%。出于提高劳动生产率的需要，一些小型企业也逐步采用了机械动力。以小企业为主的鲁尔地区五金联合会在 1913 年的报告中指出："如今只有 4 个帮工的手工企业也可以使用机器工具，电气工程对五金行业的发展功不可没。"[①] 19 世纪 90 年代，电力产业也助推战略新兴产业的发展，电解工艺、电力冶金以及电热等新科技逐渐成为化学工业发展的新动力。在强碱电解和大气氮肥生产方面，作为新能源的电都得到了充分利用。到 1913 年，德国在世界电气工业生产中的比重高达 34.9%，其电气工业的出口占世界电气产品出口总量的 46.4%。[②] 同期德国出口产

[①] Hubert Keisewetter，*Industrielle Revolution in Deutschland* 1815-1914，Frankfurt am Main：Suhrkamp，1989，S. 220-221.

[②] Ibid., S. 221.

品中的化学产品占到10%，化学产品的销售额高达24亿马克。正如研究德国工业史的学者亨德森所评价："电力与化学成为19世纪末20世纪初期德国最具有世界竞争力与活力的产业。"①

总之，德意志帝国时期城市市政设施的构建和完善是城市化助推的结果。城市的供水、供电以及卫生设施的进一步完善不仅是城市功能提升的体现，也促进了城市生活环境优化，从而确立了以现代性、舒适性、休闲性为特征的城市生活方式。城市现代化成为19世纪末20世纪初德国城市化发展方向，也使城市成为德国经济社会发展中的主导因素。

第二节 城市化进程中的市政管理

19世纪初期，施泰因改革颁布的《城市规程》规定国家只保留对各城市的最高监督权、司法权和部分警察权，其余权力归城市所有，城市自治权进一步增大。随着工业化的兴起与城市化推进，城市既要面对大规模基础设施建设又要凸显产业优势、协调区域经济发展。《城市规程》中规定城市与国家关系很难在大工业时代适应社会经济发展需要。因此，在快速城市化过程中，城市管理制度的现代化逐渐提上了议事日程。

一 德国城市市政制度形成的主要因素

首先，地方行政管理制度构建是德国城市市政制度形成的基础。在德意志帝国建立以后，东普鲁士与普鲁士王国的其他地区并没有取消传统的《乡村宪法》，因此重新修改乡村宪法草案对于颁布新的城市宪法来说至关重要。1872年《区域规程》法令中颁布取消了乡村宪法的新规程。在《区域规程》中指出改革地方行政管理制度，尤其是取消了农奴主的警察管辖权，国家接管了警察管辖权；农奴主的管理权则归乡村，地方议会取消了农奴主受封财产的所有权②。这些严厉限制领主世袭管辖权的措施出台主要是为了适应国家建立乡镇自治制度的需要。国家通过建立自由选举村长与乡长制度在乡村逐步推广开来，为进一步实行乡村自治奠定了

---

① W. O. Henderson, *The Rise of German Industrial Power 1834–1914*, California： University of California Press, 1975, p.231.

② 徐继承、姚倩倩：《19世纪德国的城市现代化初探》，《都市文化研究》2018年第2辑。

基础。

1891年，普鲁士政府在东普鲁确立了以乡村宪法为基础的自治原则：即建立自治制度，选举乡长、乡镇（代表大会）代表，乡镇代表大会作为常设的议事机构，当然最重要的是取消原有的乡村法规。① 出于实行地方自治政策需要，西里西亚借助高速工业化推动在城市化过程通过合并城郊庄园逐步形成了大的工业中心城市。通过合并城郊的庄园，成为西里西亚推行地方自治的重要手段。

不过，从整体上看1891年乡村自治法案的推广实际效果仍有限，据1913年内务部统计，自1892年仅废除964个庄园，约占德国东部省份庄园总数的5%②，乡村庄园仍占主导地位，行政管理制度在乡村的推广有限，有待进一步提高。1911年公布《区域协作的法令》对乡村自治推进产生了实质性的影响。③

其次，德意志帝国时期其他行政法案对市政管理制度产生了一定的影响。例如，调整国家与乡村关系的乡镇规程就是一个典型的个案。乡镇规程作为国家对乡镇组织结构调整的重要法案，为德国城市化过程中大城市合并周边行政区提供法律上的依据。在城市化快速发展过程中，大城市为了进一步拓展自身发展空间，通过合并城郊周边的乡镇组成大的行政区域，为市政管理制度的构建提供了条件。1883年，德国在颁布的《国家管理法案》中提及乡村管辖权条例，明确指出乡镇被合并到城市后，乡镇的管辖权被城市的社区接管，社区管理成为城市市政管理制度的重要组成部分。④ 乡村行政管理制度改革不仅能够切实提高行政效率，有利于依法执政，而且也为城市化过程中行政区域变更提供制度基础。

特别需要注意的是，由于现代市政管理理念有悖于普鲁士传统国家治理方式，在实施国家治理过程中很容易受传统因素制约。德国城市代表会议与普鲁士传统因素很难融合，从而使得普鲁士东部地区的城市自治很难

---

① *Landgemeindeordnungfür Diesiebenöstlichen Provinzen der Monarchievom* 3.7.1891，（Gesetzesammlung，S. 233）.

② KarlheinzKitzel，*Die Herrfurthsche Landgemeindeordnung*，Stuttgart：KohlhammerVerlag，1957，S. 237.

③ *Gesetzvom* 19.7.1911（Gesetzsammlung，S. 115）.

④ *Gesetzüber die Zuständigkeit der Verwaltungs-und Gerichtsbehördevom* 1.8.1883，（Gesetzesammlung，S. 237）.

与西部莱茵地区城市治理方式相媲美，同样在市政治理方面小城市与大城市也不可同日而语，因此市政治理方面仍有很长路要走。①

再次，国家为市政管理制度的构建起着重要推动作用，主要表现在从法律上承认市政机关的公职人员，尤其是大城市的市长。例如，1883年普鲁士国王在波美尼亚地区依据法律提名美茵河畔的法兰克福的市长，从法理上看法兰克福的市长成为"间接地"行使国家职能的公职人员，从而为法律上承认市政管理机构公职人员迈出了坚实的步伐。② 从总体上看，市政管理机构的公职人员从提议、提名到最终任命需要一定法定程序。莱茵地区的《城市规程》在法律上并没有承认未经城市确认而国王或者行政专区主席事先安排市政人员，因为这不利于社会公平竞争。尽管德国社会民主党并不是执政党，但作为自由主义的政治力量的典型代表在城市议会中占据主导地位，城市自由成为当时各地区城市市政管理关注的中心。

二 德国的市政管理制度

19世纪德国城市议会的意图是代表整个城镇，表达人民的普遍观点及意愿，但决议却需要议会议员、市长、一定数量的地方法官或者组成执行委员会的市参议员来共同执行。在德国，执行委员会主要有两种基本模式。

"委员会制"是德国市政管理制度中非常重要的一种制度。在这种制度下，行政权为以市长为首采取集体行动的委员会所有。这个机构在东部普鲁士和巴伐利亚公国莱茵河右畔为市政府，在其他地方为参议院。这种模式的特点是市长是执行委员会的主席，但是不是议会的主席。议会和执行委员会之间分工明确，集体形式的执行委员会领导地方行政部门，负责执行议会的决议。执行委员会由选举产生的专职和兼职成员组成，每个人独立负责各自的部门，实行集体决策，在做出共同决议时需要进行投票，遵循少数服从多数的原则。

"市长制"也是德国市政管理中比较有特色的制度。德意志帝国时期形成了以市长为核心的市政体制，它成为政府独特功能与各种社会角色相

---

① Hans Luther, *Im Dienst des Städtetages*, *Erinnerungen* 1913 – 1923, Stuttgart: KohlhammerVerlag, 1959, S. 18.

② William Harbutt Dawson, *Municipal Life and Government in Germany*, London: Longmans and Company, 1914, p. 98.

互连接的特殊纽带。在这种市政管理制度中市长既是市政管理的决策者,也是市民社会的代表,还是国家的代理者。[1] 这种形式则仅限于莱茵兰、黑森、巴伐利亚的贵族领地、阿尔萨斯—洛林地区,它的存在很大程度上是受法国的影响。在这种制度下,由市长管理市政事务,他在担任执行委员会主席的同时也是议会的主席。选民选举议会成员,议会选举市长并监督其工作。在行政工作中,市长会得到同僚的协助,但是在"委员会制"下其权力范围比市长广。在德国西部地区,允许地方政府在这两种形式中自主选择,但通常会出现这种现象:"市长制"管理下的城市几乎很少或者绝不会去选择"委员会制"。在普鲁士公民数低于2500人的城市,市长可能会单独履行行政职责,同时兼任议会的主席。[2] 一般原则是市长及执行委员会的成员,无论是否领薪水,都要由议会选举产生。在符腾堡和石勒苏益格—荷尔施泰因,通过类似于选举议员的方式选举市长及执行委员会成员;而在威斯特伐利亚,市长及领薪水的市参议员由城市议会选举产生,而不领薪水的市参议员则由城市议会和执行委员会共同确定。

不同的州,执行委员会的组织规模有很大差异。普鲁士东部省份市政条例规定市参议员与人口的比例如下:人口低于2500人的城市,2名市参议员;人口介于2500—10000人的城市,4名市参议员;人口介于10000—30000人的城市,6名市参议员;人口介于30000—60000人的城市,8名市参议员;人口介于60000—100000人的城市,10名市参议员;在人口超过100000人的大城市,每超出5000人增加2名市参议员。在威斯特伐利亚比例为:人口低于2500人的城市,2名市参议员;人口介于2500—10000人的城市,4名市参议员;人口介于10000—30000人的城市,6名市参议员,每超出20000人增加2名市参议员。在莱茵兰比例为:人口低于10000人的城市,2名市参议员;人口介于10000—20000人的城市,4名市参议员;人口超过20000人的城市6名市参议员。[3] 通常执行委员会成员的资格标准可以通过地方附例来修改。

市参议员的人数保持在合理的范围,执行委员会将会保持最高的工作

---

[1] Wolfgang Hofmann, *ZwischenRathaus und Reichskanzlei: die Oberbürgermeister in der Kommunal-und Staatspolitik des DeutschenReiches von 1890 bis 1933*, Stuttgart 1874, S. 51.

[2] William Harbutt Dawson, *Municipal Life and Government in Germany*, London: Longmans, Green and Company, 1914, p. 58.

[3] Ibid., p. 87.

效率，受到最小的干扰，一旦人数超出便会存在潜在的危险，实践经验证明：规模越大的执行委员会面临的内部分裂为小派系小集团的危险越大。因此很少会额外增加市参议员的人数，除非市政事务增加需要一些专家的援助。

柏林执行委员会34人的规模保持了60年，一半为领薪水的专职官员，其余则为名誉官员（不领薪水的官员）。当需要增加新的官员时，执行委员会通常会选择任命部门主管的方式来避免额外增加执行委员会的席位。城市议会则反对这种方式，因为它拥有独立任命行政官员的权力，并不愿意放弃重要官职的任命权。议会的这种态度导致1913年打破了固定的31名市参议员的传统，因为在那一年议会选举出了一名负责公共卫生部门的市参议员。[1]

在普鲁士，议会对执行委员会成员资格的要求是：父亲和儿子，岳父和女婿，弟弟和姐夫，哥哥和妹夫，不可以同时成为执行委员会的成员，当两者都具备资格时，会从中选择年长者担任。同样，他们也不能同时成为议会的议员。其他不具备执行委员会成员资格的有：邦（或国家）指派的负责监督城市的官员、市议会议员、某些较低职位的政府官员、牧师、教堂接待员、公立学校教师、审判员、商业或者工业中的技术人员、法院人员、除警务人员之外的附属于邦（或国家）司法部门的官员等。

最初，在执行委员会中不领薪水的名誉官员占多数，领薪水的专职官员为个例。但随着经济的发展及市政事务的增加，领薪水的专职官员的数量及其影响力也在持续增加。作为市政工作所有部门的领导核心，执行委员会处于最高行政层级，因此在大城市执行委员会中不仅包括法学家，还拥有教育、济贫法、医学、公共卫生领域的专家以及各类的技术专家，虽然也有一定数量的名誉委员。[2]

普鲁士市政条例明确规定了领薪水的专职官员被任命的职位，主要包括：市政官、财务主管、秘书、教育部部长、市政工程监督官员以及森林管理员。市政官的主要任务是确保执行委员会做出的决议采取的措施不违背法律，维持所有法律诉讼行为或者涉及城市的诉讼进程的秩序，总的来

---

[1] William Harbutt Dawson, *Municipal Life and Government in Germany*, London: Longmans, Green and Company, 1914, p. 91.

[2] Edmund J. James, "City Administration in Germany", *The American Journal of Sociology*, Vol. 7, No. 1 (July, 1901), pp. 43–45.

说，就是从法律层面来规范各方面的市政工作。市政官必须经过一定的法律培训，并且通过国家法律考试。财务主管则管理所有的财政事务，做预算，控制税收及财政支出，管理投资及贷款，等等。① 教育部部长是市教育体系的首脑，在校务委员会中任职。市政工程监督员则主要对市政不动产的用途及安全负责，包括所有属于城镇的建筑和土地，也要就新的建筑提议及准备计划提出意见。但他是一名行政官员，不同于普通的测量员、建筑师和建筑检查员。其他技术专家则根据需要任命，但是人数不可更改。

任命不领薪水的名誉官员是一种普遍现象，并且他们的存在对于执行委员会来说十分有利。他们的主要职责是保证议会的提议能被适当考虑，通常与常任官员形成有益的平衡力，因为常任官员针对一些政策问题，可能会提出比较机械过于官方化的意见。名誉官员是漫长的市政生活的产物，一些大城市的执行委员会通常会寻找一些拥有丰富经验、经过适当培训、具有精准的实际判断力以及拥有空闲时间的人参与其中，他们能够针对官方的审议和决策做出快速判断，并且自由发挥其非官方思想，对于最终的决策起到了积极作用。虽然他们本身的职能是参与审议，但有时不领薪水的名誉官员也会全权负责某一重要部门的工作。

在城市市政管理改革过程，市民政治意识逐渐觉醒，这也为近代政党兴起奠定了基础。德意志帝国时期之前一些社团就是现代政党的雏形。从最初不定期的城市议会，随后发展成为各地区频繁交流的城市议会，最后形成所有大城市联合的城市联席议会。② 1897 年普鲁士形成全国性的城市议会联合会，1905 年则发展成为德国城市议会联盟。1910 年德国小城市的代表创建了德国城市联合会，1915 年则成立了较大的"普鲁士城市联盟"，1917 年发展成为"德国城市联盟"。实际上普鲁士城市议会最初只是作为能够领取固定工资的议事机构，并逐渐发展成为一个政府常设组织机构，其实德国城市议会发展历程与普鲁士城市议会发展极其相似，1913 年马格德堡城市议会的汉斯·路德成了德国城市议会议长，德国城市议会的职责范围主要涉及全国城市市政问题。③

---

① 徐健：《近代普鲁士行政官员选拔与培训制度的形成和发展》，《北京大学学报》（哲学社会科学版）2002 年第 2 期。
② Otto Ziebill, *Geschichte des Deutschen Städtetages*, Stuttgart: Kohlhammer Verlag, 1955, S. 13.
③ Hans Luther, *Im Dienst des Städtetages*, *Erinnerungen* 1913 – 1923, Stuttgart: Kohlhammer Verlag, 1959, S. 13.

三 选举机制改革

公民代表大会在不同的州有不同的称谓，例如：地方议会、城镇代表大会、市民委员会、众议院等。议员人数与城市人口是成比例的：普鲁士各城市议员人数从 4—144 不等；巴伐利亚，议员人数在 18—60；萨克森，议员人数在 3—84；符腾堡，议员人数在 5—43；巴登，议员人数在 40—115；埃森，议员人数在 12—42；阿尔萨斯—洛林，议员人数在 10—36。[1]

表3-3　　　　　　1910 年普鲁士大城市的人口数与议员人数

城市	人口数	议员人数	城市	人口数	议员人数
柏林	2071200	144	哈雷	180800	66
哥尼斯堡	246000	117	埃森	294700	62
布莱斯劳	512100	102	卡塞尔	153200	54
夏洛腾堡	306000	72	但泽	170300	63
马格德堡	279700	72	科隆	519500	45
纽科林	237300	72	杜塞尔多夫	358700	58
斯德丁	236100	72	亚琛	156100	39
法兰克福	414600	71	汉诺威市	302400	36

资料来源：William Harbutt Dawson, *Municipal Life and Government in Germany*, London: Longmans, Green and Company, 1914, p.59。

普鲁士东部各省议员人数与居民人口数比例为：拥有 2500—5000 名居民的城市议员人数为 18，拥有 5001—10000 名居民的城市议员人户为 24，拥有 10001—20000 名居民的城市议员人数为 30，拥有 20001—30000 名居民的城市议员人数为 36，拥有 30001—50000 名居民的城市议员人数为 42，拥有 50001—70000 名居民的城市议员人数为 48，拥有 70001—90000 名居民的城市议员人数为 54，拥有 90001—120000 名居民的城市议员人数为 60，此外每多 50000 额外的居民议员人数增加 6 名。但在大城市没有哪个时期比例是固定的，因为在人口稠密的中心城市，按比例确定议员人数会导致难以控制议会的规模，这样可能柏林 144 人议会扩大为

---

[1]　William Harbutt Dawson, *Municipal Life and Government in Germany*, London: Longmans, Green and Company, 1914, p.58.

300人议会，夏洛滕72人议会扩大为120人议会①，因此法律几乎不允许大城市选举足够比例议员组成议会。因此，通过表3-3中1910年普鲁士大城市人口数与议员人口数的相关数据可知，大多数城市议会的议员数都低于法律许可的数量。

莱茵省议员比例相较于普鲁士来说比较低：居民少于2500名的城市的议员数为12人，拥有2501—10000名居民的城市议员数为18，拥有10001—30000名居民的城市议员数为24，超过30000名居民的城市议员数为30，但是法定的人数最大值可以通过地方附例批准来增加。在汉诺威地区，议员数不得低于4个也不能多于24个。在石勒苏益格—荷尔施泰因省，议员人数不得少于6个也不能多于30个。②

而其他一些州议员比例更低，在这些地方也依据人口数分级，每个级别的城市议员数是固定的，并且一些州给予城市通过附例来修改比例的权利。在一些较小的州，重要城市议员数如下所示：莱比锡（589900），72；开姆尼斯（287800），57；慕尼黑（596500），60；纽伦堡（333100），60；斯图加特（286200），32；曼海姆（193900），96；卡尔斯鲁厄（134300），98；斯特拉斯堡（178900），36。③

（一）选举权

近代市政体制意味着与由来已久的市民或者自由民的传统惯例完全背离，市民或者自由民在过去是指公认的享有公民权利和特权的人。19世纪初，城市自治仅存在于市民社区（Bürgergemeinde）或享有充分自治权的自由民社区中。市民或者自由民拥有选举权与被选举权、进入城市政府工作、使用公共土地、享受贫困救济和城市慈善机构、基金会或者其他机构救助的权利。其他居民则没有完整的公民权，仅拥有合法定居权，他们只要求被庇护，并没有要求同自由民一样享有特权。通常在这种限制下，自由民仅仅是居民中的少数部分。完整公民权通常是依靠出身获得，仅有极少数是通过赠予或购买得到。施泰因在普鲁士发起的市政改革，将公民权置于一个更广泛的基础。自由民的地位、参加选举及在政府担任职务的权利在某些明确规定的情况下继续保留，但是不能再依靠出身、赠予、购

---

① William Harbutt Dawson, *Municipal Life and Government in Germany*, London：Longmans, Green and Company, 1914, p.59.

② Ibid., p.58.

③ Ibid., p.59.

买的途径获得。1808 年《市政条例》在普鲁士东部省份施行，规定公民权为"独立"的人所有，并需要满足一些限定的条件。作为"独立"的人，所有男性必须满 24 岁，有家庭，可自由支配其资产。①

1. 选举权仅限于男性，一般来说，仅限于男性市民。由于性别偏见，女性一般不会被授予选举权。"市民"资格也有明确规定：(1) 居住年限的规定，在普鲁士通常指在本地居住 1 年及以上的人，也有一些地方如巴伐利亚和巴登规定居住 2 年及以上的人为市民，或者是如符腾堡一样规定居住年限为 3 年及以上。(2) 年龄规定，通常的年龄限制是 24 岁，但是在巴伐利亚是 25 岁，在巴登是 26 岁。在普鲁士的很多地方，公民权仅给予普鲁士籍的人，但是在石勒苏益格—荷尔施泰因、黑森—拿骚、霍亨索伦以及其他一些州，所有的德国人都有获得公民权的资格。在一些州，拥有财产的女性也可以委派代表选举。②

2. 选举权废除了职业限定，但有一定的财产限定。在普鲁士，通常只有城市中的房屋所有者、通过纳税评估者、拥有独立事业或有固定职业收入的人拥有选举权，同时这部分人也要承担缴纳地方税收的责任。税收限制也同样适用于其他州，但在普鲁士很多省份，处于社会高阶层中人即使不缴纳所得税在地方选举中仍然享有选举权。

3. 选举资格的取消。选举资格的取消分为永久性和暂时性两类：永久取消资格主要是针对违法行为的司法定罪；暂时取消资格则包括破产、在需要时拒绝担任荣誉职务、上一年度未缴纳应付税金、在选举前的 12 个月内接受过福利机构在金钱上的救济等情况，但是接受救济必须是持续或者定期的才会被取消资格，仅有一次或偶然需要的救济则不包括在内。城市通常拥有可自由支配的慈善资金，这一部分资金所提供的帮助不被视作贫困救济。

通常，每个城市会根据本市的实际情况来制定公民选举资格的限定性条件和取消资格的相关规定。在柏林，选举人的资格是：必须年满 24 岁，普鲁士籍，在此地居住够 12 个月，缴纳了近期的地方税，12 个月内没有

---

① Marion W. Gray, "Prussia in Transition: Society and Politics under the Stein Reform Ministry of 1808", *the American Philosophical Society*, New Series, Vol. 76, No. 1 (1986), p. 53.

② Theodore S. Hamerow, *Social Foundations of German Unification, 1858 – 1871, Volume I: Ideas and Institutions*, Princeton: Princeton University Press, 1969, pp. 66-68.

接受过贫困救济。① 有时在贫困救济方面也会适当放宽标准，舍恩贝格和夏洛腾堡的市议会决定仅在以下情况的贫困救济会被取消选举资格：（a）接受连续的金钱上的救济，为抚养儿童接受救济的情况也包括在内；（b）因在医院或者类似机构长期花费而接受救济。接受单次的失业救济金，学校为儿童提供的物质帮助，为应对突发紧迫性情况提供的临时援助不会被取消公民权。

普鲁士市政条例中关于公民选举权的规定基本上被巴登、奥尔德堡、黑森、普法尔茨所采纳，但巴伐利亚、符腾堡以及几个较小的州保持了改革前划分市民和居民的选举权限制原则，而阿尔萨斯—洛林则坚持法国市政体制的一般原则。

在很多城市仍然征收自由民费。汉诺威，费用通常在3英镑到9英镑之间变化。巴伐利亚，自由民资格的费用则根据城市的大小而变化。在超过20000居民的城市，自由民费可能高达8英镑10先令；在5000—20000居民的城市，费用为6英镑8先令；在1500—5000居民的城市，费用为4英镑5先令；更小的城镇费用为2英镑2先令。虽然法律并没有规定，但几乎所有的城市都会征收自由民费，一方面是为了增加税收；另一方面是出于对外来者的戒备。纽伦堡每年征收的自由民费超过了6000英镑，本市的居民所需缴纳的费用在2英镑10先令到8英镑10先令之间变化；在此居住的其他德国人，所需缴纳的费用在5英镑到8英镑10先令之间变化；而外国人缴纳的费用最高，在10英镑到17英镑之间变化；跟随同一雇主15年以上的家庭佣工、店员、工厂工人或者其他工薪族，有时也会被免除此项费用。在符腾堡的城市新居民成为自由民的费用在5先令到10先令之间，但是这并不能取代三年居住期这一限定条件②。

议会的选举方式具有多样性。很多州法律仅规定了选举的一般原则和选举权的限制条件，至于选举方式则由城市章程决定。主要的选举方法有两种：一种是所有享有选举资格的公民权利平等，如在巴伐利亚、符腾堡、阿尔萨斯—洛林；另一种是"三级"选举体制，或者以其为基础的修改方案，如巴登、布伦瑞克。

---

① William Harbutt Dawson, *Municipal Life and Government in Germany*, London: Longmans, Green and Company, 1914, p.62.

② Ibid., pp.62-63.

(二)"三级"选举体制

1. 三级选举制的分级方式及在其基础上的修订

市议会的选举反映了其资产阶级性质。按条文规定，市议会的选举实行普选制，但实际上并不平等。三级选举制最早于 1837 在巴登大公国推行，19 世纪 30—40 年代推行到普属莱茵省，19 世纪 50 年代成为普鲁士议会的选举制。在这一体制下，根据收入或纳税多寡将选民分为三个等级，分级方式为：计算所有选民的总纳税额，然后根据选民的个人纳税额排序，接下来分为三级，第一等级按排列顺序选取纳税额之和占总纳税额 1/3 的选民，第二等级则从接下来的选民中选取构成另一个 1/3 的人数，第三等级则包括最后的剩余者，因免税而未缴纳任何州税收的则归入第三等级。这三级分别选举 1/3 的议员人数。①

1900 年 6 月 30 日的普鲁士法律对选民的三级分配体制做出了一些改变，适用于人口超过 10000 人的城市。依据此法律，选民首先基于一般原则分为三组，在估算税收总数后，所有纳税超过平均纳税额的人将被归入第一等级或者第二等级。这种改变增加了前两个等级的选民数，尤其是第二等级，同时相应地减少了第三等级的选民数，第三等级几乎变成了工人阶级的组合。法律附例中规定城市也可以在平均税额的原则上将选民分为 12 份，再以 5/12、4/12、3/12 的比例将他们归入三级中。巴登也有"三级选举制"的修订案，但 1910 年进一步修订。修订前选民被分为 12 组，其中 1 组归入第一级，2 组归入第二级，9 组归入第三级，修订后选民被分为 6 组，分配到一、二、三级中的比例为 1：2：3。另外在选举中，议会和执行委员会同样运用比例原则。②

在萨克森，法律给予城市依据附例划分不同级别选民的权利，如同普鲁士一样，分配恰当比例的席位给不同的级别或者不同的选区。莱比锡采用了普鲁士体制作为唯一的阻止工人阶级控制议会的方法，其他城市也以其为例。开姆尼斯则进一步发展，采用了一种财产代表体制，选民被划分为五个级别：第一或最普通的级别包括所有的不属于其他四个级别的人；第二级别由工薪族组成；第三级别主要为有学识的职业人士，包括行政官

---

① Edmund J. James, "City Administration in Germany", *The American Journal of Sociology*, Vol. 7, No. 1 (July, 1901), pp. 34-35.

② William Harbutt Dawson, *Municipal Life and Government in Germany*, London: Longmans, Green and Company, 1914, p. 65.

员、教师、神职人员、律师、医生等;第四级别是拥有须纳税收入的工人阶级和贸易行会的领导;第五级别包括拥有收入的商人以及上市公司的董事。城市议会由 57 名议员组成,其中 1/3 的议员须二年改选一次,按每个级别分 3—4 个选举名额的比例。①

德累斯顿则采取了一种与收入或税收无关的按社会地位或职业分类选民的方法。选民共分为五个级别:(a) 不被称作靠租金的食利者或领退休金者;(b) 工人们以及其他同样社会地位的人;(c) 行政人员、教师、牧师、律师、医生以及艺术家;(d) 独立的商人;(e) 为商会花费出资的人。每一个级别会再分为两部分,即拥有自由超过 10 年的公民和拥有自由较短时期的公民。城市议会中 84 个席位,按以下比例分给再分级的选民:(a) 级别和 (b) 级别中,每个再分级别各 6 个席位,总共 12 个;(c) 级别和 (d) 级别中,第一个再分级别 6 个席位,第二个再分级别 18 个席位,共 24 个;(e) 级别的每个再分级别 6 个席位,共 12 个。②

2."三级"选举制的影响

"三级"选举制的影响是城市中大部分的富有纳税人构成了精选出来的第一等级和第二等级,然而绝大部分的工人或劳动人民则集中在了第三等级。仅在贫富差距不大的城市,三个等级在人数比例上能够相对公平,但这样的城市是极其稀少的。通常,三个等级在人数上极不平衡,第一等级选民比例为 1%—4%,第二等级为 10%—15%,第三等级为 85%—90%。1912 年柏林选民人数控制为 386736 人,其中第三级选民共 353704 人,占总选民数的 91.5%,第二等级的选民共 32096 人,占总选民数的 8.3%,第一等级选民共 936 人,占总选民数的 0.2%,但是每一个等级选举出来的议员数相等,换句话说,在第一等级中的选民相较于第二等级的选民,拥有其 30 多倍的选举权,相较于第三等级则拥有近乎其 400 多倍的选举权。在柏林市议会选举中,最小选区第一等级的 6 名选民要选举出 3 名议员,第二等级则是 110 选民选举出 3 名议员,而在第三级中,平均每选 1 名议员的选民人数为 6500—8900 人。③

夏洛腾堡及其邻近的城市也是如此,1909 年在这些地区,第一等级

---

① William Harbutt Dawson, *Municipal Life and Government in Germany*, London: Longmans, Green and Company, 1914, pp. 67-68.

② Ibid., p. 68.

③ Ibid., pp. 65-66.

选民比例为 1.5%，第二等级为 12.5%，第三等级为 86%。然而，夏洛腾堡是一个富人的城市，一个人至少要缴纳 140 英镑的税收才能进入第一等级。1912 年，邻近柏林的纽科林拥有 48800 选民，第一等级 618 人，所占比例为 1.3%，第二等级 11100 人，所占比例为 22.7%，构成第三等级 37100 人，所占比例为 76%，这三个等级的平均税收分别是 126 英镑、7 英镑、2 英镑 2 先令。1913 年科隆选民比例为第一等级 1%，第二等级 9%，第三等级 90%。在一些城市甚至出现了第一等级仅有一个选民的现象。一个富有选民的消失可能会完全改变投票权的分配比例。在埃森，只要克房伯家族最后的成员活着，第一等级就由 4 个选民组成；在最后一位克房伯先生去世后，第一等级的选民人数立即增加到 600 个，有很大一部分人从第三等级转移到第二等级。①

矿业公司为了确保其在威斯特伐利亚的煤矿区域绝对影响力，会通过调节税收利用三级选举制，使得第一等级仅有一个属于煤矿公司的纳税人，却要选举出两名煤矿公司的人员为议员；第二等级也仅有一个另一个煤矿公司纳税人，同样选举出两名其公司的工作人员为议员；第三级都是煤矿工人，选举出公司满意的一名煤矿管理者和一名工厂的主管成为议员。

"三级选举制"是统治者抵御公众压力的工具，通过这一制度，资产阶级能够牢牢控制选举权，进一步达到控制议会的目的。这种制度是劳工党的肉中刺，因为它未能保证与劳工党人数相应的代表数，甚至自由党也认为这是一种不合适的、应当废弃的分配方式，虽很多弊端为人所诟病，但在 19 世纪却并未被废止。

(三) 被选举人资格和房屋业主的特权

成为议会的议员条件是市民个人必须拥有选举资格以及享有完整的公民权。但是很多人因个人职务而被取消资格，例如在普鲁士的城市中，代表州监督城市政府的行政官员，执行委员会的成员，所有领薪酬的官员、牧师，某些教会服务人员如风琴演奏者、合唱指挥家、招待员，甚至掘墓人，小学教师，某些阶级的司法人员，以及警务人员等都被取消了成为议员的资格，在其他州或多或少也同样出现了类似取消资格的情况。此外，

---

① William Harbutt Dawson, *Municipal Life and Government in Germany*, London: Longmans, Green and Company, 1914, p.66.

父子或者兄弟不可以同时成为议会的议员,如果同时成为候选人,通常会选择年长者。

表 3-4　　　　　1890 年普鲁士城市议会中房屋业主所占比例

城市	议员人数	房屋业主人数	房屋业主在议会中所占比例（%）
柏林	144	92	63.9
夏洛滕堡	72	37	51.4
哥尼斯堡	102	53	51.9
科布伦茨	30	25	83.3
布雷斯劳	102	52	50.9
但泽	63	45	71.4
亚琛	60	47	78.3
杜塞尔多夫	36	31	86.1
汉诺威	36	31	86.1
克雷费尔德	36	33	91.7
波恩	39	38	97.4

资料来源：William Harbutt Dawson, *Municipal Life and Government in Germany*, London: Longmans, Green and Company, 1914, pp. 71-72。

在很多地区市政条例规定议员中需要固定比例的房屋业主。在最早的 1808 年普鲁士市政条例中,这个比例是 2/3。1831 年的条例中,增加了限定选举的收入条件,将房屋业主的代表数减少到 1/2 的比例。萨克森 1873 年改进颁布的市政条例规定城市议会中房屋业主的比例可以超过 1/2,很多城市将这一比例固定为 2/3,而实际比例往往会超出法律所允许的范围,通常高达 70%—80%,有时甚至超过 90%。如表 3-4 所示,19 世纪 90 年代柏林、夏洛滕堡、哥尼斯堡、科布伦茨、布雷斯劳等 11 个城市议会中,房屋业主所占比例均超过了 50%,其中 7 个城市的房屋业主的比例在 70% 以上,而波恩甚至高达 97.4%。[1]

房屋业主的特权显然是不公平的,这一点也是许多争论的源头,毫无疑问它的存在也有其实际效用,在很长一段时期内都未曾出现房屋投机以及买卖潮流。据估算 19 世纪中叶,很多城市第一、二级的选举人半数以

---

[1]　William Harbutt Dawson, *Municipal Life and Government in Germany*, London: Longmans, Green and Company, 1914, pp. 71-72.

上都是房屋业主，他们构成了人口中稳定的一部分，是与城市利害攸关的有产者，但这种有限代表制与现代的城市自治和普通市民的利益是相悖的。在1876年市政法令的修正案中，普鲁士政府提议废除房屋所有者的特权，因为"给予居民中特殊阶级特权的条款在必要性及实用性方面都有许多的争议，显然不是没有理由的"，但这一法案并未通过，政府也未再次提议。①

（四）选举程序

每个州的选举周期是不统一的：普鲁士（除汉诺威市外）、巴登、阿尔萨斯—洛林选举周期为6年，巴伐利亚和汉森选举周期为9年，但萨克森选举周期通常仅为3年。在普鲁士通常11月份举行选举，城市被划分为多个选区，如柏林在其区域范围内被分为48个选区，不同选区的选民数从4000—7000名不等。② 投票由市长或议会指派的委员会指挥进行，在选举日期固定下来的前两周，选民在接到个人邀请或者公告之后要在规定的时间地点去登记他们的选票。选民具体投票日期则由每个城市议会根据其具体情况而定，因为在一些大城市的第三阶级选民人数众多，选票的统计需要很多天。在萨克森地区，选举通常在星期天举行。柏林及其毗邻的大城市、曼海姆以及其他一些城市第三阶级的表决也在星期天进行。

市政府的法律及条例并没有规定选举是否要公开，城市可以自由选择秘密选举或者公开选举。在巴伐利亚、符腾堡以及阿尔萨斯—洛林通常实行秘密选举，而在普鲁士的大部分地区以及其他一些州则通过公告宣布公开选举。每个地方都实行直接选举，选举结果少数服从多数，在平局时进行二次选举。

城市议会的议员通常是名誉官员。市政条例明确禁止支付议员薪酬或者服务报酬，但是允许发放少量的经济补助以及报销公务支出。在许多城市，议员乘电车免费，但普鲁士的一些城市终止了议员乘车免费的特权，因为最高行政法院声明这种特权违背了法律精神。符腾堡是一个例外，允许支付给议员一定的薪酬。在一些地区，如普属莱茵省、巴伐利亚的普法尔茨以及阿尔萨斯—洛林，市长是议会的主席但并非议员，而在普鲁士的

---

① Theodore S. Hamerow, *Social Foundations of German Unification*, 1858 – 1871, *Volume I*: *Ideas and Institutions*, Princeton: Princeton University Press, 1969, pp. 81-83.

② William Harbutt Dawson, *Municipal Life and Government in Germany*, London: Longmans, Green and Company, 1914, pp. 73-74.

东部省份及其他地方，市长既是议会的议员也是议会的主席，由议会选举产生。

市政条例通常不固定议会开会时间，仅规定议会应"根据需要召开会议"，但是必须要经过议会主席的同意或者 1/4 的议员联合申请。通常每月会召开例会，会议法定人数为总人数的一半。在巴伐利亚议会会议是公开的，执行委员会的会议也是公开的，但是在其他地方某些情况下，会议可能会秘密进行，不为外界所知。问题商议的结果通常由投票决定，少数服从多数，当选票打平时，主席拥有决定性的一票。但是在普鲁士，有些决定必须通过 2/3 议员的同意才能采纳，例如附例的采用、修改或者废除。政府保留在极端情况下遵从王室命令解散议会的权力，同时承担议会的职责直到选举产生新的议会。

选举很大程度上是政治斗争。在新教地区，主要是自由党、保守党和社会党之间的斗争，但是在天主教地区，教皇派也会加入斗争，并且通常会成功。保守党在普鲁士并不占优势，在市政条例下，特权地位的享有需要保证在议会中占据较多席位，但由于保守党并不是一个特别有钱有势的党派，"三级选举体制"对他们而言并无益处，因此他们通常更支持自由党与社会党争夺权力。在莱茵河的大城市往往会出现这种情况，除了在特殊的政治活跃期或者涉及宗教问题外，选民通常不会太积极地参加选举，柏林平均只有不到 50% 选民行使他们的权利，有些选区比例甚至低至 30%，然而在社会党控制的选区最高的比例为 60%。[1]

四　德国市政改革过程中的住房问题及其应对措施

表 3-5　　　　　　　1910 年德国部分城市每幢住宅平均人口数

城市	每幢住宅平均人口数（人）	城市	每幢住宅平均人口数（人）
不来梅	7.8	曼海姆	22.3
克雷费尔德	12.7	莱比锡	27.4
法兰克福（美因）	17.1	开姆尼茨	30.4
埃森	17.6	德累斯顿	34.6
菲尔森	18.0	慕尼黑	36.6

---

[1] Edmund J. James, "City Administration in Germany", *The American Journal of Sociology*, Vol. 7, No. 1 (July, 1901), pp. 42-43.

续表

城市	每幢住宅平均人口数（人）	城市	每幢住宅平均人口数（人）
科隆	18.1	汉堡	38.7
斯图加特	18.1	波森	51.8
杜塞尔多夫	19.1	布勒斯劳	52.0
汉诺威	20.0	凯萨斯劳滕	66.1
纽伦堡	20.5	柏林	75.9

资料来源：天津社会科学院历史研究所、天津市城市科学研究会合编：《城市史研究》（第4辑），天津教育出版社1991年版，第424—425页。

在德意志帝国各项社会改革中，住宅问题的改革是最突出的一个。在19世纪德国实现工业化时期，住宅问题同其他资本主义国家一样是个十分尖锐的社会问题，甚至比其他资本主义国家更为尖锐。如表3-5所示，1910年德国主要城市每幢住宅平均人口数，不难看出住宅问题的尖锐化程度。但德国各地区各城市也是不平衡的。柏林是德国的首都，人口密度最大，当然住宅问题尤为突出。德国西部地区新兴城市住宅密度小一些，但同样存在住宅问题。

（一）住房问题出现的原因

城市住房拥挤问题是历史因素和自然因素共同作用下的产物，如但泽或者科隆等地区，由于早期建造的古老设防建筑，导致城市规模无法适应人口增长，城市内部拥挤混乱卫生状况堪忧；而类似于汉堡和基尔的港口城市，它们的建筑极大地受到了自然条件和交通方式的限制；还有埃尔伯费尔德市这样坐落于狭长山谷中的城市，当地的居民只能把房屋建造在条件允许的地方，并且无法进行整体规划。在这些城市中，住房缺陷在很大程度上来说是必然的。此外，造成住房问题的主要原因还有以下两点。

1. 兵营房的大规模修建

18世纪柏林为军队修建了大量的兵营房，1806年普鲁士军队解散后，这些兵营房基本上都闲置了。18世纪40年代随着城市的发展，大量人口涌入城市，政府动用了这些营房来满足游民的住房需要，房地产开发商开始在城市周边以兵营房为模板建造工人住宅。这种建筑有许多楼层，最高达到了7层，而其内部则是互相紧挨着的小房间。在柏林及其郊区所特有的形式是在单独的楼层中分布有4个或6个房间。夏洛滕堡每栋建筑平均包含了24.4个房间，埃森和亚琛的房屋建造比例是平均每栋建筑中包含

3.7个房间，克雷费尔德是3.5个，科隆是5个，杜塞尔多夫是5.7个。①

住宅问题最突出的城市是柏林，在这个城市中每幢建筑中平均居住人数为77人，相较于布鲁塞尔的52人，莱比锡的35人，哈雷的26人和美茵河畔—法兰克福市的20人来说，柏林的平均数如此之高，这也暗示了在人口稠密的工人阶级生活区域内拥挤状况更加让人恐惧。在柏林西部地区的富人区，每幢建筑的平均居住人数都不高于26人，而柏林市的北部和东部区域中的每幢建筑的平均居住人数超过了100人。② 用胡果·普罗伊斯的话来讲就是："按照面积与人口的比重，柏林是世界上拥有一百多万居民的城市中面积最小的一个。"③ 此外，住宅内的配套设施也很差，柏林市将近半数的住宅只有一间屋子和一个厨房，33000间住宅中仅有1020间通了暖气的房间，4090间住宅只有109间拥有简易的厨房。④

兵营房的存在并不是必需的，因为19世纪初期，城市中仍有很多被荒废的土地，并且建筑原料和劳动力的价格也比较低，而吸引开发商建造兵营房最主要的原因是这种建筑占地面积小，地价上的投资较少，但是每幢建筑的平均居住人数多，收益高。市政当局也盲目地接受了这种建筑，并且认为在大的城市中这种建筑是合适的。另外，早期城市设计者们崇尚建造整齐划一的宽阔的街道，与此同时，过宽的街道大大增加了住房建设的费用，提高了土地的价格，建造商为了填补这部分花费会充分利用土地，只能垂直增加房屋的高度，而不是水平的延伸。

2. 土地和住房投机买卖

建筑公司狂热的、无原则的投机行为危害极大。在住宅问题的背后是恶性的土地赌博，这些公司渴望能够将房屋出售给大众，并从中获利。在柏林有许多房地产公司，其中不乏诚信的公司，但是大部分公司具有投机的特点，股东中间慷慨的分配着红利，却将土地价格和过高的租金带来的持久性负担转嫁到民众身上。

---

① Hakan Forsell, Property, *Tenancy and Urban Growth in Stockholm and Berlin 1860-1920*, Aldershot: Ashgate, 2006, p. 162.

② Ibid., p. 165.

③ Hugo Preuss, *Die Entwickelung des Deutschen Stadtewesens*, Leipzig: Druck und Verlag von B. G. teubner, 1906, p. 81.

④ Hakan Forsell, *Property, Tenancy and Urban Growth in Stockholm and Berlin 1860-1920*, Aldershot: Ashgate, 2006, p. 165.

在一些城市情况更加糟糕，大部分建筑公司依靠高利贷来维持资金周转。在很多发展迅速的城市中，大量的房产被抵押。这些投机的建筑商同样处境艰难，他们需要日复一日地提供资金去填补目前的花费或者负债亏空，以至于他们完全没有能力偿还债务和积累资金；等到他们完成一幢住宅建筑时，所需支付的利息和未偿还的房屋抵押贷款会导致房价上涨，价格与地产的内在价值完全不成比例，但居住者却不得不支付。

房地产的所有权期限很短，这同样为投机行为提供了有利的机会。夏洛滕堡统计局的一项调查表明在1900—1905年的五年间，城市中大约有41%的地产被转手买卖。地产的转卖频繁导致越来越多的人居住在出租屋内。来自哈雷市的H. 沃尔夫（H. Wolff）博士估计：在19世纪中期，德国大城市中有50%的住宅用于出租，有42%的住宅是用于房主自己居住。这个比例在1900年分别是85%和2%；在1910年分别是88%和9%。据估计，在柏林大约97%的定居者生活在出租屋内；这个比例在布鲁塞尔是96%；在汉堡是94%；在莱比锡是93%；在慕尼黑是92%；在埃森是90%；在科隆是86%。[①] 而房屋中间商则会通过转租的方式来抬高租金，赚取差价。普鲁士和萨克森等州市政条例中规定议会中必须有固定比例的房屋业主，这一条款不仅对议会和市政决策者产生影响，而且会波及房屋业主。市民在拥有房屋所有权的同时，也要承担沉重的房产税。

无弹性的建筑规定，稠密的建筑，对楼房的狂热，过度的土地投机买卖，建筑商沉重的抵押债务，导致了房屋租金不断提高、交通拥挤的情况更加糟糕以及住房不堪重负的趋势。理论上，德国城市的面积相较于英国来说比较大，人均空间比例更具优势，但事实上英国工人阶级的住宅面积大于德国，他们的住宅包含4—5间房屋，然而德国的工人阶级的住宅仅仅只有2—3间房屋，并且英国的工人阶级房屋租金较低。在德国，除工人阶级外的其他阶级同样也承受了来自高房价的压力，仅很小一部分人所拥有的住宅能够完全满足他们的需要。房屋租金在德国家庭预算中占据的比重比较大，它已经达到了男性收入的1/7或者1/6，而占工人阶级总支出1/5和1/4的现象也是非常普遍的。

---

① William Harbutt Dawson, *Municipal Life and Government in Germany*, London: Longmans, Green and Company, 1914, p. 166.

(二) 住宅改革措施

1. 关于住宅改革问题的两次社会讨论

德国从19世纪40年代开始第一次关于住宅问题的讨论,一方面由于德国本身住宅问题的尖锐;另一方面则是受到英国住宅改革的影响。柏林及其他城市住宅脏、乱、差问题备受关注,1847年在建筑师C. W. 霍夫曼和社会改革家维克多·艾米·胡贝尔的努力下,建立了柏林慈善建筑协会,这一协会在之后为穷人修建了很多模范住宅。[①]

这时期,德国的住宅改革运动是同其他社会问题一起加以讨论的,最主要是同卫生保健问题紧密相关。卫生保健运动改革家号召改善住宅条件,认为住宅的黑暗、潮湿、拥挤,以及空气的污浊对民众健康危害极大。1860年根据医生的建议,美因河畔法兰克福也建立了慈善建筑协会。19世纪70年代,随着国家的统一和经济的发展,人们更普遍注意住房改革问题。同时,各城市政府也开始介入住宅改革,有步骤地采取措施,为穷人提供住房,支持非营利住房的建筑。1873年经济危机之后,住宅改革问题一度消沉下去。只在医生或官方报告中,偶然谈到居民住宅的不卫生状况。

19世纪80年代,由于经济的复苏,住宅短缺,房租上涨,使住宅改革问题再次成为大众的关注点,也引发了第二次关于住宅改革的讨论。这一时期关于住宅问题的讨论,已不单单涉及卫生保健这类问题,还涉及以下几点。

第一,在这次讨论中要求政府进行调控。早在80年代初,法兰克福市长约翰内斯·米凯尔在报告中就要求国家针对住宅问题采取有效措施,认为解决穷人的住宅问题是属于政府管辖范围之内的事务。1884年科隆议会也发出号召,要求政府采取行动,解决住宅问题。在政府的管理下,住宅问题成为城市规划的中心任务之一。[②] 街道的设计,建筑法的修改,土地的买卖都要优先考虑住宅问题。

第二,将住宅问题的解决作为预防无产阶级革命的重要途径。很多政治家认为,对于资产阶级而言,如果要避免爆发革命,就需要采取措施,

---

[①] 天津社会科学院历史研究所、天津市城市科学研究会合编:《城市史研究》(第4辑),天津教育出版社1991年版,第425页。

[②] V. R. Berghahn, *Imperial Germany*, 1871–1918: *Economy, Society, Culture and Politics*, New York: Berghahn Books, 2005, p. 138.

改善工人阶级生活状况，为工人提供一套有益于健康的价格合理的住房。住宅问题是一个政治问题，如果很多贫困的人因缺乏住宅而不能组成家庭，妻子不能为丈夫和子女提供一个清洁的家庭环境，这就会导致男人走向公共场所用杜松酒来麻醉自己，社会动荡，道德体系瓦解，最终爆发革命。因此，许多律师、教授、议员、市政官员都提出改革住宅问题，从而稳定家庭以达到稳定社会的目的。

第三，把住宅改革同社会道德联系起来。根据医生的报告和住宅统计表明，住宅短缺、拥挤，房租上涨，常常带来"道德败坏"。一家人不分男女同住一间房，或两家同住一间房，特别是寄宿宿舍，许多年轻人住在一起，无法言状。混乱的杂居环境对于居住者的身心发展以及社会秩序的规范都是十分不利的，因此住宅改革是不容忽视的。

第四，将住宅改革同城市公共交通事业的发展结合起来。从19世纪70年代开始，住宅改革者就开始意识到建设市内公共交通事业的必要性。城市内部地价上涨，住宅的修建需要扩展到郊区。改革者向政府提议，在城内和郊区之间建设公共交通。郊区房租便宜，房屋条件好，公共交通的修建能够为住在郊区的工人到城里做工提供便利。

2. 具体改革措施

在一些老城区的内部和周围卫生条件恶劣，土地价格高昂，房屋租金过高，在工人阶级和拥有少量资产的人群中间大量缺乏小型住宅，这些问题都亟待政府解决。

（1）州政府提供经费用以清理贫民窟

政府拨给城市救济金，每个城市可根据自身的特殊性去解决所存在的问题。为了清理大片的贫民窟，汉堡、科隆、美茵河畔 法兰克福、多特蒙德、奥格斯堡、斯特拉斯堡和其他城市都付出了高昂的清理费，但清理的结果是给那些黑暗的和肮脏的地方带去了灯光、新鲜空气和健康。在1892年霍乱开始蔓延时，汉堡已经清理掉了城市内部一大片不卫生的街区。斯特拉斯堡则不同，将所获得的救济金用于改修老城区中大量存在的狭窄街道，建造 条从中央火车站一直延伸到商业区的核心地带大街。在需要的地方可以通过征用法（Expropriation Laws）的帮助使改建工作得以进行。

（2）社会中开始逐渐支持修建小型住房

针对兵营房的缺点及危害，德国已经逐渐放弃这个不明智的选择，开始反对修建兵营房,向英国学习如何去建造优良的住房。针对这一问题,普鲁士内政部的高级官员兼政府议员弗罗因德(Freund)认为"必须在兵营房中实现自我解放,因为拥挤地居住在一起不仅会带来大量疾病,而且还会产生犯罪问题"。莫斯特博士(Dr. Most)作为市政当局的积极代表,写道:"目前社会中的趋势是,与兵营房相比更多人赞成小型住房,尽管有很多人的看法与这个论点相反,但是这些小型住房现在普遍被大部分当作舒适的和受人喜欢的户型。"建筑专家、杜塞尔多夫的市政检察官海尔·盖森(Herr Geusen)说:"赞成小型住宅的样式,必须反对以兵营房作为营利方式,不仅是出于卫生原因,还有社会和种族原因,在改变我们城镇的结构中兵营房的废除是最基本的目标。与此相反,小型的一户家庭住房的建筑更适宜居住,因此需要进一步推进。"① 因此在城市周边建造适宜一户或者两户家庭居住的小型住宅的数量不断增长。

(3) 政府资助修建非营利性住房

为了减少私人投机买卖,普鲁士政府鼓励城市不要出售土地,在郊区修建非营利性住宅,为工人提供卫生便利的住宅条件,租金尽可能降低。这些法令有力地推动了城市政府,为部分雇员和工人提供了住宅。通常,这些住宅都修建在郊区,并且租金比小型住宅更便宜。曼海姆、美茵河畔—法兰克福、杜塞尔多夫、慕尼黑、斯图加特、科隆、米尔豪森和埃森等,都建造了这样的房子,这也是这些城市的工人阶级所居住的最好的一些住宅,因为这些住房在很大程度上将舒适和时髦相结合起来。这些住房都是独立建造,建筑风格被设计成小巧美观的郊区别墅而不是一所类似于兵营房的工人住房。每所住宅由3个房间和1个厨房组成,并分配有一个阁楼。② 在巴伐利亚,大量的小城市甚至乡村也为工人阶级建造住宅。

(4) 对建筑协会的官方援助

在建筑师、改革家以及支持住宅改革的社会各阶层人民的推动下,很多城市成立了带有半慈善性质的建筑协会,并且这些协会得到了政府的支持和援助,它们运作的大部分资金包括来自国家养老金委员会,地方政府机构、储蓄银行或者其他的公共基金,仅需要付很低的利息。此外,在一

---

① Michael Honhart, "Company Housing as Urban Planning in Germany1870-1940", *Central European History*, Vol. 23, No. 1 (March, 1990), pp. 16-21.

② 天津社会科学院历史研究所、天津市城市科学研究会合编:《城市史研究》(第4辑),天津教育出版社1991年版,第426页。

些城市中，市政当局会承担部分或者全部街道、排水设施、铺设燃气管道和水管的花费。城市政府在把土地租赁或者出售给这些建筑协会以及在不同方面给予他们援助的同时，通常把房间的大小和样式作为建筑协会建造住宅的强加条件，同时要防止其变成投机项目。

为了建造一些小型廉价的住宅，曼海姆的市政当局将土地出租给了共同合作建筑协会，规定建筑协会所需履行的义务有：（a）在开工之前必须给议会提交施工计划；（b）在规定的时间内完成施工计划；（c）没有议会的许可，不允许改变房间的大小及结构；（d）在租赁期间，保证所有的建筑保持在一个良好的修缮状态；（e）进一步防止转租；（f）规定的租金必须得到议会批准。

（5）建立房屋检查系统

关于住房检查并没有统一的法律规定，这个问题被认为是城市的内部问题，每个州根据自身的状况和条件去处理。在巴伐利亚、符腾堡和黑森，检查住房这一措施已经被大规模地采用，并且在这些州检查是强制性的。很多城市都成立了专门的住房检查委员会，配有专业的检查员。1901年2月10日颁布的法令要求国内的所有社区都建立住房检查制度，检查委员会的成员由地方政府选派，并且规定光线、通风设备、温度、防火、住房的位置、传达室的开放等方面都包括在检查范围之内。[①] 检查员有责任定期地去查看管辖范围内的所有住房，同时也有责任向议会报告住房中所存在的问题，以便议会能够迅速地采取补救措施。

巴伐利亚的住房检查体系，采取政府强制和志愿服务相结合的形式，住房委员会是由房屋业主代表、市政当局的官员、济贫法官员、医生和部分女性构成。在符腾堡，所有住宅建筑必须每两年接受一次检查，其检查工作由警察机关执行。黑森的主要城市通过训练专业的官员来进行检查工作。在普鲁士，埃森、柏林、杜塞尔多夫、科隆、夏洛滕堡、阿尔萨斯—洛林、布雷斯劳、卡塞尔和埃尔伯费尔德等城市，住房检查是由市政当局执行，巴门、克雷费尔德、波恩和莱茵地区的其他一些城市，它们的住房检查工作由警察机关执行。埃森的住房检查系统被认为是最有效率的一个，住房检查委员会由一位首席会长、卫生官员、济贫医生和大量的市民

---

① Michael Honhart, "Company Housing as Urban Planning in Germany 1870-1940", *Central European History*, Vol. 23, No. 1 (March, 1990), pp. 3-21.

组成，共同完成检查工作。

（6）市政住房登记

市政住房登记是伴随住房检查体制建立的一个新机构，德国西部和南部大部分城市建立了此类性质的机构。这些机构的职责是根据登记者所填的地点和住房需求，为其提供合适的住房信息，节省登记者的时间和精力。在慕尼黑、斯图加特、纽伦堡、夏洛滕堡和其他一些城市，通常会要求小型住宅的业主登记其房屋所在地点。一般来说，房屋登记或者为工人阶级服务通常不收取任何费用，但是会收取中产阶级住房和登记者少量的费用。建立住房登记在为民众提供便利的同时，也便于政府掌握房屋的供需状况。一些大城市会定期地统计他们的区域内的所有住房，包括地点、租金等。在斯图加特，一年的时间内就接待了超过10000名登记者和申请住房者。在科隆和埃森，接待的登记人数在4000—6000人。[①]

（7）制定建筑管理法规

城市的扩建或者改建迫切需要统一的城市规划，制定建筑管理法规，以便合理建设给水排水系统、扩宽街道、建设公园和广场、限制建筑物的高度和规模，保证城市居民的良好居住环境。建筑法规通常规定了建筑一般情况，包括建筑选址的面积，建筑的高度，楼层的高度，建筑的间距，住房空间大小，房屋布局的光线和通风设备，建筑材料，等等。

这一时期，各州都制定了相关的建筑规定，如1861年巴伐利亚规定了防火、美观、坚固等项城市扩建指标，1853年柏林市建筑法规定居民建筑要有充足的阳光和空气，1855年杜塞尔多夫市建筑法规定了公共卫生保健的条款，1863年和1864年慕尼黑制定了建筑法、1869年科隆也制定了相关的条例，规定了污水处理、修建暗沟、限制建筑高度、高度要同街宽相配合、庭院面积等项内容。[②] 不同州之间建筑法规存在很大差异，甚至是在同一个州中的不同城市建筑法规也有不同。并且在德国城市建筑已成为一门专门学问，大城市通常都会雇用专业建筑师和测量员负责城市扩建工作。

---

① William Harbutt Dawson, *Municipal Life and Government in Germany*, London: Longmans, Green and Company, 1914, p. 186.

② 天津社会科学院历史研究所、天津市城市科学研究会合编：《城市史研究》（第4辑），天津教育出版社1991年版，第427页。

（8）实行分区制

在19世纪末20世纪初的城市改革和城市规划中，分区制是德国首创的一项重要制度，即将城市分为工厂区和非工厂区，富人区和穷人区等，它的出现是对城市建筑的密度和卫生条件的改善有着重要意义。从19世纪60年代开始，各州政府就赋予城市实行分区制的权力，许多城市都建立了非工厂区。1878年德累斯顿城市规划就规定三个非工厂区。其他城市也规定了这样的非工厂区。1893年科隆市长威廉·贝克尔将科隆分为四个区，四个区房屋建筑有四个不同的密度，并得到市议会的批准。各城市在第一次世界大战前都制定了分区条例，条例都规定房屋建筑密度、高度和规模，1897年制定的法兰克福分区条例，1901年和1905年制定的科隆分区条例，1907年杜塞尔多夫制定的分区条例，都包括上述内容。到20世纪初，城市分区更加复杂化、分区数更多，这也反映了德国资本主义制度下城市改革和城市建设的特点。[1]

---

[1] 天津社会科学院历史研究所、天津市城市科学研究会合编：《城市史研究》（第4辑），天津教育出版社1991年版，第430页。

第四章

德国工业化进程中的城市社会发展

1830年德意志地区工业化启动到第一次世界大战前夕，德国的城市化呈现出加速发展的趋势，城市人口持续增长，城市数量不断增多，城市的区域布局不断优化，城市基础设施建设稳步推进，城市的市政管理制度不断完善。与此同时，德国城市在社会阶级结构、社会流动、消费领域以及妇女职业化方面都呈现出重大调整。

第一节 城市社会结构的演变

一 工业化启动前后德国城市社会阶级情况

工业化启动前后德国城市的社会阶层主要三个：贵族阶层、资产阶级与工人阶层。

贵族阶层。尽管德国的邦国通过19世纪初的改革已经开始进入资本主义社会，但是由于德国奉行自上而下的改革"守势现代化政策"的一个重要的目的就是在顺应历史发展潮流的同时竭力维护原统治阶级的利益。因此，作为一个阶级或者阶层，贵族从政治与社会角度而言，都继续存在。尽管贵族的特权在改革过程中受到强烈的冲击，但他们的政治领域的影响仍然远非其他社会阶层可以相比的。在德国34个主权邦的统治者仍然高高在上，在他们周围是权势显赫的宫廷贵族。在庄园中，贵族地主仍然保留着司法权，并拥有自己的法庭。在诸如各邦议会以及普鲁士的上议会中，贵族仍然把持着这些机构中最重要的职位。[①] 此外，贵族还垄断

---

① Thomas Nipperdey, *Deutsche Geschichte 1800—1866: Bürgergeist und starker Staat*, München: C. H. Beck, 1984, S. 256.

着教育机构,普鲁士军官学校就是贵族的天下。在南德地区,那些在拿破仑战争中被废除失去领地的贵族,又在新的邦国中重新获得了他们特殊地位,身份是所谓的贵族身份。直到1848年革命中,甚至在19世纪60年代,大部分地区贵族的特权化倾才得到遏制。

资产阶级。19世纪三四十年代以前的德国资产阶级也可以分为:经济资产阶级、国家官员和文化资产阶级、自由职业的知识分子小资产阶级。经济资产阶级即所谓的工商业资产阶级,主要来自原先的手工工场主和传统商业城市的大商人;另一个来源是新发家的重工业巨子、大商人、银行家等。这些人主要来自经济发达莱茵、威斯特法仑以及西里西亚区。经济资产阶级的发展壮大依赖于迅速扩张的亚麻、毛纺、酿酒等工业和随着机械制造、铁路建设等工业化而发展起来的煤、钢铁等重工业。根对相关数据显示,对1830—1870年柏林企业家的统计,依据出身,78%出身于工厂主、商人与银行家;12%出身于神甫和教师;10%出身于手工业者、小商人、旅馆老板与租地农场主。①

经济资产阶级在一定程度上与国家政治生活有密切的联系。他们与上层官僚机构的官员保持关系,有些人甚至加入了贵族行列,享有贵族的社会地位。而这种政治地位又有利于他们经济能量的释放与经济力量的扩张。但是,从整体上看在19世纪40年代以前,经济资产阶级只能在莱茵、萨克森等少数工商业发达地区以及科隆、亚亨、莱比锡、柏林等少数城市起领导作用。

国家官员与文化资产阶级的发展始于19世纪初的现代化改革运动②,当时各邦需要官僚机构的帮助来从农奴社会向现代资本主义社会的转型,在拿破仑战争中及其以后,许多邦由于新的领土调整并入大量异邦人口,在这种情况下依靠贵族是无法满足国家在教育、税收、法律裁决等专业性很强的领域中进行管理的需要。受教育程度较好的资产阶级因而有机会进入管理、教育等领域。但是在19世纪20年代由于贵族回潮,资产阶级进

---

① Hans Ulrich Wehler, *Deutsche Gesellschaftsgeschichte*, Bd. 2, *Von der Reformära bis zur industriellen und politischen "Deutschen Doppelrevolution"*, 1815 – 1845/49, München: C. H. Beck, 1995, S. 186.

② 参见 H. Henning, *Die deutsche Beamtenschaft im 19. Jahrhungert*, Stuttgart: Kohlhammer Verlag, 1984。

入管理部门在很大程度上受到了阻碍。① 面对这种形式,许多资产阶级知识分子表示不满,哥根廷的一些编外讲师甚至还领导和参加了 1830 年的革命起义。从整体上看,由于时代发展需要,这一部分资产阶级还是不断发展。

从事自由职业的资产阶级知识分子则与较高一层受过高等教育的为国家服务的资产阶级不同。他们主要从事作家、诗人、新闻记者、编辑、律师、医生、药剂师以及没有职位的受过高等教育者。其中代表人物有海涅、马克思、雅克比。这部分人生活没有保障,因而对社会下层的痛苦生活有更多的感受,这部分资产阶级民主主义者就提出了他们的纲领:新闻、结社自由、平等选举、工作社会保障等。所有这些内容成为 1848 年革命资产阶级革命的主要努力目标。

对于小资产阶级的概念和范围,人们似乎还有一些分歧。根据马克思和恩格斯的划分,上述自由职业的知识分子也应在小资产阶级队伍之中,因为他们将法兰克福会议中的少数民主派也归于其中。这里独立的小资产阶级主要指那些独立的手工业工匠和小商人,也即用自己的生产工具进行小规模生产的经营者。② 在 19 世纪中期以前的德国社会中,这部分小资产阶级仍是传统意义上中产阶级的核心。他们很少涉猎所在城市以外的地方,在地方议会中也几乎没有自己的代表。尽管如此,他们在本地,在社区议会中却有很强的势力和影响力。19 世纪 20 年代以后,他们的境况日益恶化。以巴登为例,1844 年要缴纳营业税的独立经营中 80% 竟然没有营业资本,还有 11% 的人不得不免去营业税,有营业资本者仅为 9%。③ 从以上数据可以看出实际上有一半的独立经营者没有帮手。营业自由原则的实施在一定程度上加剧了手工业者工匠等小资产阶级的困境。

19 世纪城市的社会阶级结构除了贵族阶级、资产阶级,还有更下层

---

① Wolfram Siemann, *Die deutsche Revolution von 1848/1849*, Frankfurt am Main: Suhrkamp Verlag, 1985, S. 24-26.

② 参见 H. Sedatis, *Liberalismus und Handwerk in Süddeutschland: Wirtschafts- und Gesellschaftskonzeptionen des Liberalismus und die Krise des Handwerks im 19. Jahrhungert*, Stuttgart: KohlhammerVerlag, 1979, S. 221。

③ H. Sedatis, *Liberalismus und Handwerk in Süddeutschland: Wirtschafts- und Gesellschaftskonzeptionen des Liberalismus und die Krise des Handwerks im 19. Jahrhungert*, Stuttgart: KohlhammerVerlag, 1979, S. 122.

的社会阶级——工人阶级,他们包括乞丐、无劳动能力者、流浪汉等,但主体是工人。① 当然,这一时期的工人并不是完全现代意义上的大机器生产的附属者,他们还包括前工业革命时期的手工业工人。工人群体的一个共同特征就是"非独立性"。他们缺乏经营农业和工商业的经济基础,从而只能打工挣取工资为生。在 19 世纪三四十年代以前的工人阶层划分为六大群体:手工帮工群体;采矿冶金工人群体;依附于企业主和包买商人的家庭手工业者群体;工厂工人群体;手工业工人或临时工群体;城市与农村雇佣工群体。如果根据职业特点可以将整个工人阶层分为三个不同部分:工厂工人、手工业工人和农业工人。

手工业工人的数量急剧增长是与营业自由原则确立紧密联系在一起。19 世纪三四十年代以前,手工业工人的数量随着营业自由原则的确立而持续增长。据相关资料统计,1816—1840 年,普鲁士人口的增长率仅为 40%,同期手工业领域帮工与学徒的数量增长率则高达 93%。② 当然,由于这一时期德意志地区各邦的经济发展水平存在较大差异。南德意志地区人口增长缓慢,手工业工人增长率比普鲁士低。而在开始工业化水平较高的萨克森王国,手工业水平比普鲁士更高。

尽管手工业工人的人数有所增加,但是面对开始启动的工业化,手工业工人的日子陷入了窘境。尤其是在纺织行业中,德国手工业工人面对其他国家同历史阶段中同样的情况,机器的竞争。德国西里西亚亚麻纺织工人不得不面对工资回落的现象,因此出现了 1844 年西里西亚纺织工人起义。

工厂工人是工人阶层中所占比例逐渐上升的,而且随着工业化进程会逐渐趋向于占据主导地位的。在这一群体中,许多人来自农奴制改革后从东普鲁士地区出来的小农。他们为生计所迫,不得不离开家园,迁往西里西亚或柏林等地。在工厂中工作的工人一般工资增长较快,但在 19 世纪 30 年代以后,由于劳动力市场上供过于求,企业主趁机压榨工人,不仅工资回落,而且许多年纪较大的工人面临失业的危险。另外,随着工业化进程的开始,在机器制造以及纺织业领域中,专业技术人员成为供不应求

---

① Wolfram Siemann, *Die deutsche Revolution von 1848/1849*, Frankfurt am Main: Suhrkamp Verlag, 1985, S. 36-39.

② Hermann Kellenbenz, *Deutsche Wirtschaftsgeschichte Bd. 2: Vom Ausgang des 18. Jahrhunderts bis zum Ende des Zweiten Weltkriegs*, München: Verlag C. H. Beck, 1981, S. 37.

的人才。起初这些专业技术工人中大多数来自英国、比利时等外国，因为这些国家工业化进程较之德国要早，专业技术人员在那里已经不稀奇。从整个德国来看，指导1848年革命时期，在500人以上的大型企业工作的工人人数微乎其微。一些著名的企业当时规模并不大，诸如克房伯在1846年仅有140名工人，波尔锡希机器制造厂只有120名工人。① 因此，这一时期德国工人阶级队伍还是比较弱小的。

二 德意志帝国时期城市社会结构局部调整

到德意志帝国时期，工业化已经给德国社会阶级结构带来巨大变化，以至于生活于同一时代的德国学者也已经注意到了这种巨大变化。由于深切感受到工业化给德国社会阶级状况带来的复杂性，德国著名经济学家古施塔夫·施莫勒早在1897年就根据财产、教育和职务等标准对当时德国社会各阶层进行了尝试性定位。他将德国社会划分为四个阶层：（1）上等阶层：包括贵族、有影响力的大土地所有者和大企业主、高级官员和军官、受过教育的医生、艺术家和有年金的收入者等；（2）上层中等阶层：包括中等土地所有者和企业家、受过高等教育的较高层官员和自由职业者、军官等；（3）下层中等阶层：包括中层官员、小农、小商人、手工业者、职员、工厂主、收入较高的专业工人、下级军官等；（4）下等阶层：包括工人、低层官员、贫困的手工业者和小农等。这种划分虽然在一定程度上反映出当时德国社会阶级结构的变动已经受到人们的注意，但显而易见是有欠科学的。实际上，一方面，正向工业化社会转型的德国阶级状况与其他资本主义工业化国家有共性的一面，即除了传统的农民、手工业者等阶级力量外，工业资产阶级和无产阶级成为社会的主体；另一方面，由于通过改革而非革命迈入资本主义社会的特殊政治发展道路，使德国的残余封建势力依然存在，因而其阶级状况又有自身的特点，封建残余色彩浓厚，即呈现人们所称的传统与现代交融重叠的特征。

首先，贵族阶级仍然是德国社会的强势群体。由于德国是通过改革方式而非革命道路从封建社会逐渐转变为资本主义社会的，各邦政府在改革过程中最大限度地保留了封建贵族的传统特权，而且德国的统一也是在普

---

① Alfred D. Chandler, *Scale and scope: the dynamics of industrial capitalism*, Massachusetts: Harvard University Press, 1990, S. 432.

鲁士容克地主阶级的王朝战争中实现的，因而贵族在新建立的德意志帝国中的政治统治地位并未受到根本性的动摇。结果。德国在进入现代工业社会的过程中保留了很多封建等级制的残余。这种封建残余集中体现在贵族统治阶级的政治特权地位上。贵族阶级是德国社会中的统治阶级，在德意志帝国以及各邦上议院中都占有完全的优势。除了各种法律上的特权外，贵族还拥有许多实际特权，在政治、行政管理、军事等领域占有领导职位。国家政权中的一些最高层职位都把持在贵族手中。大臣职位大多由贵族担任。[1] 据统计，1871—1914 年，在德国各个邦中，只有巴登政府中的资产阶级大臣人数比贵族多。在外交领域中，外交国务秘书、驻各重要国家的大使都无一例外地由贵族担任在行政管理领域，贵族同样占有大部分高层职位。以普鲁士为例，1910 年，其 11 个高级行政官员职位有 10 个把持在贵族手中。此外，64% 的行政专员和 57% 的县长也是由贵族担任的。[2] 在军官中，贵族的优先地位更加明显。由于受到本阶层人数的限制，贵族虽然在军官总数中不能占有多数，但他们在高级军官中却占有明显的优势。1913 年，德意志帝国军队中已有 70% 的军官来自资产阶级，但在高层军官中贵族始终处于绝对性主导地位，25 个集团军的指挥将军中 22 个出身贵族，只有 3 位来自资产阶级，而且他们也已经贵族化了。在师级军官中，贵族也占 2/3 以上。[3]

当然，这时的贵族已非原封不动地从封建制度移植过来的贵族，他们之中许多人从事资本主义工商业和农业经营，在经济、文化和家庭类型方面已经趋于"现代和资产阶级化"[4]，实现了与现代资本主义社会的对接，但从政治角度而言，他们仍然保持着贵族特点，维持着自己的政治特权，拒绝"资产阶级化"，并保持着对资产阶级的政治优势。与此同时，贵族队伍中也有部分贵族化资产阶级的加入，从而使贵族的队伍得到进一步加

---

[1] Karl Erich Bom, *Wirtschafs-and Sozialgeschichte des Deutschen Kaisermichs 1867/1871-1914*, Stuttgart: Steiner-Verlag, 1985, S. 79-80.

[2] Wolfgang Zorn, *Handbuch der deutschen Wirtschafts - und Sozialgeschichte*, Stuttgart: Klett, 1976, S. 645.

[3] Karl Erich Bom, *Wirtschafs-and Sozialgeschichte des Deutschen Kaisermichs 1867/1871-1914*, Stuttgart : Steiner-Verlag, 1985, S. 81.

[4] Thomas Nipperdey, *Deutsche Geschichte 1800-1866: Bürgergeist und starker Staat*, München: C. H. Beck, 1984, S. 418.

强。据统计，1871—1918 年，普鲁士新贵族占到贵族总数的 9%。①

资本主义工业化的发展对传统贵族阶级的特权还是有巨大的冲击力的。许多贵族面对工业资本主义的冲击，都纷纷采取适时而进的策略，在经济上加入工业资本主义生产行列，投资开矿办厂。如霍亨劳厄——厄根森侯爵家族就涉足工业界很深，拥有很多大企业。因此，许多贵族在经济上已经资产阶级化。同时需要看到的是，根据工业资本主义发展程度的不同，贵族力量具有明显的地区性差异。贵族势力的根基主要在东部较落后的农业地区，在西部发达的工业地区则相对较弱。据统计，1914 年前夕，在普鲁士东部的波莫瑞地区的县长中，贵族约占 90%，而在西部莱因地区，这一比例却仅占 40%左右②。而且贵族内部也处于不断分化之中，既有地位较高的贵族大庄园主，也有贫困化了的任职贵族。强大的贵族力量的存在，使德国的政治发展在很大程度上呈现一种相对滞后的保守特点，严重影响了德国社会的资产阶级民主化进程。结果是，一方面是发达先进的资本主义工业体系；另一方面是拥有封建特权的贵族主导下的半专制主义的政治体制。德意志帝国因此而成了所谓穿着工业国服装的农业国。

在向工业社会转型过程中，资产阶级是各社会集团中流动性最大的群体，同时也是一个由多个不同阶层构成的阶级集团。

首先是经济资产阶级。大资产阶级处于这一阶层的顶层。他们在争取获得与德国贵族阶级同等地位的斗争中走在最前列，并随着国家的高速工业化而在经济实力上越来越强大。在这一阶层中，占主导地位的是大工业家、大银行家和大商人。可以说，在德意志帝国时期，他们在经济上已经完全处于呼风唤雨的地位。③ 同时，随着大工业的发展，除了克虏伯、蒂森、施图姆、维尔纳·西门子等大企业上和布莱希罗德、奥本海姆、罗特希尔德竹私人银行家外，还出现了一批新类型的企业家，他们通常是一些大型企业的总经理，其中有诸如克虏伯集团的延克、格尔森贝格的基尔道夫，也有银行界经理，如德意志银行的格奥尔格·西门子、德累斯顿银行的古特曼、达姆施塔特银行的戴恩堡等。这些人虽缺乏经济上的独立性，但他们在重要生产领域拥有支配性权限，因而与企业人士无异。

---

① Heinz Reif, *Adel im 19. und 20. Jahrhungert*, München: C. H. Beck, 1999, S. 34.

② Ibid., S. 20.

③ Kurt Pritzkoleit, *Wem gehört Deutschland: Eine Chronik von Besize und Macht*, München, Wien, Basel 1957, S. 61-78.

工业化使德国经济资产阶级力量日益强大，但这并没有成为他们向贵族阶级抢块夺权的筹码，相反，这种强大的经济实力成了他们与贵族攀比的条件。因此，从19世纪末起，大资产阶级中出现了一种封建化的趋势。这种封建化突出表现在社会性和政治性两个方面，从社会角度看，大资产阶级的封建化趋势上要表现为他们逐步接受贵族的生活方式，诸如在住房方面由原来靠近L厂的工厂土类型改住别墅和乡间的地土庄园，政治上谋取各种勋章和头衔等，甚至完全贵族化。施图姆和维尔纳·西门子等都被册封为贵族。当然，并非所有的大资产阶级都对当贵族感兴趣。阿尔弗雷德·克虏伯、蒂森、基尔道夫等都拒绝贵族化。在当时106个来自大工业界的商务顾问中也只有3人接受了册封。这说明资产阶级毕竟与贵族有区别。此外，大资产阶级与贵族间还展开了联姻关系。统计表明，德意志帝国时期，12%的大企业家之子娶了贵族之女为妻，而大企业家之女嫁入贵族之家的比例就更高了[1]。

大资产阶级政治上的封建化集中体现在他们与贵族逐渐形成了利益共同体，也即德国史学家们所称的"贵族大地产和高炉之间的联盟"[2]。他们作为社会的既得利益者都竭力想维持保留带有浓厚封建残余的现存国家政治制度和社会秩序，因此对威胁现存社会制度的工人运动等抱以敌视的态度。正是这种政治上的封建化使代表大资产阶级的德国资产阶级民族自由党的政治立场在19世纪80年代后与代表贵族阶级的保守党愈来愈接近。

另一个资产阶级阶层是那些受过高等教育的较高层官员和自由职业者。在德国，他们传统上被称为"文化资产阶级"（Bildungsbürgertum）。[3]在这一群体中，有富有的律师，也有收入较低的文科中学教师。他们通常

---

[1] Thomas Nipperdey, *Deutsche Geschichte 1800—1866：Bürgergeist und starker Staat*, München：C. H. Beck, 1984, S. 39.

[2] Wolfgang J. Mommsen (Hrsg.), *Der Moderne Imperialismus*, Stuttgart：Kohlhammer Verlag, 1971, S. 39.

[3] Thomas Nipperdey, *Deutsche Geschichte 1800—1866：Bürgergeist und starker Staat*, München：C. H. Beck, 1984, S. 382；Karl Erich Born, *Wirtschafs-and Sozialgeschichte des Deutschen Kaisermichs (1867/1871—1914)*, Stuttgart：Steiner-Verlag, 1985, S. 82. 有人认为，Bildungsbürgertum 一词应翻译为"教育资产阶级"或者"受过教育的资产阶级"。笔者认为，"教育资产阶级"或者"受过教育的资产阶级"都不能表达其原意。因为受过教育的资产阶级的概念大于文化资产阶级的概念，文化资产阶级只是受过教育的资产阶级的一部分人。

是由于所受教育而非经济收入而受到社会的尊敬，并因此而加入较高社会阶层。由于德国历史发展的特殊性，"文化资产阶级"中也存在某种程度的封建化倾向，希图跻入社会声望较高的贵族圈中或接近这一圈子。在这方面最突出的体现就是他们谋求加入预备役军官圈中。由于普鲁士军国主义传统的影响，在德意志帝国时期，"一个男人的声望"往往取决于"他是否是预备役军官"①，而预备役军官又往往是贵族的代名词，所以"文化资产阶级"跻入预备役军官行列，显然有向贵族圈接近的意图。随着德国向现代工业化和管理型国家的迈进，"文化资产阶级"扩张迅速，力量不断增强。因为国家和社会的日益法制化、教育事业的发展、卫生医疗事业的发展、现代工业生产和交通事业发展对科学技术人才的大量需求等都使得社会对高层次受教育人才的需求不断增长。律师、学者、科技人员、教师、高层次管理官员等的人数因此而不断增加。"文化资产阶级"的队伍因此而受到充实。从以上意义上，"文化资产阶级"是现代工业社会的巨大受益者。

在资产阶级各阶层中，小资产阶级相当于古斯塔夫·施莫勒定位的下层中等阶层。在从农业社会向工业社会转变的新旧社会交替的结构中，小资产阶级社会集团也分成新、旧两个大的群体。旧的小资产阶级群体主要是来自前工业社会时期业已存在的手工业者和小商人。现代工业社会的大机器生产和大型商业经营组织等严重威胁和挤压着小手工业和小商业活动者。因此，在向工业社会的转变过程中，这些拥有前工业社会生产手段的手工业者和商人受到现代化大工业以及服务业的冲击和竞争特别巨大。为了保障自己的生存，他们就成了现代社会面前"抵抗力最强的社会核心集团"②，在工业化的猛烈冲击下仍艰难地坚守着自己的阵地。由于所受教育和职业的限制，他们既无法上升进入更高社会阶层，又不愿落入劳工队伍中，所以坚持原有阵地就成了一种最稳定的选择。以威斯特法仑为例，1871年德意志帝国建立时，有60%以上的手工业工匠出身于手工业家庭，到第一次世界大战前夕，这一比例不仅没有下降，反而上升到了80%以上。这充分说明了手工业家庭对自己职业的执着。

---

① Karl Erich Bom, *Wirtschafs-and Sozialgeschichte des Deutschen Kaisermichs* (1867/1871–1914), Stuttgart : Steiner-Verlag, 1985, S. 82.

② Kurt Düwell und Wolfgang Köllmann (Hrsg.), *Rheinland-westfalen im Industriezeitalter*, Bd. 2, Wuppertal : Peter Hammer Verlage, 1984, S. 187.

除了小手工业者和小商人等旧的小资产阶级群体外，随着高速工业化带来的生产技术进步和企业规模扩大，在企业中出现了一个新的小资产阶级群体——职员阶层。他们在企业中所从事的工作与一般工人明显不同。如售货员、会计、审核、工程师、部门经理、车间主任等。这类工作人员不仅需要较好的培训，而且通常掌握着企业内部的许多信息，因此企业常常给以较高的待遇，以保证他们对企业的忠诚。直到德意志帝国建立初期，这些职员仍被称为"私人官员"。此后的20年中，由于"官员"一词范围过窄，人们才逐渐用"职员"一词予以替代。1897年，古斯塔夫·施莫勒首次将职员定为"新中等阶层"。[1] 作为现代工业化社会的产物，随着工业化的深入。职员阶层呈现出迅速扩张之势。据统计，1882年职员在就业人数中的比重仅为1.9%，其中在农业领域占0.8%，在工业领域占1.6%，在商业和交通领域占9%；1895年时职员在就业人数中的比重上升到3.3%，其中，在农、工、商业和交通领域所占的比重分别为1.2%、3.2%和11.2%，商业和交通领域的职员增长速度明显高于农业领域；1907年，德国就业人口中职员比重增加到了5.2%，其中，农业领域中职员比重下降为1.0%，工业、商业和交通领域则分别上升到6.1%和14.6%[2]。这说明，职员阶层主要是与现代工业、商业和交通业联系在一起的。

资产阶级和小资产阶级内部不仅阶层复杂，而且各阶层之间的流动性相对其他阶级要大。首先，经济资产阶级与文化资产阶级之间的对流性很大。如果说在工业化早期企业主和商人中许多人靠经验和勤劳起家的话，那么随着现代企业发展中科技和科学管理重要性的不断上升，越来越多的企业主和商人成为受高等教育者就不足为奇了，因为他们需要更多的理论知识来支持自己的事业。1907年，已经有近1/3的企业主接受高等教育，企业经理的受高等教育比例更是高达3/4。同时，随着工业化的发展和技术的进步，知识对于企业的创立和发展显得日益重要。结果，企业主中来自文化资产阶级的比重也自然越来越大，而企业主的子弟们也大批涌入文化资产阶级群体中。抽样调查表明，1890—1914年，约有10%的大企业

---

[1] Jürgen Kocka, *Die Angestellte in der deutschen Geschichte 1850-1980*, Göttingen: Vandenhoeck & Ruprecht, 1981, S. 131.

[2] Gerd Hohorst, *Sozialgeschichtliches Arbeitsbuch: Materialien zur Statistik des Kaiserreichs 1870-1914*, Bd. 2, München: C. H. Beck 1975, S. 69.

主和25%的企业经理来自受过大学教育者家庭，有将近115个来自小官员家庭的经理是通过大学学习而得到提升的。另外，36%的独立经营者和22%的受过高等教育的官员和职员来自企业主家庭。1864年，每25位教授中仅有一位来自企业主家庭，到1910年时，这一比例提高到了1/10。在法官和行政官员中，企业主家庭出身者更是高达1/5。经济资产阶级和文化资产阶级还通过联姻在经济和文化方面互补长短。17%的企业主之子的婚姻对象是受过高等教育者的女儿①。

中下层资产阶级各阶层之间也处于不断流动之中。例如，1870年左右，文化资产阶级中仅有1/4来自低级官员等下层中等阶层，到第一次世界大战前夕，这一比例已上升到了1/3至2/5。他们主要来自教士和教师家庭。造成这种状况的主要原因在于，工业化带来的社会繁荣和生活水平的提高使许多下层中等阶层子女接受高等教育的机会增多。甚至相对稳定的手工业者群体也不断从农民、中、下层官员和工人子弟中吸纳新成员。②

随着德国由封建社会转向资本主义社会，由农业社会形态转向工业社会形态，到德意志帝国时期，无产阶级（包括工业无产阶级和农业无产阶级）日益成为德国社会的主体。在农业领域中。由于农业资本主义普鲁士式道路的发展，农业工人数量不断增加；在工业领域中，随着大规模工业化，大量农村人口流入城市，加入产业大军行列。特别是工业无产阶级，作为工业化大生产的产物，伴随着高速工业化而成长，逐渐变为德国社会人数最多、政治力量也非常强大的一支阶级力量。据统计，1882年，德国的工人数量在就业人口中所占比重为66.1%。其中农业领域中工人比重为71.4%，工业领域中工人比重为64.0%，商业和交通领域中工人比例为46.3%。1895年，工人占就业总人口的比重上升到67.8%，其中农业、工业、商业和交通各自领域中的工人比重分别为67.8%、71.9%、52.7%。1907年时，德国就业人口中工人所占比重已经达到72.5%，而

---

① Thomas Nipperdey, *Deutsche Geschichte 1800-1866: Bürgergeist und starker Staat*, München: C. H. Beck, 1984, S. 390.

② Karl Erich Bom, *Wirtschafs-and Sozialgeschichte des Deutschen Kaisermichs* (1867/71-1914), Stuttgart: Steiner-Verlag, 1985, S. 82.

农业、工业、商业和交通领域中相应的比重分别达到了73.7%、76.3%和56.3%①。这些数字都表明，德国工业无产阶级的人数在不断上升之中。由于处于社会的最底层，工人阶级在生产、生活等方面都面临着其他阶级和阶层所不曾有的失业、工伤事故、住房条件恶劣等艰难困境。工人问题于是成为德意志帝国时期最主要的"社会问题"。他们为此而不断抗争，并迫使德国政府最终不得不通过国家社会立法等形式来改善他们的处境。当然，从现代社会中阶级的共性出发，工人阶级也是一个处于流动状态的阶级。所谓"人往高处走，水往低处流"。作为社会的最底层阶层，人们自然想挤入更上层社会之中。工人阶层提升的途径主要有两条，即通过当手工学徒和参加技术培训来提高本身的含金量，然后升入手工业者和小职员阶层。据统计，1890年以后，25%以上的手工业师傅和30%以上的职员都是来自工人家庭的子弟②。与此同时，工人阶级也不断地从破产的农民、手工业者和小商人中吸纳新成员，并成为一无所有者的一个选择去处。

第二节　工业化时期德国垂直社会流动

一　垂直社会流动的发展状况

垂直社会流动是指人们所处的社会地位的变化，或职务的上升、下降。要实现充分的垂直社会流动，必须消除身份限制、财产限制、宗教限制、种族限制、性别限制，也没有意识形态的限制；在充分的垂直社会流动之下，各种职务都是公开的，通过竞争而取得的，职务向一切有资格的竞争者开放；对于有资格的竞争者来说，机会是均等的，并且存在着双向选择的自由。③

上升的垂直社会流动表现为社会下层流入中产阶级、中产阶级内部流

---

① Gerd Hohorst, *Sozialgeschichtliches Arbeitsbuch: Materialien zur Statistik des Kaiserreichs 1870-1914*, Bd. 2, München: C. H. Beck 1975, S. 69.

② Karl Erich Born, *Wirtschafs- and Sozialgeschichte des Deutschen Kaiserreichs 1867/71-1914*, Stuttgart: Steiner-Verlag, 1985, S. 84.

③ 厉以宁：《工业化和制度调整——西欧经济史研究》，商务印书馆2010年版，第208页。

动(下层中产阶级流入上层中产阶级)和中产阶级流入上层社会,因最后一种上升的机会很小,所以本书主要描述前两种流动。中产阶级,又称中间阶层,是指处于社会上两个极端(一个极端是富人,另一个极端是穷人)之间的阶级或阶层。根据马克斯·韦伯的说法,处于社会中间的阶级或阶层,主要指本身拥有一定的财产或者受过良好的教育,凭借这两点获得益处的人。具体地说,其中还有独立的农民和手工业者,此外还往往包括官员。[①] 本书中产阶级包括上层中产阶级,主要有高级公务员、专业人员、军官、地主、商业精英;下层中产阶级,主要有小商人、农场主、中级公务员、中低级白领雇员。本书中提到的下层社会阶级,则主要指低级公务员、农民、蓝领工人。

20 世纪德国垂直社会流动的发展状况

20 世纪德国垂直社会流动发展状况的问题,社会学家研究得较多。[②] 德国著名学者达布伦曾经对德国西部地区以科隆市 1906—1913 年以 1949—1953 年两个时段代际之间的社会流动为考察对象,可以发现在德意志帝国后期和战后西德早期,垂直社会流动上升的机会明显增加了。科隆市蓝领工人的后代成为白领工人或小经理的比例,在"二战"后比"一战"前更高了。出生于蓝领家庭的白领雇员也增加了。但这一结论主要是基于科隆市相关资料进行考察,很难整体上反映出德意志帝国时期垂直社会流动的全貌。因此,本书选取德意志第二帝国(1904—1913)和魏玛共和国时期(1925—1929)以及西德早期(1955)德国垂直社会流动的变动情况如表 4-1 所示。

表 4-1　　　　　　　1904—1913 年德国上升的垂直社会流动　　　　　　单位:%

父辈 子辈	流进上层中产阶级	流进下层中产阶级	流进下层社会
上层中产阶级	53	8	0
下层中产积极	46	74	28

---

① 厉以宁:《工业化和制度调整——西欧经济史研究》,商务印书馆 2010 年版,第 386 页。

② R. Mayntz, *Soziale Schichtung und sozialer Wandel in einer Industriegemeinde*, Stuttgart: Enke Verlag, 1958, S. 147 ff; K. M. Bolte, *Sozialer Aufstieg und Abstieg*, Stuttgart: Enke Verlag, 1959; D. Crew, Definitions of Modernity: Social Mobility in a German Town, 1880-1901, *Journal of Social History* 7 (1973), pp. 51-74.

续表

父辈＼子辈	流进上层中产阶级	流进下层中产阶级	流进下层社会
下层社会	1	18	72
总和（流进）	100	100	100

资料来源：H. Kaelble, "Soziale Mobilität in Deutschland, 1900-1960", in Horst Matzerath (Hrsg.), *Probleme zur Sozialgeschichte der Modernisierung in Deutschland im 19 und 20 Jahrhundert*, Opladen: Westdeutscher Verlag, 1978, S. 235-327。

表 4-2　　1925—1929 年德国上升的垂直社会流动　　单位：%

父辈＼子辈	流进上层中产阶级	流进下层中产阶级	流进下层社会
上层中产阶级	54	5	0
下层中产阶级	44	72	21
下层社会	2	23	79
总和（流进）	100	100	100

资料来源：H. Kaelble, "Soziale Mobilität in Deutschland, 1900-1960", in Horst Matzerath (Hrsg.), *Probleme zur Sozialgeschichte der Modernisierung in Deutschland im 19 und 20 Jahrhundert*, Opladen: Westdeutscher Verlag, 1978, S. 235-327。

表 4-3　　1955 年西德上升的垂直社会流动　　单位：%

父辈＼子辈	流进上层中产阶级	流进下层中产阶级	流进下层社会
上层中产阶级	31	3	1
下层中产阶级	51	59	20
下层社会	17	37	77
总和（流进）	100	100	100

资料来源：Morris Janowitz, "Soziale Schichtung und Mobilität in Westdeutschland", *Kölner Zeitschrift für Soziologie* 10 (1958), S. 11。

从表 4-1 至表 4-3 的数据可以看出，1904—1913 年，社会下层进入上层中产阶级的比例仅为 1%，进入下层中产阶级的比例为 18%，到 1925—1929 年比例分别为 2%、23%，而到 1955 年，比例突然升为 17%、37%。下层中产阶级进入上层中产阶级的比例分别为 46%、44%、51%，也出现了明显提高。德国社会垂直社会流动明显加快主要由以下几个因素引起的。"二战"后，联邦德国国家普遍进行了资本主义制度的调整，加强了政府在经济、政治、社会各方面的作用。政府放宽了社会流动的限制,如财产限制、身份限制、宗教限制等,并且促进教育改革,力求受教育机会平等。下层人民可以通过接受教育、培训提高自己的素质,增加进入中产阶级的筹码。

当然,从以上数据也可以看到,父辈是上层中产阶级的其流入上层中产阶级的比例,由 1904—1913 年的 53% 变为 1925—1929 年的 54%,在 1955 年时,骤降到 31%,而下层中产阶级流入下层中产阶级的比例由 74%、72%,骤降到 59%。1955 年上层中产阶级内部流动减少,一方面可能因为他们并未抓住机遇,如在自行创业中失败,另一方面原因是有一少部分人流入上层社会,但比例不会太高。[①] 下层中产阶级内部流动减少,很重要的原因是流入上层中产阶级,其中以中级公务员的流动最为突出,其情况会在后面做详细介绍。

综上所述,20 世纪 20 年代以来,德国社会垂直流动增加了,从帝国后期到魏玛共和国,来自社会下层家庭,进入中产阶级的人数比例扩大了,出身于下层中产阶级家庭,流进上层中产阶级的人数比例也扩大了,在 20 世纪 50 年代比例再次提高。

当然,仅仅从以上数据也很难全面反映 20 世纪上半叶德国垂直社会流动的全貌,主要基于以下两个方面:一方面,由于两次世界大战的爆发打断德国社会发展进程。另一方面,很长时间,德国垂直社会流动变化不大。从表 4-1 至表 4-3,我们可以看到:出身于社会下层的人大部分没有离开他们的阶层,1904—1913 年,出身于下层社会的人流进下层社会的比例为 72%,在 1925—1929 年为 79%,1955 年为 77%;出生于下层中产阶级的人继续留在该阶级(1904—1913 年为 74%,1925—1929 年为 72%,1955 年为 59%)。而国际之间的对比,也使德国垂直社会流动增加受到冲击。20 世纪德国社会流动发展明显不同于其他欧洲国家。"二战"后的几十年来,德国与法国、瑞典、瑞士相比,非农业人口的垂直社会流动明显低于其他三个国家,譬如德国为 29%、法国为 39%、瑞典为 31%、瑞士为 45%[②]。但最近

---

① S. M. Lipset and R. Bendix, *Social Mobility in Industrial Society*, Berkeley and Los Angeles: Routledge, 1959, p. 13.

② [美] 格伦斯基:《社会分层》,王俊译,华夏出版社 2006 年版,第 271 页。

的调查表明，德国与其他国家社会流动率差距正在缩小。① 因此，在很长一段时间内，德国垂直社会流动增加了，但增幅不大。

二　影响垂直社会流动的因素

（一）经济因素

20世纪前半期，虽然德国经历了两次世界大战，但其经济发展的势头不容小觑。在德意志第二帝国时，经济发展强劲，经济总量超过了英国，成为发达资本主义国家仅次于美国，居世界第二。到魏玛共和国时，由于"道威斯计划""杨格计划"的实施，德国很快从战争的阴影中走出来，经济恢复并快速发展。50年代，西德经济复苏，60年代，经济持续增长，1966年甚至成为西方世界的第二大经济强国。德国经济的发展，无疑推动了社会流动的发展，使更多人有了向上提升的机会。

19世纪末20世纪初，随着垄断经济的发展，垄断组织也随之产生。大公司经常进行联合或者合并，使企业规模进一步扩大，雇用人员增多，所需的技术人员和管理人员相应地也会扩大。20世纪50年代，这一特征更加明显。为了获得更多的利润，企业家更加注重雇员的能力，从而较少地忽视了其出身、种族、性别，这就为中下层人民进入中产阶级提供了机会。

20世纪30年代，席卷全球的经济危机打断资本主义国家发展正常经济秩序。罗斯福新政的成功，为其提供了模板——国家干预经济。"二战"后，这一思想得到肯定和运用。凯恩斯主义盛行，政府职能扩大，其部门势必会大幅增加，而政府雇员需求量也会增多。所以出身于中下层的人民可以通过各类考试成为政府雇员，从而提高自己的地位，增加了社会流动和上升的机会。

经济的发展，也带动了产业结构的调整，第一、二产业的比重逐渐降低，第三产业的比重逐渐增加，尤其在20世纪50年代以来，这种趋势更加明显。产业结构的调整，带动了新行业、新部门的出现。例如，金融业的发展。在德国工业化启动之时，银行业几乎就代表了金融业；而随着工业化的推进，金融业包含了许多新的行业，如保险业、期货交易业、信托业、证券业，还有各种基金，金融业的快速发展不仅创造了大量的就业岗

---

① Hartmut Kaelble, "Social Mobility in Germany, 1900-1960", *The Journal of Morden History*, Vol. 50, No. 3, pp. 439-461.

位,也为金融人才提供了许多就业机会。① 所以只要有才能,有能力,就有机会获得这样的职位。值得注意的是,第三产业大多是服务性行业,脑力劳动占主要位置,这就使在体力劳动方面处于劣势的女性有了提升自己地位的机会。

当然,经济发展,也使社会财富增多,中下层阶级的收入增长,也使他们有机会投资教育,促使下一代有良好的教育文化和职业技能,增加他们从事复杂工作和体面工作的筹码。

总之,这些因素推动了中下层进入中产阶层,促进了垂直社会流动的上升。但需要注意的是经济因素并不起决定作用,否则德国垂直社会流动比例应该远高于法国、瑞典、瑞士等国。所以把工业国家社会流动率的差异仅归因于经济发展速度不同或经济发展阶段不同,这是有失偏颇的。②

（二）政治、社会因素

20世纪德国四种职业的发展对社会流动的持续增长影响很大。一是高级公务员;二是商业精英,在"一战"前,他们一直是上层中产阶层以及上流社会的重要组成部分;三是中级公务员;四是中级白领雇员,他们是下层中产阶级的主要成员,他们是新型的中产阶级,而比较富裕的农场主、小商人、工匠、工场主、作坊主是旧式的中产阶级,虽然这些职业阶层所占比重逐渐减少,但他们仍然在帝国时期甚至魏玛共和国时期起重要作用。

1. 在德国社会,高级公务员的补充与社会流动长期处于上升趋势有着更为密切的联系（两者发展成正比）。据调查,高级公务员的社会来源的变动情况如表4-4所示。

表4-4　　　1898—1962年德国高级公务员的社会来源　　　单位:%

时间 父辈职业	高级公务员			
	巴伐利亚1898	普鲁士1903	普鲁士1927—1928	西德1962
高级公务员	19	30	19	16
专业人员	10	4	8	…
军官	2	15	2	…
地主	…	22	6	…
商业精英	19	16	22	24

① 厉以宁:《工业化和制度调整——西欧经济史研究》,商务印书馆2010年版,第223页。
② S. M. Miller, "Comparative Social Mobility", *Current Sociology* 9, 1966, p.29.

续表

时间 父辈职业	高级公务员			
	巴伐利亚 1898	普鲁士 1903	普鲁士 1927—1928	西德 1962
小商人	7	…	7	13
农场主	6	…	…	4
中级公务员	24	4	26	30
中低级白领	5	…	4	8
低级公务员	…	…	2	…
蓝领工人	0	…	1	4
其他职业	6	9	3	1
总和	100（N=263）	100（N=201）	100（N=5,449）	100（N=738）
上层中产阶级	50	87	57	40
下层中产阶级	42	4	37	55
下层社会	…	…	3	4
雇主	42	38	43	41
雇员	31	4	33	42

资料来源：W. Zapf, "Die Verwalter der Macht", in Zapf, eds., *Beiträge zur Analyse der deutschen Oberschicht* (Munich, 1965), S 82. （"—"表示没有数据；"…"表示数据没有分类；"0"表示比例小于5%。）

表 4-4 的调查表明，在很长一段时间，高级公务员已经向更多人开放。如果把联邦共和国早期与德意志帝国时期、魏玛共和国时期的普鲁士相比，高级公务员较少来自相同职业群体，由 1903 年的 30% 变为 1962 年的 16%。同行业内部互相补充的机会减少了。大概来自地主家庭的高级公务员比例也缩小了。除去出身于商业精英家庭，成为高级公务员的比例上升外，由 1903 年的 16% 变为 1962 年的 24%，总体上，来自上层中产阶级家庭的高级公务员减少，由 1903 年的 87% 降到 1962 年的 40%，而这一缺口被来自下层中产阶级的中级公务员和小商人填补。来自下层中产阶级的中级公务员的比重由 1903 年的 4% 上升到 1962 年的 30%，小商人的占比则由 1898 年的 7% 变为 1962 年的 13%。[①] 这一上升趋势引人注目。

综上所述，高级公务员有许多来自下层中产阶级和经济独立的家庭。

---

① H. Kaelble, "Social Stratification in Germany in the 19th and 20th Centuries: A Survey of Research since 1945", *Journal of Social History* 10, 1976, pp. 144-65.

但从以上数据中也可以看到，低级公务员、农民、蓝领工人的儿子成为高级公务员的机会很小甚至根本没有。来自上层中产阶级家庭成为高级公务员的比例从1903年的87%骤降到1962年的40%，来自下层中产阶级家庭成为高级公务员的比例由1903年的4%上升到1962年的55%，但社会下层成为高级公务员的比例却基本没有变化，由1927—1928年的3%变为1962年的4%。

  造成这种现象的原因有很多：第一，在培训高级公务员方面，法律学校处于支配地位。希克斯在《经济学理论》中提道："从一个等级进入另一个上层等级，最主要的问题就是培训。"① 在19世纪后期，来自上层中产阶级（特别是地主阶层、军官）家庭的法律学生比例明显降低。随之，这种变化影响了高级公务员的社会来源。政府机构人员需求迅速提升，超过了来自上层中产阶级年轻人的数量，而下层中产阶级收入增长，进行培训的机会增加，加之大萧条时期商业发展前景堪忧，促使更多中级公务员、小商人等下层中产阶级流入高级公务员这一行业。第二，魏玛共和国时期，进入公共管理机构的许多政治、社会限制减少。"一战"结束后，德国各种社会矛盾错综复杂，为了稳定新生政权，政府也减少了社会流动的限制。以前整个社会民主党被排除在外，而对自由主义者、天主教徒、犹太人也有很多限制，阻止他们进入高层公共管理机构，这一现象在1918年减少。而出身于上层中产阶级，进入高级公务员行列的一些特权也废止了。以前成为公务员必须有法律专业资格证，到20世纪20年代，取消了这一条件。要想成为公务员，只要有相应的技能和在行政机构中三年的工作经验。② 到了西德时期，尤其是60年代，人民更加追求社会公平，而减少职业限制成为这一主题的具体表现形式，这也促使政府为减少职业限制而努力。第三，普鲁士传统影响减弱，也可能进一步扩大了进入高层管理机构的机会。"二战"后，美英等西方国家认为普鲁士传统文化是导致德国发起两次世界大战的思想根源，所以进行思想、政治等方面的民主化改造。作为普鲁士精神的主要内容：精英教育成为改造重点。政府制定了自由、民主的政治原则，实现了由"精英政治"向"民主政治"的转变，也带动教育由精英教育向大众化教育转变。

---

  ① ［英］希克斯：《经济史理论》，厉以平译，商务印书馆1999年版，第126页。
  ② Jane Caplan, "Profession as Vocation: The German Civil Service", in Gepffrey Cocks and H. Jarausch, eds., *German Professions*, 1800-1950, Oxford: Oxford University Press, 1990, p.173.

总之，政治与社会因素主要决定了上层中产阶级的社会来源。一方面，在上层管理机构中，对身份、宗教、种族的限制减少，从而促进了社会流动的发展。另一方面，普鲁士传统影响减弱，也降低了进入高级公务员这一行列的门槛。但必须看到，森严的等级制度仍然存在，而且专业培训机会并没有向广大下层开放，所以下层人民成为高级公务员的机会很少。

2. 德国商业精英社会来源的发展状况，很好地解释了整个社会流动发展。这部分商业精英社会来源可参见表4-5。

表4-5　　　　　1914—1969年德国商业精英的社会来源　　　　单位:%

父辈职业＼时间	商业精英				
	德国1914	德国1922	德国1935	西德1965	西德1969
高级公务员	8	13	11	6	8
专业人员	3	5	4	7	7
军官	1	2	1	2	…
地主	4	4	3	…	1
商业精英	66	51	67	21	18
小商人	7	9	4	15	10
农场主	2	2	1	3	3
中级公务员	6	6	6	24	24
中低级白领	1	1	2	13	16
低级公务员	1	0	—	…	1
蓝领工人	0	2	—	5	7
其他职业	3	7	1	5	4
总和	100 (N=312)	100 (N=670)	100 (N=471)	100 (N=537)	100 (N=1,528)
上层中产阶级	81	75	86	45	34
下层中产阶级	15	18	13	49	53
下层社会	1	2	—	5	8
雇主	82	71	79	46	39
雇员	8	9	8	12	48

资料来源：H. Pross and K. W. Boetticher, *Manager des Kapitalismus* (Frankfurt, 1971), S. 33, 34. ("—"表示没有数据; "…"表示数据没有分类; "0"表示比例小于5%。)

第一，从长期发展状况看，作为上层中产阶级的重要组成部分——商业精英，其父辈是商业精英，子承父业的人数比例明显下降，1914年为66%到1969年下降为18%。与之相连的，来自上层中产阶级成为商业精英的比例总体上减少了，由1914年的81%下降到1969年的34%。第二，来自中级公务员家庭的商业精英的比例急剧增加，由1914年的6%上升到1969年的24%，成为商业精英社会来源中一个重要的社会群体。因而也扩大了下层中产阶级进入上层中产阶级的机会，由1914年的15%上升为1969年的53%。[1]

在这个阶层中，社会流动的发展是由大的股份公司数量增加决定的。自从19世纪后期，这些公司逐渐成为德国经济发展的主体，改变了经营者的成分。19世纪后期，尤其是19世纪末20世纪初，德国进入垄断阶段，生产力发展分工越来越细。在公司中，对管理人员和技术人员的需求量扩大，这些人员逐渐在大企业中占绝对优势。这一现象基本改变了进入上层商业管理阶层的条件。原来需要拥有资本、财富或出身于家族企业才能进入企业上层管理阶层的传统被打破，来自其他社会阶层（尤以下层中产阶层为主），只要受过良好的专业培训，拥有才能的人，就有更多的机会进入商业精英行列。当然，这与政府保护私有财产、鼓励技术创新的政策分不开。正是政府给社会创造了重视技术的良好氛围，才使更多的人有机会成为商业精英。在下层中产阶级中，传统的（旧式的）中产阶级如小商人、农场主阶层缩小，尤其在19世纪60年代；而新型的中产阶级如中级公务员、中低级白领雇员阶层在迅速扩大，尤以前者为主。所以下层中产阶级进入商业精英的代表就是中级公务员。但这种机会的增加是有所限制的。低级公务员、蓝领工人、农民的子女成为商业精英的比例很小，但值得庆幸的是，这种现象在60年代有所改善。

造成这种现象的主要原因是，"二战"前，下层人民没有或很少有相关专业的大学教育机会。虽然德国受过大学教育的商业精英比例比其他国家高，但这种受教育权仅被局限于中产阶级及以上，如出身于中级公务员家庭的人，通过下层中产阶级的优惠政策进入大学学习，通过这一跳板，有更多机会进入商业精英阶层。而下层的低级公务员、蓝领工人、农民的儿子被排除在上层商业管理阶层外，他们没有公平的机会。在"二战"

---

[1] G. Roehl, "Higher Civil Servants in Germany, 1890-1900", *Journ Contemporary History 2*, 1967, pp. 101-121.

后，这种状况才得以稍微改善。

3. 从总体看，德国社会流动发展受中级公务员的影响很大。前面提到的高级公务员、商业精英的主要社会来源逐渐变为中级公务员。进入这一行业主要依靠政治决策。中级公务员的社会来源参见表4-6。

表4-6　　　1890—1970年德国中级公务员的社会来源　　　单位:%

时间 父辈职业	中级公务员			
	威斯特伐利亚 1890—1914	莱茵河地区 1890—1914	巴登1920	西德1970
高级公务员、专业人员、军官、地主、商业精英	17	16	12	17
小商人	17	20	21	7
农场主	14	11	32	7
中级公务员	40	34	12	14
中低级白领	2	6	…	15
低级公务员	…	…	13	14
蓝领工人	10	14	6	21
其他职业	…	…	3	5
总和	100（N=?）	100（N=?）	100（N=75）	100（N=1,728）
上层中产阶级	17	16	12	17
下层中产阶级	73	71	65	43
下层社会	2	14	9	35
雇主	46	45	…	26
雇员	44	54	…	64

资料来源：H. Kaelble,"Soziale Mobilität in Deutschland, 1900—1960," in Horst Matzerath (Hrsg.), *Probleme zur Sozialgeschichte der Modernisierung in Deutschland im 19 und 20 Jahrhundert*, Opladen: Westdeutscher Verlag, 1978, S. 235-327.（"—"表示没有数据；"…"表示数据没有分类；"0"表示比例小于5%。）

如表4-6所示，出身于上层中产阶级成为中级公务员的比例基本保持不变，1890—1914年在威斯特伐利亚为17%，莱茵河地区为16%，1970年仍保持不变。出身于下层中产阶级成为中级公务员的比例总体下降，1890—1914年在威斯特伐利亚为73%，莱茵河地区为71%，1970年变为43%。造成这种现象的主要原因是中级公务员的内部流动减少。而出身于下层社会成为中级公务员的比例由20世纪初的2%骤升为1970年的35%。这种现象产生的主要原因是蓝领工人的子女有更多机会成为中级公务员,其比例从1890—1914年威斯特伐利亚10%,莱茵河地区14%上升为1970年的21%。①

公务员选拔人才的现代化大概是这一职业社会来源扩大的主要原因。以前,社会民主党和出身于中等排名公共机构的工会成员,他们被排除在中级公务员之外,这一制度在1914年废除,这样就使下层人民有更多机会进入中级公务员行列。

4. 商业公司白领雇员人数增多,对垂直社会流动变化也起到重要作用。德国白领雇员的社会来源的变动情况如表4-7所示。

表4-7　　　　1910—1959年德国白领雇员的社会来源　　　　单位:%

时间 父辈职业	白领雇员		
	德国1910	德国1929	西德1959
高级公务员、专业人员、军官、地主、商业精英	3	3	3
小商人	40	29	11
农场主	6	4	10
中级公务员	17	19	…
中低级白领	12	20	23
低级公务员	…	…	14
蓝领工人	20	25	31
其他职业	3	—	8
总和	100(N=…)	100(N=99,695)	100(N=147)
上层中产阶级	3	3	3
下层中产阶级	75	72	44
下层社会	20	25	37
雇主	49	33	21
雇员	49	64	68

资料来源:H. Kaelble, "Soziale Mobilität in Deutschland, 1900—1960," in Horst Matzerath (Hrsg.), *Probleme zur Sozialgeschichte der Modernisierung in Deutschland im 19 und 20 Jahrhundert*, Opladen: Westdeutscher Verlag, 1978, S. 235-327.("—"表示没有数据;"…"表示数据没有分类;"0"表示比例小于5%。)

---

① J. Kocka, *Unternehmer in der deutschen Industrialisierung*, Göttingen: Vandenhoeck & Ruprecht, 1975, S. 88.

如表 4-7 所示，出身于下层中产阶级成为白领雇员的比例一直较大，1910 年为 75%，1959 年为 44%。而出身于下层社会成为白领雇员的比例一直处于上升地位，1910 年为 20%，1959 年为 37%。值得注意的是，在下层社会中，出身于蓝领家庭成为白领雇员的比例在整个下层社会中占重要地位，1910 年为 20%，1959 年上升到 31%。

那些来自蓝领家庭的白领雇员数量逐步增长，原因主要有以下几点。第一，出身于工人阶层，拥有志向的人，最主要的出路是成为一名白领，或是小商人。而当时独立技工、熟练技工与店主需求数量下降，使得白领这一职业更具有吸引力。第二，城市化、工业化以及许多大公司的出现，刺激了蓝领进入白领这一职位。因对白领雇员需求量增加，职业培训机构相应增加，也因蓝领与白领各方面的联系密切，促使蓝领更多走向白领这一职业。需要指出的是，增加的白领雇员中不乏女性。以往蓝领工人主要是男性担任，而体力处于劣势的女性被排除在这一职业之外。随着白领阶层的扩大，脑力劳动者的需求量猛增，加之对女性的歧视逐渐减少，使女性有了进入白领行列的可能。第三，德意志帝国时期蓝领和白领之间存在着很大的职业鸿沟，由于蓝领工人属于体力劳动者，白领雇员属于脑力劳动者，虽说上层技工工资相对较高，甚至高于低级白领，但蓝领工人晋升的机会不大，而白领发展空间较大，因而社会上对白领这一职业期望值较高。这种职业观增加了蓝领社会地位上升的成本。因为向白领过渡，在生活方式、价值判断、社会人际关系及政治态度各方面都要有重要变化。社会保障法保护白领利益，而其老板为其提供了优惠政策，使白领产生一种观点，认为自己很有可能进入上层中产阶级，所以他们从不把自己同蓝领划为同类。但白领作为被雇用的技术人员或专业管理人员，在资本主义制度未改变时，白领作为受企业雇主所雇用的人员，仍然同雇主之间维持着与蓝领相同的遭遇，只不过白领的待遇好，社会地位高，所担负的职务比较重要而已；白领中不少人即使进入中产阶级行列，并不意味着他们不再是受企业雇主雇用的职员。[①] 白领雇员因为进入政治领域的机会渺茫，所以一直与工会有联系，特别是在"一战"期间和魏玛共和国早期，白领利益受损，表现为工资、奖金减少，白领越来越意识到他们作为工薪阶层的社会地位，随之他们越来越走向和工会、蓝领联合的道路。在魏玛共和

---

① 厉以宁：《工业化和制度调整——西欧经济史研究》，商务印书馆 2010 年版，第 402 页。

国时，社会民主党曾发展成为德意志帝国议会的第一大党，甚至一度成为执政党，在议会中获得更多权力，所以蓝领工人的子女有更多的机会成为白领。虽然魏玛共和国后期和纳粹时期，这一现象暂时停止，但这种长期变化确实促进了蓝领工人孩子提升社会地位，减少了他们地位提升的成本。

综上所述，影响各个职业群体社会来源的原因亦即影响上升的垂直社会流动的政治和社会因素主要有以下几点。

从政府方面看，政府政策的制定和实施对上升流动起到重要作用。政府逐步消除了进入中产阶级的身份限制、宗教限制、种族歧视和性别歧视，如1914—1918年，德国政府颁布了对社会民主党、自由主义者、天主教徒、犹太人以及女性进入中高级公务员制度的相关法案。政府为了维持社会稳定，规范了各级各类专业人员的规章制度，实行公开、公正、公平的考试制度，使更多有能力的人进入中产阶级。另外，政府也为上升的流动营造了良好的、稳定的氛围，即用法律的手段保护私有财产，保证财富的积累，使下层社会、下层中产阶级有钱进行职业培训和接受教育。完善奖励机制，鼓励发明创造和技术进步，调动人们的积极性。

从社会方面看，工业企业家和投资者出于自身利益的考虑，要求职位向更多有能力的人开放，而社会各界人员特别是知识分子，也呼吁实现社会公平。这些因素促使职位增加，为下层社会人员迈入中产阶级提供了条件。

从意识形态看，20世纪20年代以来尤其是在魏玛共和国时期与联邦德国时期，意识形态限制减少，也使社会流动的上升成为可能。如蓝领工人与白领之间的职业观差异，在魏玛共和国时期有所减少，这就减少了蓝领成为白领的社会意识形态等方面的成本。

（三）教育因素

教育对社会流动的影响是不言而喻的。人们受教育机会越多，受教育水平越高，越有机会进入高层行业，从而进入中产阶级。这样，向上的社会流动就明显增加了。

20世纪前半期，德国的教育也获得发展。教育对社会流动的影响，主要表现为高等教育和职业教育。下层社会和下层中产阶级通过这两种教育获得职位提升的机会，推动社会流动发展。

德国一直很重视高等教育，但它却一直被贵族和有产者垄断。直到工业革命开展，社会对技术人员、管理人员需求上涨，对其职业素质、技能的要求提高，迫使高等教育向更多人开放。首先，政府对教育的投资增加，尤其到"二战"后，德国经济恢复、发展，有了发展教育的经济基础，对部分大学实行免费。对低收入家庭，也采取了经济扶助计划，在教育方面表现为发放助学金、提供助学贷款，使下层人民有机会进行高等教育，获得更好的职务。其次，大学的办学规模扩大，学生人数大幅增长。在德意志第二帝国时期，大学生的人数由1.7万左右增加到7.1万左右。[1] 在魏玛共和国时，由于民主共和制的发展，使大学向中下层进一步开放。20 世纪 20 年代，大学生数基本保持在 12 万左右。[2] 到"二战"后，人数继续上升。最后，培养目标也发生了变化。以前培养的大学生大多成为政府官员，大学的国家化倾向很明显。到了 20 世纪，特别是"二战"后，大学更加大众化，大学的培养目标已经不仅仅是为政府提供人才，更主要的是为社会经济提供人才。拓宽了社会流动上升的渠道。

德国人对职业教育也是情有独钟。德意志民族普遍认为，大学生对社会发展产生重要影响，而从职业技术学校毕业的学生也很重要。正是由于有良好的思想基础，职业教育得以较快发展。魏玛共和国时期，政府通过制定法律法规，强调保障职业教育的发展。到"二战"后，德国把职业教育的发展放到首要地位，实现了岗前培训、在职培训和失业培训的目标。这就为下层人民、下层中产阶级进入中产阶级提供了平台，他们可以通过职业培训提高自己的文化水平和实践能力，从而提高自己的综合素质，在职位竞争中获得有利的地位。总之，教育是中下层人民进入中产阶级的重要途径。"二战"后，教育机会趋于平等，是垂直社会流动上升的主要原因。

在 20 世纪上半叶，从德意志帝国后期到魏玛共和国，再到早期联邦共和国，德国垂直社会流动确实发展了，但增幅不是很大。然而，社会流动增加也不应过分扩大，下层人民的子女进入中产阶层的机会在"二战"后虽然比战前增多了，但 70% 以上的人还是一直处于该阶层。与西欧其他国家相比，情况可能更糟糕。

---

[1] F. K. Ringer, "Higher Education in Germany in the Nineteenth Century", *Journal of Contemnporarx Hiistor Vol.* 2, 1967, p. 128.

[2] C. Kuhlmann, *Schulreform und Gesellschaft in der Bundesrepublik Deutschland 1946 – 1966*, Stuttgart: Steiner-Verlag, 1970, S. 213.

影响德国垂直社会流动的因素有很多,首先是经济因素,公司规模扩大、政府机构增多、新行业的出现这些因素增加了垂直流动,但并没有导致德国与其他工业国之间的显著差别。政治、社会因素是非常重要的,与其他工业化国家相比,德国面临更多的政治、社会阻力,如迟来的政治民主化改革、传统普鲁士价值理念。但这些阻力在 20 世纪特别是魏玛共和国早期,得以减少。高级公务员、商业精英、中级公务员这些职位向更多人开放。而作为社会流动的重要组成部分——白领雇员明显增加(主要来源于蓝领家庭),主要由白领与蓝领工人之间政治和文化关系的改变决定的。这些阻力的减弱解释了德国上升的垂直社会流动增加的现象。教育发展也是促进社会流动的因素之一,尤其在"二战"后,中下层进入中产阶级的比例明显提高,教育的普及功不可没。

垂直社会流动的大幅上升,有待于经济的进一步发展,政府、企业和个人进一步的努力。

第三节 工业化时期德国城市消费社会的形成

一 大众消费群体形成

(一)中产阶层消费群体的壮大

"中产阶层"(middle class)通常是社会学家在进行社会分层研究使用的一个概念。"中产阶层"一般是指介于资本主义结构上层的资产阶级和下层的工人阶级之间的社会中间阶级。这一阶层通常受过良好的教育,具有较高的文化知识和专业技能,并能够通过自己的知识获得受人尊敬的社会地位和优厚待遇。从 19 世纪末 20 世纪初,德国中产阶层成员的结构相对复杂和广泛。从"职员集团"讲,中产阶层的成员主要是被称作"白领阶层"的受雇者,这些受雇者主要来自从事第三产业服务行业的执行者:如餐厅服务员、商店售货员、邮局邮递员以及企业中的参与者:如会计、技术人员、管理人员、工程师等。随着第三产业的发展,这个"职员集团"中的"白领阶层"不仅在人数上得到了增长,而且在总人口中的比重也在不断扩大。从 1882 年至 1907 年,他们在总人口的比重中从

1.9%上升到5.7%。① 同时，中产阶层的成员还有来自"公职人员集团"的政府雇员和知识分子，这一集团主要是由中下级官员和各级教师组成。随着国家的统一，德国资本主义的发展以及教育对社会的重要性的凸显，他们逐渐成为德国社会政治、经济中的中坚力量。这一时期包括德国政府的各级官员、教师、邮递员在内的政府文官数量也在不断增长。根据德国1907年人口调查的材料，号称文官的人数约有100万……从狭义上讲，包括法官和检察官在内的文官也有约39万人。② 从1907年至1930年，这些依靠政府财政拨款、拿国家薪水的人，一直较为稳定地维持在总人数的5%左右。③ 从19世纪后期开始，德国政府为了加强对公共事务的管理，其政府开支也在不断增加。例如，德帝国内政部的开支由1890年的800万马克增加到了1914年的10800万马克。④ 这一方面说明了国家官僚机构的日益庞大；另一方面也说明了国家公职人员工资水平也得到了提高。同时，区别于中产阶级的社会上层主要以资产阶级化的容克贵族为代表，这一传统精英阶层则利用他们手中的权力和财富迅速发展成为资本主义金融业、农业和工商业的翘楚。他们不仅通过投资工矿企业赚取巨大的财富，同时也维系着贵族传统的政治特权。因此，权与钱的结合不仅使他们成为富有的社会上层，同时这些贵族在生活消费上也逐渐资产阶级化。奢侈消费也就成了他们最明显的外在表现。

因此，在19世纪中后期随着工业化进程的推进以及社会财富的增长，中产阶级的收入也在不断增长，他们也不满足于富足的社会生活，向资产阶层奢侈消费看齐已经成为中产阶级群体内部一种常见的现象。高品质生活和奢侈性消费已经成为包括中产阶层在内的资产阶级人群的一种时尚。在这一时期，包括金属品加工、珠宝首饰、丝织品等在内的传统产业得到了迅速发展。同时，在一些新兴崛起的工业产业中也有着大量的中产阶级

---

① David D. Hamlin, *Work and Play*: *The Production and Consumption of Toys in Germany 1870—1914*, Ann Arhor: the University of Michigan Press, 2007, p. 5.

② 中国德国史研究会、青岛中德关系研究会编：《德国史论文集》，青岛出版社1992年版，第139页。

③ David D. Hamlin, *Work and Play*: *The Production and Consumption of Toys in Germany 1870-1914*, Ann Arhor: the University of Michigan Press, 2007, p. 113.

④ 中国德国史研究会、青岛中德关系研究会编：《德国史论文集》，青岛出版社1992年版，第140页。

从事着经营和生产活动。作为社会的有闲阶层，他们在语言、衣服、饮食、休闲活动和消费行为等方面普遍具有相似的心理状态。他们在生活品位和消费行为上极力追求和模仿上层社会，他们既羡慕上层阶级的财富和品位，又有着"向上爬"的欲望。同时与产业工人相比，他们有着较为稳定的中等收入，生活状况也相对优越。正如艾力亚斯在《文明的进程》中对早期德国中产阶级知识分子的描述："与民众相比，他们可谓精英，但在那些宫廷贵族眼中，他们仍属于下等人。"① 因此，中间阶层不得不花费大量的劳动时间获得足够的收入来维持其一定的消费水平、体面的生活和社会地位。

(二) 产业工人消费能力的提升

在19世纪中后期，随着经济的发展和社会财富的增长，人们的生活水平也得到极大提高，经济收入也得到了普遍提高。例如，在19世纪80年代工人阶级将他们收入的52%花费在了食品上，收入的33%花费在了诸如住房、炉灶、灯光和衣物等生活必需品上，剩余的15%则全部花费在了教堂、学校、社交、保险、健康、交通、债务偿还和存款上。② 其中，产业工人的工资收入除了能够维持最基本的日常开销外，他们还可以使用多余的收入进行有闲消费，其中为他们的孩子购买玩具也成了日常消费的一部分。在1911年，有经验的女性工人一年仅赚到500—600马克，男性工人每年会得到1000马克的薪金。③ 由于这些人的年收入较低，所以他们能够买得起的大多是廉价品。的确，在1900年之前工人的平均工资通常保持在每年低于1000马克。其中技术工人可能会有更多的钱去购买玩具。沃纳·康策（Werner Conze）和乌尔里希·恩格尔哈德（Ulrich Engelhardt）在1906年做了一份关于522个工人家庭的统计数据。根据调查所知："平均每年花在'娱乐'（不包括酒类消费）上的资金消费为21.23马克。更多的是花在了'各种'开销上，平均每年的花费为67.19

---

① [德]诺贝特·埃利亚斯：《文明的进程》（上），王佩莉译，生活·读书·新知三联书店1998年版，第79页。
② James Retallack, *Imperial Germany 1871-1918*, Oxford: Oxford University 2008, p.64.
③ David D. Hamlin, *Work and Play: The Production and Consumption of Toys in Germany 1870-1914*, Ann Arhor: the University of Michigan Press, 2007, p.64.

马克。"① 到 1873 年，德国工人一周的工作时间从 72 个小时缩减到 57 个小时。特别是当德国经济走出了 1873—1896 年"经济大萧条"的困境后，工人的工资得到了较快的增长，德国工人阶级拥有了更多的闲暇时间。因此，德国工人在这一时期也具备了进行有限的有闲消费的能力。因此，这些数据强有力地证明在 19 世纪后期许多工人有能力为他们的孩子购买玩具，尽管购买的都是十分便宜的玩具。

同时，这一时期玩具消费也经历了一场巨大的转型和变化。从 19 世纪中期到 20 世纪初，玩具才真正地成为大宗消费品，并跨越了阶级的界限惠及大部分人。由于这一时期物价较为低廉，交通运输业的发展也促使玩具价格不断下降。因此，这一时期那些大型百货公司、圣诞市场和玩具商店所出售的玩具主要是面向这些有一定收入的消费人群。从 1870 年至 1914 年，德国的玩具行业最主要的目的是要为玩具创造一个大众消费市场。为了要让大多数人都能买得起玩具，大部分玩具生产商努力生产适合大众市场需求的商品，并试图把玩具价格降低到一定的水平。许多企业的商业战略都是基于大幅度降低价格来提高销售量。由于零售商推出的低成本玩具，使得越来越多的工人能够有限地消费玩具产品。同时，这一时期城市化的发展导致了城市数量的增加，在城市化过程中工人阶层的人数也在不断增长。沃尔特·特勒尔奇（Walter Troeltsch）在 1899 年指出，"城市化使消费者，特别是工人阶级消费者集聚在了一起，这就使得生产者和经销商能够出售更多的玩具"。特勒尔奇还说道，"因为他们可以毫不费力地就能让消费者花钱去买到产品，所以大众消费品能够产生更大的利润"②。因此，销售的成本也会急剧下降，所以服务城市消费者市场的销售就变得十分有利。

二 大众消费理念和消费行为的改变

（一）享乐主义消费的兴起

首先，消费场所越来越多。百货商店、展览会、商品专营店、咖啡馆和商业广场等消费场所也不断涌现。一些固定的消费场所日益成为社会名

---

① Volker R. Berghahn, *Imperial Germany*, 1871 – 1914: *Economy*, *Society*, *Culture*, *and Politics*, Nork York: Berghahn Books, 1994, p. 326.

② Walter Troeltsch, *Über die neuesten Veränderungen im deutschen Wirtschafsleben*, Stuttgart: Steiner-Verlag 1899, S. 63.

流的集会地点。例如，著名的西方咖啡馆（Cafe des Westens）成为柏林知识分子聚集活动的核心地点。腓特烈施塔特（Friedrichstadt）的那些咖啡馆也成为那些满载礼物的消费者约会和歇脚的地点。人们能够在这里将购物、交流和休闲结合起来。正如报道的那样他们把"咖啡馆"当成了"百货商店"，因为所讲述的"故事"就是他们全部的"购物体验"。这种体验是指消费者在百货商店、咖啡馆、专营店、有轨电车、街道和林立的建筑物及所陈列商品的玻璃橱窗以及在这些空间穿梭的、熙攘的人群的各种愉快经历。此时，德国消费社会已经初现端倪，追求享乐成为德国消费的强劲动力。不仅是德国的柏林、慕尼黑或纽伦堡等城市的消费势头在增长，许多小的城镇和乡村的休闲消费增长势头也很强劲。

其次，商店购物已成为消费者的一项文化活动，同时也成为一种愉快的购物体验。特别是圣诞季的到来成为玩具销售最重要的时节。在这个节日中新购物区的装饰对消费者的视觉刺激在成倍增长，消费者的购物活动也是充满乐趣的审美体验。因此，购物不仅能够消除不同阶层之间的隔阂和差异，也能够让每个人享受到购物的乐趣，并促进经济的增长。《柏林早报》（Berliner Morgenpost）的一位记者写到，柏林市中心已经被购买圣诞礼物的熙熙攘攘的人群的欢笑声所覆盖。① 另一位记者回忆到，看到各个收入水平的、成千上万的人穿着他们最好的衣服，从商店橱窗里折射出的柔和的灯光洒在了他们的脸上。在这些日子里，购物似乎抹掉了阶级的隔阂与分裂，同时每个男性和女性的脸上都洋溢着快乐的笑容。为他们的孩子购买圣诞礼物，使他们都真正地参与到了真实的德国人的娱乐活动中。尽管《柏林早报》（Berliner Morgenpost）曾写道："各个阶层的大量的男性和女性相互推攘拥挤地在百货商店中购买玩具和其他商品，然而，不是每个人都是心甘情愿的或是高兴地去购买玩具，似乎很多德国人都感到他们都是被迫为他们的孩子购买玩具火车和玩具娃娃。"②

同时，对于现代社会中的所有成员来说，圣诞购物代表了一种有趣的和普遍的活动。这些购物者"在灯光的反射中，看起来十分的愉快，他们张望着摆放有各式玩具和其他商品的玻璃橱窗"。他们"从一个商店走进另一个商店，从一个窗口走向另一个窗口，心里想着：圣诞礼物！圣诞

---

① "Bilder von der Strasse", *Berliner Morgenpost*, Monday, 22 December 1908.
② "Ein Tag der Vorfreude", *Berliner Morgenpost*, Monday, 22 December 1913.

礼物！"①因此，观赏这些玩具已经成了一种娱乐活动，同时父母在为他们的孩子购买圣诞礼物时也能够享受购物的休闲和娱乐。《前进报》（Vorwärts）在描述圣诞节对消费者产生的感官吸引力时说道："不论我们看哪儿，圣诞节都是异常的喧嚣热闹！在玻璃橱窗中到处都是闪烁明亮的灯光和诱人耀眼的玩具。在人流涌动的玩具商店中，有着令人啧啧称奇的玩具；人们闪烁的眼睛中透露出一种对玩具的渴望，同时又短暂地驻足，但又不情愿地走过，他们嚅动的嘴唇又显现出一丝迷惑或一阵惊喜。看到这，是多么地令人愉快啊！"② 在圣诞节期间百货商店里挤满了购物的人群。一位观察者评论这种状况时说道，"柏林现在已经被玩具统治"。为此，《柏林地方报》（Berliner Lokal-Anzeiger）说道："每件玩具就像磁铁一样地吸引着他们。"③ 特别是到了圣诞季，提着各种样式、尺寸和体积的购物袋的行人穿梭于各个百货商店中并造成了许多街区的交通堵塞。根据《柏林日报》（Berliner Tageblatt）报道：在圣诞节前的星期天里，柏林所有的机构几乎都空无一人，因为他们都在商场购物。④ 的确，正如这些刊物所报道的那样，那些主要的大城市都会吸引来自附近乡村地区的来访者或者购物者，有时候他们还会乘坐火车去城市中。特别是在圣诞节当天，他们会在大都市的那些繁华的新式购物区中购物。

购买玩具也成为一种文化和符号的消费表现。玩具作为一种消费品不仅有着诸如造型、色彩、图案、包装等外观上的示差符号，而且也有着体现社会地位、品位和身份地位的象征符号。消费者不仅把玩具作为消费的对象，而且与之相关的愉悦的心理体验、消费环境、服务过程也成为消费的内容。19世纪80年代的《园亭》（Die Gartenlaube）杂志就把柏林圣诞市场的购物者描绘成为一种视觉消费者。《园亭》杂志在1891年刊登的一个广告描述到，有一群拥挤的观看者一动不动地站着，静静地看着那些琳琅满目的玩具。我们能够从两个小女孩的表情中清楚地看出她们对玩具的渴望，因为她们在目不转睛地盯着那些玩具时，都忘我地咬着她们自己的手指。同时，还有两个年轻的男孩子为了寻找到一个观赏玩具的最佳位

---

① "Bilder von der Strasse", *Berliner Morgenpost*, Monday, 22 December 1908.
② "Weihnachtshändler", *Vorwärts* 25, No. 298 (20 Dec. 1908): 5. Beilage, 1.
③ "Berliner Beobachter", *Berliner Lokal-Anzeiger* 18, No. 600 (23 Dec. 1900): 2. Beilage, 1.
④ "Goldener Sonntag", *Berliner Tageblatt* 32, No. 645 (20 Dec. 1903): 1. Beilage, 1.

置而缓慢地移动着自己的身体①。同时，道路两边满是装饰精美的商品橱窗，在这样的街道上漫步也被认为是一种娱乐。因此，斯特莱斯曼（Stresemann）说："去观赏商店的这些玻璃橱窗甚至被当作了家庭成员外出的一个借口。"《福斯日报》（Vossische Zeitung）也赞同道："小孩子们走了很长的路才通过了柏林的商业街，因为这些漂亮的玻璃橱窗代表了孩子心里想得到的但又无法抗拒的东西。同时，所有的这些呈现在他们面前的有着五彩斑斓的灯光美景也使他们十分兴奋。"②据《慕尼黑最新消息》（München Neueste Nachrichten）报道称"没有一项活动像圣诞节购物一样能够'把实用性和趣味性结合'的如此有效"③。在1899年，阿尔弗雷德·克尔（Alfred Kerr）在《布雷斯劳报》（Breslauer Zeitung）中写道："曾经有一年，我不会去其他任何地方，然而能让我充满乐趣的就是生活在柏林。那就是在柏林圣诞节上……每一件玩具都属于圣诞节：即，一方面，体现了大城市的繁华；另一方面也体现了有着大量就业人口的圣诞节气氛……圣诞节不仅是一个令人愉快的家庭活动，同时也是一个商业活动。"④

但是，这些消费者有着明确的购物目标，他们不会轻易去购买自己不需要的商品，许多人在他们的头脑中会有足够多的经验知道该具体买什么商品。一些年轻的夫妻在百货商店漫步闲逛，可能是为了打发无聊的时间。一位记者说道："一大群购物者悠闲地通过了柏林市中心，但是他们克服了购买圣诞礼物的冲动。"⑤一些报纸杂志还说道，"尽管室外的天气极其寒冷，但是商业大街上满是大量寻求购物的人群……同时，那些人不会完全花费他们所有的积蓄，仅仅是在晴朗的冬日闲逛并不断地观赏这些商品"⑥。据报道，在1785年的人山人海的莱比锡圣诞市场中，购物者都"渴望得到最漂亮的玩具"，可是他们又"什么都不买"。⑦总之，19世纪

---

① "Before the Toy Booth in the Christmas Market", *Die Gartenlaube* 38, No. 49 (1981).

② "Silberner Sonungntag", *Vossische Zeitung*, 13 December 1909.

③ "München zur Weihnachtszeit", *Münchner Neueste Nachrichten*, 24 December 1888.

④ David D. Hamlin, *Work and Play: The Production and Consumption of Toys in Germany 1870-1914*, Ann Arhor: the University of Michigan Press, 2007, p. 141.

⑤ "Der goldene Sonntag: Massenspaziergang der Berliner", *Berliner Morgenpost*. Monday, 20 December 1909.

⑥ Tille, *Geschichte der Deutschen Weihnacht*, S. 209.

⑦ "Der gestrige Sonntag", *Berliner Tageblatt* 28, 11 December 1899.

的德国人已经把购物当成了一项文化活动，追求享乐已经成为人们的一种生活乐趣。

（二）炫耀性消费的出现

从个人的消费行为来看，玩具消费除了满足个人的基本需求外，同时还体现的是一种身份的炫耀和社会地位的彰显。由于经济的发展和社会上层财富的增长，使得奢侈品玩具对有经济能力的社会上层更加具有吸引力。同时，也有很多富裕的家庭会通过炫耀性消费来体现社会的差别，这股风气的盛行从而推动了社会中下层消费热潮的出现。玩具制造商为了迎合市场需求也会提供更多昂贵的奢侈品玩具来刺激顾客的消费需求。伴随着玩具造型、款式和价格的多样化，使得这些玩具具有能够体现社会分层的特点。从19世纪中期以来，德国社会结构的阶层化趋势不断发展，一个具有良好社会地位和经济实力的中产阶级日益崛起，中间阶层逐渐成为消费主体，他们能够通过较高的消费来模仿和体验社会上层的生活。在1900年之后，玩具价格的最明显的趋势是高端玩具的价格仍然比较昂贵。例如，宾（Bing）公司的蒸汽机火车玩具在1902年的售价为3.25—46马克，到了1908年售价为2.15—117.25马克，到了1912年为3.60—192马克。生产技术的改进促使玩具价格下降，玩具价格下降又推动了更多的人去购买玩具。因此，玩具价格下降也是一个重要的发展趋势。这样，在1902年同类玩具的价格范围为16.5—42马克，1908年为13—90马克，1912年为3.8—115马克。随着经济的发展和上层阶级财富的增长，使得奢侈品玩具更加具有吸引力，同样中产阶级也有经济能力去购买这样的玩具。此外，在中产阶层模仿社会上层消费的同时，工人阶层也会通过模仿中产阶层消费水平来提高自己的社会地位。这样，社会中上层不仅能够买得起玩具，而且下层群众也能够买得起。因此，工人群体不仅能够买得起玩具，而且他们也是活跃的玩具消费者。为此，莱比锡大学教授古斯塔夫·弗雷（Gustav Frey）在1917年写的名为《玩具文化》的文章发表在了《儿童研究》（*Zeitschrift für Kinderforschung*）杂志中写道：最初这些小玩具因为它们昂贵的价格仅能被社会精英购买，但是它们的文化吸引力总是在扩大。在德国，随着生活水准的提升，越来越多的人能够买得起玩具。同时，结果先进文化和优秀的教养最先投入到中产阶级并最终通过消费到达下层群众中。所以，许多企业的商业战略都是基于大幅度降低价格提高销售量。例如，柏林的一家商店老板威廉·斯坦（Wilhelm Stein）在

1899 年刊登广告，玩具士兵每个售价 23 芬尼，玩具火车每个售价 95 芬尼。在 1900 年，A. 简杜福（A. Jandorf）公司的玩具士兵的价格在 5—45 芬尼。① 在 1902 年，宾（Bing）公司在市场上出售的玩具精灵的价格为每个 50 芬尼。该公司也有蒸汽机模型，每个售价为 90 芬尼。在 1908 年，林内亚尔（Lineal）公司的玩具士兵仅 40 芬尼就可以买得到，装有发条的电车售价为 50 芬尼。赫尔曼·迪特言（Hermann Tietz）商店的装有发条的齐柏林飞艇玩具模型售价仅为 90 芬尼。② 在柏林的威廉·斯坦（Wilhelm Stein）商店的广告宣传上长度为 25 厘米的玩具娃娃售价 40 芬尼，30 厘米长的玩具娃娃售价则为 75 芬尼，上发条的有轨电车模型售价为 85 芬尼。③ 在松讷贝格（Sonneberg）的赫尔曼·库尔茨（Hermann Kurtz）商店里出售的包含有诺亚方舟的木滑车玩具套装仅为 50 芬尼。④ 因此，这些种类繁多的玩具低于 1 马克就能够买到。同时，由于低廉的玩具价格也导致了被称作"50 芬尼集市"的出现。因此，这一时期玩具行业非常火爆。在"一战"前，社会各阶层的差距不能表明谁会拥有玩具，谁没有玩具以及一个家庭是否会拥有多的或是少的，廉价的或是昂贵的玩具。因为这些奢侈品玩具不再是社会上层的专属，中间阶层也能够买得起这些玩具，他们能够通过金钱力量的炫耀消费行为获得心理上的满足，能够使他们的虚荣心得到空前膨胀，并把玩具消费看作提高自己社会地位的标志。尽管，工人阶级收入相对较低，但是在中产阶级的引导和影响下他们仍然愿意通过对较高水平炫耀消费的模仿来表现自己的社会地位。

（三）引导大众消费手段的多元化

1. 大众媒介的推动

首先，广告业的发展推动了玩具的销售。在 19 世纪后半叶，德国人的社会生活发生了巨大变化。在这一时期，广告有着新潮的绘画技术，多彩的海报也成了商家兜售他们展品和商品的手段，杂志也会刊登一些迷人的摩登彩照，甚至一些报纸也增添刊登了一些产品的图像和文字。这些商店和企业也开始用那些有着醒目字体的广告来展销商品，而且这些文字的内容非常简单，即使是那些有着识读障碍的人也能够理解接受。因此，这

---

① See *BerlinerLokal-Anzeiger*, 3 Dec. 1899.
② See *BerlinerLokal-Anzeiger*26, No. 611（1 Dec. 1908）.
③ See *BerlinerLokal-Anzeiger*27, No. 779（1 Dec. 1909）.
④ Kurtz, *Spielwaren und Puppen*, 1912, p. 38.

些广告宣传手段的运用标志着广告时代的到来。

广告不仅能够刺激人们的感觉器官，而且还能调动人们的内心欲望。因此，玩具生产者、商人或者商店为了促进玩具的销售，他们会在行业报刊和杂志中刊登大量的玩具广告。这些最具代表性的行业报刊和杂志有《德国玩具报》（Deutsche Spielwaren Zeitung）、《玩具评论报》（Rundshau uner Spielwaren）和《工业玩具及其相关产品指南》（Wegweiser fur die Spielwaren Industrire und verwandte Branchen）等。其中最具影响力的行业报刊是《工业玩具及其相关产品指南》，这份报纸是由飞利浦·塞姆哈默（Philip Samhammer）在1886年创办。塞姆哈默是松讷贝格市（Sonneberg）一所为培养木制玩具工人的技术学院的董事。他创办这份报纸的目的是以此支持来自纽伦堡和松讷贝格的玩具公司以及汉堡、柏林和莱比锡的玩具出口公司。该杂志每两周发行一期，在十年里平均发行了1.5万份，在全球增发了3.5万份。[①]《工业玩具及其相关产品指南》等同于各类玩具广告的一个集锦。这些玩具报纸和杂志会刊登大量的玩具广告，而且这些杂志还倾向于刊登大量各式玩具图片和凸显出生产者姓名等方式的玩具广告。正如图4-1所示，在《德国玩具报》中所刊登的纽伦堡地区的广告数量，其中有关动物玩具的广告要多于科技玩具、军事玩具和其他儿童玩具的广告。但是，玩具生产者投放在这些杂志和报刊中的这些玩具广告经常会被随意摆放在一起，因此很少有证据能够证明这些玩具到底是谁的产品。甚至对于消费者来说这些玩具生产者完全是不知名的。事实上，玩具生产者几乎很少会将他们的产品直接出售给消费者。他们也几乎不会把他们的产品出售给玩具零售商。相反，玩具生产者会把各式各样的产品出售给玩具经销商。鉴于这种情况，大部分玩具生产者刊登广告的目的不是指向消费者，而是指向了零售商和中间商。

在为普通大众发行的报纸和杂志中都有玩具的宣传广告，然而在很大程度上玩具生产者把刊登广告的任务委托给玩具零售商。很自然地，这些玩具零售商所感兴趣的是为自己的商店做广告宣传而非为玩具生产者。虽然玩具零售商刊登的许多像摇摆木马、玩具娃娃、玩具士兵和小火车等各种玩具广告，但是没有被提到玩具生产者的姓名。如果玩具生产者能够更

[①] Hans-Joachim Braun, *The Germany Economy in the Twentieth Century*, New York: Routledge, 1990, p. 29.

直接去销售他们的产品,而不是把玩具产品转让给中间商而远离销售活动的话,那么他们的名字就可能会被人所知。以 19 世纪乐高(Lego)系列的积木玩具为例,最初这种玩具是一种能够被搭建成各种建筑物的积木组合玩具。这种玩具是由"幼稚园之父"弗里德里希·福禄贝尔(Friedrich Frobel)发明的。在 1880 年,一位叫弗里德里希·阿道夫·里克特(Friedrich Adolf Richter)的化学制药公司的老板为了打开产品销路,根据其产品的灵活性,把这种积木组合引进他的商业和广告中。结果,这种玩具被频繁地刊登在了报刊上。不幸的是,在报纸上所刊登的玩具广告主要提到的是零售商克里特的名字。

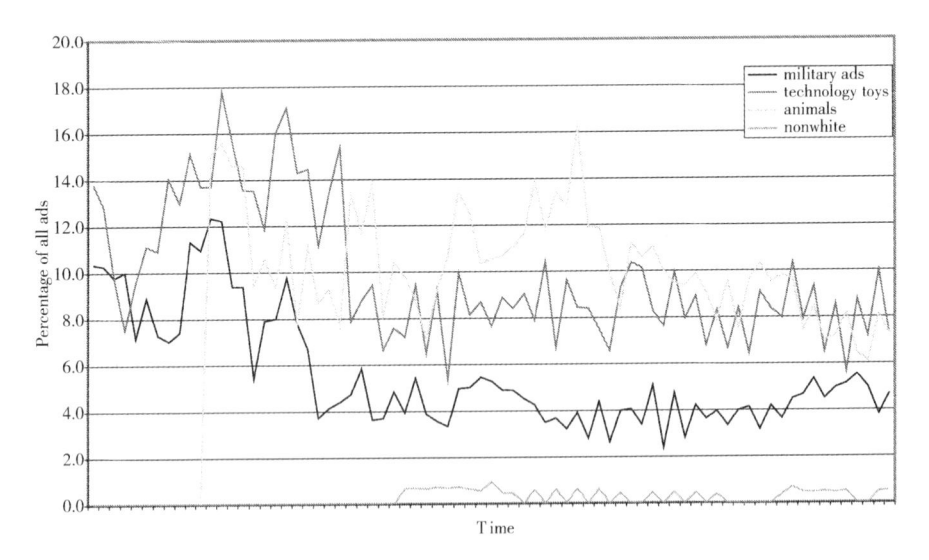

图 4-1　1909—1914 年《德国玩具报》上刊登的纽伦堡地区玩具广告数量对比

其次,行业杂志也对玩具的设计产生了重要影响。例如,《德国玩具报》(Deutsche Spielwaren Zeitung)会定期报道国外(特别是巴黎)流行的主题玩具并可能会为玩具的设计提出一些新的建议。同时,玩具生产者不只是凭空想象玩具的造型。例如,恩斯特·劳施(Ernst Rausch)写道:"一些玩具生产者主要依靠德文版的《笨拙》(Punch)周刊和迈尔的《百科全书》(Meyer's Encyclopedia)中的内容,并寻求把来自美国的产品设计成玩具。"[①] 此外,一些玩具设计者还会在玩具造型上涉及超自然主

---

① Oskar Stillich, *Die Spielwaren-Hausindustrie des Meiningen Oberlandes*, Kessinger, 2010, p. 44.

义的主题。这些设计者的目的是让这些玩具生产者和销售者满足消费者的需求，同时这些玩具设计也能够让人"耳目一新"。《德国玩具报》(Deutsche Spielwaren Zeitung) 宣称，对于玩具生产商来讲，玩具的吸引力是至关重要的。同时，《德国玩具报》还报道：在圣诞节期间，细心的玩具生产商必须努力……直接把大众的注意力集中在他们生产的玩具上。这样销售商就有足够多的机会为消费者提供大量丰富多彩的和印象深刻的玩具。①

除此之外，玩具行业生产的一些玩具也与现代科技成就和国际局势的发展密切相关。特别是那些金属玩具制造商全力以赴地为儿童生产廉价的和精美的火车、无畏舰、飞机、汽车、蒸汽机等玩具。他们也会不断地把当代发生的事件设计成玩具。以至于任何一次重要的国际危机或任何一场已发生或者潜在的军事冲突几乎立即会被塑造成玩具。《园亭》杂志写道，"自从1863年普丹战争爆发后，随着军事行动的开展，玩具行业也随之生产了锡制的士兵玩具"②。同时一些最引人注目的国际战争冲突，无论是普法战争、日俄战争、巴尔干战争、布尔战争还是一些典型的军事僵持局面都成为玩具制造商的设计素材。同样地，一些国内外的政治事件，例如克佩尼克上尉（Köpenick）、扎本事件（Zabern Affair）以及德国为殖民非洲而镇压赫勒娄人（Herero）和那马族人（Nama）的叛乱也成为玩具制造商的设计素材和主题。还有一些体现文化意义的事件，例如，"泰迪·罗斯福的非洲狩猎之旅"（Teddy Roosevelt's African Safari）或者"库克（Cook）和佩里（Peary）的北极探险"都作为玩具主题而被迅速开发。因此，纽伦堡玩具制造商如果想要设计上述任一款玩具，而且玩具还要保留真实的原貌，那么大众媒体就是他们设计该款玩具的唯一来源。

同样，这些玩具的设计并不需要玩具设计者亲身经历那些全球瞩目的战争、游猎活动或者目睹那些巨型战舰。这些玩具模型的设计大多来源于大众媒体和新闻事件。通过报纸杂志对现代科技成果，例如飞机、火车、飞艇、战舰、武器等的报道，玩具设计者就能够通过缩小真实物体的比例制造出精致的玩具。这些玩具是"真正"的实体模型和"真实"事件的复制品，而不用担心他们的玩具产品会沦为人物漫画。同时，在玩具的推

---

① "Die Spielwaren Monat", *Deutsche Spielwaren-Zeitung*, No. 23 (1 Dec. 1911): 719.

② "Des Weihnachtmanns hauptsächlichste Werkstätten", *Deutsche 2*, No. 12 (Dec. 1865): 179.

广销售中也出现了另外一些不同种类的广告宣传。它不是强调事件和玩具的关系，它强调的是商店内部的装饰，明亮的玻璃橱窗以及玩具对消费者的吸引力。因为生产者是无法为他们的产品代言，然而零售商则可以。逐渐地，零售商能够用视觉景观的语言来描述这些玩具。通过将现代城市中新兴的零售业区域与旧的圣诞市场作比较，我们能够看到在玩具销售中视觉景观的兴起。

2. 圣诞市场的发展

在德国，圣诞市场是最古老的玩具售卖和购物场所。圣诞市场在德国有着几百年的历史，几乎每年都会在德国所有城市的市中心举行集市买卖活动。例如，根据一位观察者所言，在1785年的莱比锡，玩具、陈列柜、桌子、椅子、床等其他商品都会在为期三天的圣诞市场中出售，而且人流量非常大，以至于摩肩接踵难以通行。圣诞市场不仅是一项被人所熟知的大众传统，也是德国城市生活的一项传统。在德国的大部分城市中每年都会举办圣诞市场活动，而且这些圣诞市场主要是以商业集市的形式出现。在与圣诞节和新年相关的买卖商品的节日中，圣诞市场充当了一个重要的角色。由于圣诞市场的传统，使得圣诞节成为19世纪德国最为人所知的情境之一。

长久以来，圣诞节市场都是从事商业活动的一个重要场所。因为在圣诞市场中玩具零售商有着很低的运营成本，所以这些场所能够吸引大量的零售商。《柏林画报》（Berliner Illustrirte Zeitung）宣称："圣诞节市场再一次展示了破旧的和简陋的货摊，而且在每个货摊中都堆满了各种廉价的小玩意儿。"① 由于那些贫穷的商人和他们的货摊确保了他们出售的商品价格低廉品质过硬，因此消费者在这些场所中能够十分容易和划算地购买到他们中意的商品。当然，圣诞市场作为商品买卖场所不仅仅只是因为价格低廉。除此之外，圣诞市场一般会占据德国城市中那些艺术、政治和商业中心。在19世纪早中期的那些相对较小的德国城市中，那些大型的露天场所会被建造成气势恢宏的具有巴洛克风格的教堂和王宫。这些圣诞市场通常位于像王宫、市政厅和大教堂这样的主要地标性建筑和城市中心附近，因为这些地区能够为圣诞市场提供大量的消费群体和很大的市场吸引力。因此，巴伐利亚工艺美术博物馆馆长冯·克莱默（Th. von Kramer）

---

① "Allerlei vom Tage", *Berliner Illustrirte Zeitung* 3, No. 50（16 Dec. 1894）: 2.

把纽伦堡圣诞节市场的购物者描述成"有着轻快的生活,满是寻求商品活动和购物的人群",这些人在"被柔和的灯光所覆盖的有着无数玩具、装饰品和糖果的货摊中"闲逛①。另一位观察者写道:"大大小小的商人在混杂着风琴和口琴音符的声音中闲逛。"② 这些情境已经印在了所有人的意识当中。

在圣诞市场中出售的都是一些十分简单和廉价的玩具。最主要的原因是圣诞市场鼓励生产传统玩具,而且在圣诞市场中也没有使用机器生产的地方。因此,在这些集市中主要出售的是那些最普通的玩具,在圣诞市场中找不到更为复杂精巧的玩具产品。到了19世纪末,由于对商品功能和购物场地的审美要求,圣诞市场就不再是真正理想的商业选址,圣诞市场逐渐地退出了历史舞台。这个过程在柏林尤为引人注目。在柏林,圣诞市场不准在市中心经营,并强迫那些货摊搬入工人居住的生活区,而这些地区主要是在帝国首都的商业和政治中心的边缘地区。鉴于圣诞市场的衰落,当时的人们倾向于认为圣诞节市场是资本主义向前发展的一个不可避免的牺牲品。同样地,由于历史的发展和社会的进步,资本主义大市场的发展也不可能被少数商人的货摊所阻挡。

圣诞市场的衰落主要有以下几点原因。第一,他们都是在户外摆摊经营。《柏林地方报》(*Berliner Lokal-Anzeiger*) 一针见血地指出:"圣诞市场不仅十分破旧,也令人不舒服。"③ 由于户外的夜晚天气十分阴暗寒冷,所以圣诞市场不得不通过增加电灯数量以保证照明安全。同时,恶劣的天气或者盗窃也会造成一些可能的损失并不能保证产品的品质。当然,更为昂贵的电动玩具是在20世纪早期才进入玩具市场的,所以这些精密昂贵的玩具不会在圣诞市场中出现。第二,圣诞市场中的商人很少或几乎没有同生产商取得联系。因此,这就意味着他们没有能力去排除中间商的抬价或是向生产商施压降低产品价格。第三,圣诞市场还有很多潜在的不稳定因素。它们是建立在国有土地之上。事实上,是政府花钱修建营业场所,并为他们提供政策保护和各种各样的服务。然后政府为了弥补他们的投入和花费,必然要向圣诞市场中展览和出售的商品征收税费。以慕尼黑圣诞

---

① "Spielwarenindustrie", *Bayerische Gewerbe-Zeitung* 3, No. 9 (1890): 193.

② "Allerlei vom Tage", *Berliner Illustrirte Zeitung* 3, No. 50 (16 Dec. 1894): 2.

③ "Ein Wanderung über den Berliner Weihnachtsmarkt", *Berliner Lokal-Anzeiger* 6, No. 302 (23 Dec. 1888): 2.

市场为例，如果该地的圣诞市场不能保本或者盈利，那么地方政府就没有足够的资金投入到圣诞市场中，那么就有可能取缔圣诞市场。慕尼黑政府的解决办法就是把圣诞市场搬迁到另外一个地点。因此，这在一定程度上限制了在圣诞市场中买卖的人数。对于潜在的消费者来说，圣诞市场的确切位置似乎有着极大的不确定性。第四，由于圣诞市场带来的吵闹、灯光和陌生人致使周围的邻居对其十分厌恶，所以圣诞市场容易受到来自邻居的政治压力。在慕尼黑，政府想要去延长圣诞市场的持续时间（能够增加商人的利润和城市的税费收入），但是由于这一地区居民的强烈反对和抵制，导致政府的这一努力被拖延了好多年。事实上，在19世纪80—90年代，柏林的警察为清除市中心的圣诞市场与商贩斗争了好多年。他们认为在德国的最具代表性的核心区域里的社会治安和公众纪律十分糟糕[1]。因此，柏林的警察更喜欢大型的玩具商店。最后，由于一些市场竞争者的存在，使得圣诞市场易受到来自政府的施压打击。例如，一些地方商人，特别是通过鲁道夫·赫佐格（Rudolh Hertzog）的努力，使柏林圣诞市场在19世纪80年代从布莱特大街（Breite strasse）搬迁到了柏林博物馆岛（Museuminsel）。这些商人反对延长甚至持续保持慕尼黑圣诞市场，因为这会损害到那些每年有着极高的投资和运营开支的玩具商店的利益。这些已经出现的玩具商店，例如有：柏林的伯恩哈德（Bernhard Keilach）商店，斯图加特的赫尔曼·库尔茨（Hermann Kurtz）商店和慕尼黑的约瑟夫（Joseph Obletter）商店等。因此，他们会十分担心来自圣诞市场的价格竞争。这样，他们就会试图去说服政府取缔圣诞市场，以此来保证他们的竞争优势。这些商人更善于影响政府的决策，操纵政府在这些市中心建立一个让他们有优先权的甚至有一个法定形式的零售市场。他们认为圣诞市场中临时的、潜在的违法货摊应该从这些有代表性的地区中清除掉，这样就对大型的、安稳的商人和他们的商店有利。但是，柏林圣诞节市场不仅坚持到了1890年，而且占据了一块露天场所，这块土地曾经是霍亨索伦王室的宫殿（现已不复存在），是唯一一块能够代表德国君主权力的土地。圣诞市场从市中心迁走，不仅使圣诞节市场失去了来自巴洛克式的市中心创造的能够吸引消费者的审美格调。同时由于地理位置的改变和消费群体的缩小，圣诞市场日益衰落。《前进报》写道：曾经的圣诞市场从市

---

[1] See Lorenz, *Berliner Weihnachtsmarkt*, pp. 98-99.

中心清除掉，它们的"观众"是"正如看到的那样，来自各个阶层的人不再集中于此"。① 尽管如此，圣诞市场中的商人顽强地反抗着即将倒闭的预兆。根据《前进报》的统计，在柏林圣诞市场中的商人数量在1890年至1904年，人数从3142人增长到了3640人（当然，柏林人口是处于一个非常快的增长速度）。除此之外，大量的商人离开了圣诞市场，开始去柏林新建的零售区流动售卖，并寻求那些消费者。② 这个趋势表明，圣诞市场受到了来自零售商和百货商场的日益增加的竞争压力。因此，圣诞市场不再具有成为买卖圣诞节礼物的主要零售场所的优势。

到了19世纪末圣诞市场逐渐被新的百货商店所取代。在19世纪80年代，像波茨坦广场（Potsdamerplatz）附近的莱比锡大街（Leipzigerstrasse）和柏林纪念大教堂（Gedächtniskirche）的附近区域，法兰克福采尔大街（Frankfurt Zeil）以及慕尼黑老城区的西部区域已经成为德国的大型购物区，同时也成为商品的主要零售区。在这些销售区域中，零售商会将最有销路的玩具摆放在陈列柜中。这些玩具的设计对购买者来说有着极强的视觉冲击力——这些玩具不仅能够分散行人的注意力，而且还会对顾客产生视觉上的吸引力。

3. 百货商店的出现

随着圣诞市场不再成为购买圣诞节礼物的主要零售活动场所时，在圣诞节场景中日益凸显出了一些新的购物区。同时，这些新的购物区也成为报纸杂志描述圣诞景象的一个核心主题。在这些购物区中最主要的是百货商店。百货商店的出现为德国城市创造了新的商业中心，同时也实现了消费者从强调商品的"交换价值"再到商品的"符号价值"的转变。百货商场从地理位置上讲是固定的，它们的经营策略主要体现在以下几点。

第一，百货商店有着空间和服务优势。现代零售业的蓬勃发展就需要大的空间来展示商品，这就意味着要开辟新的销售场地。百货商店不仅有极大地空间优势来囤积和储备大量商品，而且还会采取薄利多销的策略参与市场竞争，同时也能与生产者建立直接联系。对大众市场来说，低廉的商品价格激励着消费者的购物热情，同时低廉的价格就是市场竞争的核心。与传统的零售商不同，百货商店的优质服务可以促进消费者购买商

---

① "Vom Weihnachtsmarkt", *Vorwärts* 15, No. 296（18 Dec. 1898）: 1. Beilage, 1.
② "Der Weihnachtsmarkt", *Vorwärts* 18, No. 289（11 Dec. 1901）: 2. Beilage, 1.

品。如果出于某些原因产品不被消费者认可，百货商店也接受退货。因此，消费者能够克服这些担心，所以去百货商场购物也就能够成为一次愉快的经历和体验。

第二，百货商店在室内装潢上投入了大量资金。首先，店主会在商店内部装饰上投入大量资金和精力。为此，商店老板会把自己的商店装饰得更加优雅时髦。商店内部豪华的装饰和精美的商品展示不仅能够改善购物环境，而且梦幻般的商品陈列技巧也能够对购物的消费者带来全方位的视觉刺激，增强消费者的审美体验，同时也会削弱买卖双方的利益冲突。同时，百货商店也是开放的，允许消费者进店随意浏览、闲逛和询问商品价格。为了把购物者变成销售热潮中的"狂热观众"，有着铺张华丽、气派的美轮美奂的商店就能够对消费者产生视觉的吸引力。同时，百货商店中建有巨大的、多层的、有着玻璃屋顶的销售大厅被称作"光之厅"，并为建造的大厅提供了廉价的照明灯饰。例如，在杜塞尔多夫的莱昂哈德商店（Leonhard Tietz），普通照明就使用了450个弧光灯和6500个电灯。在商店外面，有200个灯照亮了建筑物，同时还有72个弧光灯被布置在了展示窗上。此外，为了当地的"照明效果"有200多家专营店分布在了百货商店周围。[①] 这样的照明就保证了商品会更加明亮闪耀，这样的灯光效果也使得百货商店更具吸引力。同时，在百货商店的销售大厅中也装饰了许多美学图案。严格来讲，随着电灯的发展这样的大厅不再成为必需，电能的成本能够通过附加商品很好地被弥补，这些附加商品能够被摆放在楼中并被出售。然而在"一战"前，"光之厅"对于每个主要的德国百货商店来说是不可或缺的。因为它们有着一个重要的关于审美的商业目的："光之厅"暗示着空间、奢华和气派。更为重要的是，对于所有的购物者来说所有的商品都可以买得到。通过商店中的种类繁多的商品，最大限度地使用内部空间，强化了这种创造出的富有和奢华。

其次，百货商店为了吸引顾客还会花费金钱装修商店门面。这些灿烂夺目的商品门面能够吸引购物者走进百货商店，同时商店中的商品也会在消费者的大脑里形成一种具有美感的、浪漫的观赏模式，而不会形成一种理性的、计算的模式。这样的设计会尽可能地提高消费者的购物兴趣，把他们的注意力从商品的价格标签和消费者自身财力中转移到注视商店的外

---

① Creutz, *Joseph M. Olbrich*, p. 15.

形上。通过把注意力集中在商店外形上，购物呈现出来的审美化有助于煽动起消费者的购物热情。通过呈现出的具有审美化的购物经历，百货商店就拉近了商品和消费者之间的距离，目的是让消费者成为销售场景中的"狂热购物者"。因此，德国社会学家格奥尔·齐美尔（Georg Simmel）写道："消费者所产生的购物热情主要是消费者与商品之间的距离起到了十分重要的作用。距离是获得财富的阻碍，百货商店创造的距离为的是购物者能够真正克服这种阻碍。"①

第三，百货商店室内的奢侈得到了空前发展。为了吸引顾客的视觉注意力，他们把百货商店装修打造的与宫殿一样奢侈豪华。早期的百货商店曾经使用巨大的玻璃展示窗。最具代表性的是在 1900 年在莱比锡大街建立的赫尔曼商店（Hermann Tietz），这家商店的主要做法是将商品放在有着几乎完全是透明玻璃的橱窗中。随着百货商店开始吸引来自社会上层的消费者的时候，商店的奢华感就被凸显了出来。例如，在 1908 年建于杜塞尔多夫的莱昂哈德商店（Leonhard Tietz），在他的"光之厅"中间装饰着锡耶纳（Sienese）特征的大理石，同时也会偶尔将红木镶嵌其中。② 事实上，在他的商店中使用的建筑材料与巴伐利亚国王路德维希二世（King Ludwig Ⅱ）在海伦基姆湖堡（Herrnchiemsee）的未完成的宫殿十分相似。在莱比锡大街上的沃特海姆商店（Wertheim）中的"光之厅"中装饰有名为"劳动者"的大理石雕像和两个装饰精美的休息大厅，这两个大厅是专门为消费者兴建的临时休息区。③ 因此，以上种种诱导消费方式的出现不仅使销售文化发生了改变，同时也是传统社会迈向消费社会的重要一步。

4. 中间商的推动

首先，中间商有着参与市场活动的便利条件。在 19 世纪初的斯泰因—哈登贝格改革，使普鲁士的社会经济结构发生了重大变化。改革的成果不仅使德国逐渐地取消了行会法规实现了经商自由，行会解除了对商人的人身束缚，为工商业的自由发展创造了有利条件。同时，还废除了农奴制，农民获得了人身自由，允许市民和农民迁入城市从事工商业活动。此外，实现关税改革，统一了关税，加速了普鲁士向现代社会的转变，推动了新

---

① Simmel, *Philosophy of Money*, New York: Routledge 2004, p. 76.
② Max Creutz, *Joseph M. Olbrich: Das Warenhaus Tietz in Düsseldorf*, Berlin 1909, S. 14.
③ Frei, *Tempel der Kauflust*, Leipzig 1997, S. 93–97.

兴的工商业资产阶级的发展。到了 19 世纪中后期，德国交通通信设施得到了迅速发展。运河、公路的建设发展以及铁路、汽船和电报等交通设施和贸易联系方式的改善使得商品不仅能够迅速运输，而且还能掌握国际的市场价格。交通运输能力的提高使得德国玩具制造商不仅能够迅速拓展同英美等国的贸易路线，同时也推动了海运运费的下降和国内玩具价格的下降。玩具价格的下降又使得社会各阶层能够花少量的钱买到想要的玩具。

其次，中间商推动了玩具生产模式的变化。市场是决定玩具产业发展速度与规模的重要因素，任何形式的商品都必须通过市场产生效益，所以决定玩具产业发展的核心问题就是市场。新的营销模式和运作手段推动了玩具销售市场的开拓。因此，玩具的销售成本也会急剧下降，所以服务城市消费者市场的销售就变得十分有利。同样，对于很多生产商来说，商业的销售结构也非常重要。这一时期，销售体系依赖于中间商网络，这些中间商能够通过多种途径让许多小的德国玩具制造商参与到全球的大市场当中。更为关键的是，中间商把供给和需求"捆绑"在了一起。中间商把来自小零售商的订单派送给较大的生产商。一旦这些订单数量积累到一定数量成为大订单时，那么对生产商就有着很大的吸引力，因为不变的成本费用能够被分摊到所有的货物上。中间商也把小生产者"捆绑"在了一起，允许那些小创业者参与市场竞争。这在厄尔士和松讷贝格地区起到了非常明显的作用。在这些地区的伐木工和玩具制作者的独立生产不能满足对大订单的需求。弗莱杰通过把订单分散到了许多生产者手里，完成了这些订单需求。在纽伦堡也能够看到相似的生产过程。"一个生产商和四名雇工是如何制作 5 万只锡制的带有轮子的老鼠并且能够让孩子在地板上滑动呢？一个生产商是无法完成的，但是如果生产商与其他几家合作生产的话，这个订单就可以完成。"同时，中间商也大力开发玩具产品。一个小的生产商可能在一个季度只能开发出几种新型的玩具模型，而大部分零售商对玩具的需求不只局限于这几种玩具模型。中间商则会给零售商呈现出大量的玩具模型，然后把这些玩具订单承包给生产商。通过这种方式，零售商和生产商之间的交流方式也就简单多了。所以，玩具销售在经历了一次巨大的转型的同时中间商网络也在逐渐形成。

再次，中间商网络的发展推动了玩具销售模式的改变。当玩具生产商把他们制作好的玩具交付给中间商时就意味着销售活动的开始。玩具制造商会将精心打造好的种类繁多的玩具模型供应给中间商，而中间商会将这些造型繁多的玩具陈列在玩具商店的模型室内或者会被带到莱比锡的复活节上出售。其中，纽伦堡的玩具中间商的商业活动开展得非常早，他们在每年的12月份就开始了商业活动，这一时期正是玩具生产商为下一年的圣诞节准备推出新式玩具的时期。中间商在与生产商达成价格和交付条件后，就会把这些玩具出售给零售商或者其他商人。中间商和零售商的交易活动可能会安排在纽伦堡的销售展厅中进行，也有可能会在街头进行交易活动。以莱比锡复活节为例，该节日是在每年五月份的第二周举行。莱比锡主要是致力于东西方贸易活动的地区，所以这一地区有着很多节日。中间商会带着他们的货物直接去那些定期的集市并与消费者进行交易活动。然而，随着交流方式的改善和贸易量的增加，集市就逐渐地走向了衰落。因此，中间商就没必要把他们的货物带到莱比锡再出售给来自明斯克（Minsk）或者曼彻斯特（Manchester）的商人。所以，组织者把集市举行的次数减少到每年一至两次，其中一次在五月，另一次在九月。集市的减少对集市的功能产生了一个意义深远的影响。贸易量、运输效率以及工业生产规模让古老的商业集市变得更加多余。莱比锡的集市不再被当作一个真正的市场，在集市中被买卖的已不再是货物，而是变成了市场消息。因为，集市能够把各地区的购买者和生产者联系到一起，并在一个地方短暂地建立一个统一的市场，这就使得莱比锡的集市又一次充满了活力和价值。因此，变化中的莱比锡集市也就成为欧洲经济转型的一个缩影。

当中间商和生产者达成商业协议后，生产者就会按照订单要求开始生产玩具。在交通便利的城镇地区，生产者能够在任何一天把货物交付给中间商，交付日期通常是在星期六完成。在这些家庭手工业者中，为了节约劳动力通常是由儿童或者生产者家庭中的适龄成员来完成交付任务。对于偏远的乡村地区，中间商去收集点取货往返一趟可能需要更多的时间。有时为了方便装载，他们会把一些货物放在由狗牵拉的一辆破旧的小货车上进行运输。① 最初，中间商的商业活动是通过货到付款的方式来进行。生产者在接到订单后，中间商会向其支付一笔订金，但是不会支付全部款项。中间商为了获得足够的流动资金会向地方银行贷款，有时也会向生产商延期付款。同样，中间商为了支付银行的贷款利息，也会克扣支付给生

---

① Oskar Stillich, *Die Spielwaren-Hausindustrie des Meininger Oberlandes*, Jena: G. Fischer, 2010, S. 80–81.

产者的最终金额。由于中间商不会支付全部的款项，所以生产商在玩具生产中不得不垫付很大一笔资金，这笔资金可能已经超过了货币的时间价值。

随着时间和科技的发展，中间商和生产者之间的交易模式已经发生了变化。最初中间商采购的玩具都是传统的订购项目并保证一定的库存量，然后他们再把这些存货出售给别人。然而，交通和通信技术的改进导致了中间商活动的迅速衰落。在 19 世纪八九十年代，商业合同的出现从根本上改变了中间商的生意。在这一时期，中间商手里有了商业合同后才开始给玩具制作商下达订单。例如，在这之前的中间商弗莱杰（Verleger）（一位地方商人，他为地方手工业者分配产品订单）在出售玩具时要承担着大量的风险。如果找不到购买者，那么他就要遭受很大损失。但是，当弗莱杰有了商业合同时，他的生意就发生了许多微妙的变化。他不再是独立的商人，在贸易中也不存在风险，他变成了服务供应商。他的服务包括仔细包装、货运并在出口货物时负责与权力部门协商关税协定等。订单通信效率的日益提高有助于商品产量的增加。他们在购买方式上的转变意味着仓储费用的降低，也意味着他们也就没有了预设市场风险费用的必要。同时，中间商也没必要用额外的费用去处理他们可能无法销售的库存。因此，商品价格的下降与产品就没有了必然联系。

第四节　近代德国城市反贫困政策的调整

19 世纪 30—40 年代到 1910 年，德国从传统的农业社会向现代工业社会转型的重要时期。19 世纪上半期由于工业革命悄然勃兴，市民社会与市场经济形成，德国城市反贫困制度也日趋成熟，其中以 1853 年的埃伯菲尔德体制闻名于世，主张用以工代赈的方式取代传统社会救济模式。19 世纪 70 年代以来，随着工业化的高速推进与社会的急遽转型，国内阶级结构日趋复杂，以往作为家庭或个人风险的年老、疾病、工伤、失业等特定事件，亦逐渐成为一种社会性的群体风险，进而危及社会的稳定，形成了严重的社会问题，然而仅仅依靠城市救济体制难以解决工业化所带来的社会问题。面对日趋高涨的工人运动，德国政府为了保持社会稳定，开创社会保险制度，使城市的反贫困政策实现了从单纯依靠社会救济的济贫制度向以预防性的社会保险制度转变。

一 经济起飞时期以经济利益取向为主的城市反贫困政策——埃伯菲尔德体制

19世纪三四十年代，随着工业化稳步推进，农村剩余劳动力不断涌向城市。城市居民贫富差距逐渐呈现出加速分化的趋势，一部分人依靠自身优势率先富起来；但同时也有相当数量的居民受自身条件与制度因素的影响，在激烈的劳动力市场竞争中失败而陷入贫困，对这部分出现在转型时期的贫困群体，需出台相应的政策进行社会救助。为此，普鲁士政府于1842年12月31日颁布了《济贫定居法》，将贫困分为无助贫困、非自愿失业的贫困与游手好闲的贫困。[1] 该法案规定惩罚流浪汉、乞丐与自身懒惰、不愿意工作之人，将其拘禁6周至半年不等；还规定了经济上独立以及靠自己谋生的人能够自由选择居住地，改变了过去以出生地为主的济贫原则，确立了以居住地为主的济贫原则，即必须在新社区居住3年，才有权利要求新社区提供社会救济，并且如果有3年不在社区居住，社区将取消对其救济资格。如果在新社区居住未满3年的市民要求救济时，新社区可以要求他返回原居住地申请社会救济。虽然该法案能够暂时为一部分处于失业状态流动人口提供救济，但从长远看这些救济措施对城市大多数贫民来说只不过是杯水车薪，很难从根本上解决困扰他们的贫困问题。

《济贫定居法》在实施过程中其弊端逐渐凸显出来。城市济贫机构对接受救济的人调查粗略、管理混乱，而且现存的公共救济体制造成了大量接受救济的人不求上进，形成了懒惰风气。更为严重的是救济资金捉襟见肘，不但难以给更多应救济的人提供社会救助，而且原有的济贫体制还把城市财政推到了破产的边缘，它已成为大多数城市非常棘手的社会问题，因而有识之士呼吁改革济贫体制。1853年，德国的工业城市埃伯菲尔德出台了新济贫政策，史称"埃伯菲尔德体制"。它提倡完善院外救济体制，凸显了自愿监管人员在城市反贫困过程中的作用，通过监管人员详细调查受济者的情况，帮助有劳动能力受济者找到合适的工作。[2] 这不仅为

---

[1] Larry Frohman, *Poor Relief and Welfare in Germany from the Reformation to World War I*, New York: Cambridge University Press, 2008, p.85.

[2] W. Chance, The Elberfeld and English Poor Law Systems: A Comparison, *The Economic Journal*, 1897, 27 (7), pp.332-345.

劳动市场提供了充足劳动力，也使接受救济者能自食其力养家糊口。

埃伯菲尔德体制将城市划分为几个大的社区实施管理，再把这些社区细分为街区，由每个街区的自愿济贫监管人员负责管理该街区。这些街区监管人员组成了"街区管理委员会"，通常两个星期他们举行一次会议来处理一些重要的济贫事务。由于埃伯菲尔德体制以工代赈的济贫思想著称，因而监管人员的主要职责就是为有劳动能力的受济者提供就业机会。在实践中对有工作能力的受济者提供什么样的救济，主要取决于他的年龄、身体条件以及家庭状况。既然救济申请者希望得到一些就业机会，而对薪金与工作条件一般是不予考虑的，只有愿意接受这样的工作，才能知道申请者是否值得提供救济。当然申请救济的人也往往处于很尴尬的局面，因为通过这种方式可以得知他们能够自食其力，其实并不需要社会救济。给最贫困的人员提供救济是埃伯菲尔德体制首要的救济原则，不过也给那些没有技术的劳动者提供较少的救济，埃伯菲尔德体制对受济者主要提供暂时的社会救济。但如果他在受救济期间工作出色能够让监管人员满意，有时也能够得到长期的工作机会。

与19世纪中期以前德国城市反贫困政策相比，埃伯菲尔德体制主要有以下特点。

第一，埃伯菲尔德体制主要强调"个人主义"即个人通过工作来彻底战胜贫困。它依靠友好的自愿监管者管理受济者，受济者则通过自己辛勤工作战胜贫困，改变以往被动接受政府救济，突出个人在战胜贫困过程中的主体地位。[1] 埃伯菲尔德体制之所以能够给受济者提供就业机会主要是由于城市中产阶级的广泛参与，其中还包括一些颇有资望的银行家与企业家、商人、农业资本家，他们对当地的劳动市场非常熟悉。因而埃伯菲尔德体制在解决贫困问题上更倚重个人、社会而不是政府。

第二，埃伯菲尔德体制突出"权力分散"的原则。"权力分散"主要指决策权从城市济贫机构转移到自愿监管者。传统的济贫方式对受济者是否值得救济，主要依靠城市济贫机构的救济委员会讨论决定。然而在埃伯菲尔德体制中自愿监管者有权评判受济者是否需要救济，并监控他们的行为。由于这些自愿监管者大多数属于小资产阶级抑或中产阶级市民，也是

---

[1] William Harbutt Dawson, *Municipal life and Government in Germany*, London: Longmans and company, 1914, p. 272.

当时城市纳税的主体，因而都愿意对社会救济的成本进行控制，故主张对受救济者提供暂时性的社会救济。① 相比而言，19 世纪中期以前，政府通常对受困者提供长期的社会救济，而没有有效的监管机制，往往不能彻底解决城市贫困问题。

19 世纪 60 年代中期，埃伯菲尔德体制取得了初步成功，该市受济者占城市总人口比例明显下降，从 19 世纪中期的 10% 降至 2%。19 世纪 60 年代以来，随着城市化快速发展与人口流动性的不断增强，许多城市难以应付日益增长的贫困人口，纷纷建立了埃伯菲尔德体制。据统计 19 世纪 60 年代仅有 8 个城市，到 19 世纪 90 年代已增至 40 多个城市采用埃伯菲尔德反贫困政策。②

综上所述，埃伯菲尔德体制是与 19 世纪中期德国工业起飞的国情相适应的社会救济体制。它作为补救模式的城市反贫困制度，是以需求而不是以贡献来确定社会救济享受者的资格，主要通过社会再分配来实现。③ 埃伯菲尔德体制鼓励受济者自力更生重新再就业，为解决城市贫困问题提供了新思路，同时也避免了早期的社会救济体制反对有劳动能力者接受救济的尴尬局面。随着工业化的全面推进，埃伯菲尔德体制在许多城市逐渐被推广开来，这不仅节约了社会救济的成本，也将有限的社会济贫资金提供给最需要救济之人，提高了城市反贫困效率。当然随着工业化高速发展与德国社会的急速转型，以往作为个人或家庭的养老、疾病等个体风险逐渐演变为群体风险，仅仅依靠社会救济难以解决由于工业化所造成的大规模的城市贫困问题。

二 高速工业化时期以社会安全取向为主的城市反贫困制度——社会保险制度

城市化的快速发展使社会问题层出不穷，已有城市反贫困政策难以适应形势发展的需要，因而亟须调整。随着第二次科技革命的兴起，德国经

---

① George Steinmetz, *Regulating the Social: The Welfare State and Local Politics in Imperial Germany*, New Jersey: Princeton University press, 1993, pp. 158-166.

② Böhmer, *Das Armenwesen in 77 deutschen Städten und einigen Landermenkerbänden*, Berlin: Armenstatistisches Bureau des Deutschen Vereins für Armenpflege und Wohlthätigkeit, 1886, S. 296.

③ James Retallack, *Imperial Germany 1871-1918*, NewYork: Oxford University Press, 2008, p. 77.

济社会发展日新月异，逐渐确立起以工业为主导的产业结构，社会结构也发生了根本性变化。① 随着工业化的深入推进，日益增长的农村过剩劳动力进入城市工作，并逐渐形成一个庞大的城市无产者阶层。作为家庭或个人风险的年老、疾病、工伤、失业等特定事件，亦逐渐成为一种社会性的群体风险，进而危及社会的稳定。在这种情形下，仅仅靠以往社会救济政策难以解决日益突出的社会问题。因此，工业社会发展需要相适应社会保险制度也逐步提上日程。

经济的快速发展也为德国实行城市反贫困政策提供了物质保障。1871年德意志帝国的建立，不仅实现了国家统一，也促进了经济的快速发展。据有关数据统计1870—1913年，德国工业生产增长高达3.2%，远高于英、法等老牌资本主义强国。到19世纪末20世纪初，德国的工业生产能力跃升为仅次于美国的世界大国。② 经济的强劲增长也为德国实行城市社会保险制度提供了经济基础。

经济快速发展的同时，德国学术界也呼吁德国政府在城市建立社会保险制度。这一时期新历史学派为社会保险制度的建立提供了理论依据。他们激烈地批评英国所倡导自由放任的资本主义的学说，积极地主张国家对经济干预以及对资本主义带来不良后果，要求政府采取积极措施，调节劳资关系，改善工人生活状况，解决社会问题，极力维护社会稳定。③ 新历史学派的主张在一定程度上适应了德国建立工业社会发展的需要，为社会保险制度建立提供了思想源泉。

德国作为后起的资本主义国家，在社会转型的时期阶级关系的错综复杂、日益突出的国内劳资关系也成为社会保险制度建立的重要因素。由于德意志第二帝国建立过程中并没有经过彻底的资产阶级革命，所以容克贵族仍然在国家政权中处于统治地位。随着社会经济的急剧转型，日益壮大的资产阶级要求分享政治权利，对容克贵族的统治构成了一定的威胁。容克贵族为了巩固其特权地位，提高政治声望，与工业无产阶级联合进一步

---

① Martin Kitchen, *A History of Modern Germany 1800-2000*, Massachusetts: Blackwell Publishing, 2006, p.144.

② James Retallack, *Imperial Germany 1871-1918*, New York: Oxford University Press, 2008, p.79.

③ Steinmetz George, Workers and the Welfare State in Imperial Germany, *International Labor and Working-Class History*, 1991, 40 (80) pp.18-46.

遏制正在崛起的资产阶级的势力。另外，面对日益高涨的社会主义运动，容克贵族感到非常恐慌。出于缓解国内日益严重的劳资关系与瓦解的社会主义工人运动的需要，以俾斯麦为代表的容克贵族统治者积极探索解决城市贫困问题社会保障之路。

为了缓解国内日益严重的劳资关系，保持社会稳定，以俾斯麦为代表的德国政府决定建立强制性社会保险制度。1883年德国政府颁布的《疾病保险法》是世界上第一部疾病保障立法，标志着社会医疗保险作为一种强制性社会保障制度的开始。[①] 德国《疾病保险法》的实施使传统的慈善救助或互助机制向前迈了一大步。最初德国的法令并没有规定病人接受治疗后直接将费用交给医生。法令中没有确定支付方式，但大多数基金会的做法是按人头均摊，即医生按其看病人数而领月薪。这种支付方式比起直接支付来，形成了医疗保险最重要的特征：使受保人能享有定期的医疗服务。德国的疾病保险法对以后许多国家政府设计的社会保障基本模式产生了重要影响。[②]

1884年，德国政府颁布了《意外事故保险法》，1889年又颁布了《老年残疾保险法》，该法案首先是一个正规的首次面向全体工薪劳动者提供的老年、伤残保障的立法。后来这一立法又加入了遗属抚恤保障的内容。1889年《老年残疾保险法》的重要性体现在这是一项国家强制性缴费的计划安排，费用来自雇主、雇员和政府三方，这样使制度的资金来源避免了完全由政府负担的财力限制。其次，由于这是一项缴费性计划安排，当雇员进行了缴费也就取得了领取养老金的权利，这种安排同那些与经济调查相关联的"救助"方式相比，不仅免去了有损人格的缺陷，也使各种烦琐手续得到了简化，以便管理。再次，在保障范围上解决了雇用劳动者、工薪人员这一社会最多的成员的养老保障，因而解决了社会的主要矛盾。[③]

1911年7月颁布《帝国保险法》，由此前颁布的社会保险法案组成。自此，德国构建了当时世界上较为完备的社会保险制度，使工人阶级独立

[①] Steinmetz George, *Social Policy and the Local State: A Study of Municipal Public Assistance, Unemployment Relief, and Social Democracy in Germany*, 1871-1914, Madison：University of Wisconsin-Madison, 1987, p. 132.

[②] 刘燕生：《社会保障的起源、发展和道路选择》，法律出版社2001年版，第97—133页。

[③] 同上书，第97页。

于社会救济体制，在一定程度上也能解决社会救济资金不足的矛盾。

19世纪80年代德国政府颁布社会保险法案的同时，进一步完善社会救济法案。社会保险制度只是减少了短期的疾病与医疗方面的救济，公共救济资金主要花在长期救济老人与没有参加社会保险的人员，这成为社会救济的主要开支，此后1894年和1908年的修正案都降低了受救济人的年龄限制，分别从24岁降到18岁与18岁降到16岁。1908年修正案还规定了接受救济的人居住时间从两年降到了一年，这个法律也从定居救济体制到临时救济体制过渡，可以提供6—13周后来又从13周增加到26周，当地救济当局延长了救济时间。① 这也是与当时的劳动力自由劳动、工业发展与市场社会的兴起有很大的关系。

综上所述，德意志帝国时期城市反贫困制度呈现出社会保险制度与社会救济制度相结合特点。社会保险制度呈现出以解除劳动者的后顾之忧为核心，强调受保障者的权利和义务相结合，通过建立政府、社会、雇主与个人之间的责任共担机制，实现风险保障的互济性的特点；而社会救济制度则为没有参保者提供了相应的社会救助。二者是相辅相成的，互为补充，成为德国城市反贫困政策不可或缺的部分。

三 转型时期德国城市反贫困政策调适的启示

德意志帝国时期的城市反贫困政策的调整不仅适应德国社会转型的需要，也促进了经济持续发展，有力地提升了德国的综合国力。据相关数据显示，1870—1913年，德国工业生产年均增长率高达3.5%，其增长幅度超过英国、法国等老牌资本主义强国；其中钢铁产量约占世界的24.1%，跃居世界第二；化学产业约占世界的90%，电力产业也雄踞世界首位；据统计，1913年德国工业生产占世界工业生产总额比重的16%，雄踞欧洲之首，世界第二。② 经过40多年的发展德意志帝国迅速跻身于世界强国之列，到1913年德国综合国力明显提升，成为仅次于美国的世界性大国。社会保险制度是对传统社会救济制度超越，开辟了一条全新的工业化背景下社会转型的城市反贫困制度。他山之石，可以攻玉，通过对德国城市反贫困政策调适的研究能够给我们提供重要的启示。

---

① Larry Frohman, *Poor Relief and Welfare in Germany from the Reformation to World War I*, New York: Cambridge University Press, 2008, p.230.

② 周弘：《国外社会福利制度》，中国社会科学出版社2002年版，第149—167页。

第一,德国城市反贫困政策的调整是从社会救助型发展阶段向社会保险型发展阶段演进的过程。

19世纪上半叶,随着工业化的兴起与城市化的推动,德国城市出现了大量的流动人口,随之城市的贫困、失业现象也急剧增加,仅仅依靠传统的宗教慈善活动也难以解决这些日益突出的社会问题。为了维护社会稳定,化解部分社会成员的生存危机,政府逐渐介入济贫事务,制定了以埃伯菲尔德体制为代表的城市反贫困政策。埃伯菲尔德体制通过发动广大城市中产阶级为有劳动能力的受济者提供了就业机会,使其自食其力养家糊口;对没有劳动能力者进行社会救助,在一定程度上缓解了当时的严重社会贫困问题。当然这一时期的德国城市反贫困政策受当时财力的局限,事实上只是一种暂时性社会救助政策,不能从根本上解决社会成员的贫困问题,尤其遇到个人年老、疾病、工伤、失业等特殊情况时,更是束手无策。

到19世纪80年代,随着工业化的高速推进,社会问题层出不穷,为了适应工业社会的需要,德国政府建立解除工人及其家属后顾之忧的社会保险制度,使其成为整个社会保障体系的主体。社会保险制度也逐步完善:由最初建立的医疗保险制度,逐步发展到医疗、意外事故、养老等多项社会保险,最终建立项目齐全的社会保险制度体系;保障水平也由初期的仅能维持生存,发展到保障基本生活。①

第二,工业化是德国城市反贫困政策调适的根本动力。

工业化快速推进导致了传统家庭保障的社会功能日益弱化。一方面,工业化导致城市职工一般都要以工资收入为生,这些城市职工受制于其他因素(如失业)的影响,已经很难左右自己的经济生活,从而使其赡养老人的能力也逐渐下降。②另一方面,工业化和社会的现代化进程也使转型时期德国社会呈现出两个明显的特点:一是人口预期寿命的延长,出现了庞大的老龄人口阶层,并成为突出的社会问题。二是社会生产方式和劳动组织方式的嬗变导致社会劳动者,尤其是城镇劳动者主要靠工薪维持生计,当遇到个人年老、失业等社会风险时就失去了收入保障。工业化削弱了家庭的保障机制,必然要求政府制定相应的社会保障机制以适应工业社

---

① 郑功成:《社会保障概论》,复旦大学出版社2005年版,第44页。
② 刘燕生:《社会保障的起源、发展和道路选择》,法律出版社2001年版,第133页。

会发展的需要。

工业化在瓦解传统家庭保障机制的同时，也推动了生产力的发展与社会财富的增加从而对社会保险制度的构建奠定了雄厚的物质基础。19世纪中期以来，德国先后经过两次技术革命的洗礼，社会生产力达到了质的提高。19世纪晚期先后超过法国、英国，工业生产总值跃居欧洲第一。经济的快速发展与社会财富的不断增长也为社会保险制度的出台奠定了雄厚的物质基础。因而工业化削弱了传统家庭保障机制，客观上要求构建适应工业社会发展的社会保险制度，也为城市反贫困政策的日益完善提供了物质保障，从而成为德国城市反贫困政策调适的根本动力。

第三，德国城市反贫困政策调整与社会经济发展相适应。

德国城市反贫困政策是国家用经济手段来解决日益突出的社会问题，进而达到特定政治目标的制度安排。因此，城市反贫困政策调整亦必须与社会经济发展相适应。一方面，社会发展变化决定着城市反贫困政策调整。工业化初期，德国城市出现了一些过剩农村劳动力，政府适当调整社会救济法案，及时给予流动人口提供力所能及的社会救助，缓解社会成员的生存危机。19世纪末20世纪初，德国完成了农业社会向工业社会的转型，工业成为经济发展主导产业，随之也产生了庞大的工人阶级与严重的社会问题，因而很自然地需要建立起相应的社会保险制度解决日益严重的社会贫困。如果城市反贫困政策严重滞后于经济社会发展，在高速工业化时期政府仍然只有农牧社会中的救灾济贫政策，则工业社会所带来的各种职业风险与社会风险便不可能得到及时化解，国家会因风险的发生而形成社会危机。因此，社会发展客观上决定着市民对城市反贫困制度的需求。另一方面，城市反贫困政策的实施无一例外地需要相应的财力支撑。如果没有相应的财力，城市反贫困政策就会变成无源之水、无本之木，即使制定出来也无法实施。可见，经济发展是城市反贫困政策实施的物质基础，城市反贫困政策只有适应当时的社会经济发展需要才能发挥出应有的成效。因此城市反贫困政策必须与社会经济协调发展。

转型时期德国城市反贫困政策也经历了由19世纪上半叶以社会救济为主到20世纪初以社会保险制度为主，以社会救济为辅的调整；其价值取向也由经济利益为主逐渐转向以社会安全为主。德国城市反贫困政策的调整不仅缓解了社会成员的生存危机，化解了由贫困问题引起的群体性社会风险，实现了社会平稳转型，也为德国快速崛起提供了有利的国内环境。

第五节 妇女的职业化进程明显加快

本书中研究的妇女职业化过程，更多的指代妇女与19世纪至20世纪30年代过程中，妇女就业化的过程，也指代妇女冲破原有思想上性别分工的过程，妇女为走出家庭、立足社会不断争取自身的各种权利的过程，接受职业教育的权利，积极参与到不同职业培训过程，接受高等教育以及争取各个行业平等的工作权利和妇女自发组建不同工作社团的过程。

这一过程严格意义来说是妇女就业化、工作化的过程，然而这样的词语又不能完全概括妇女在工作就业方面取得的这一巨大成就，因此本书将"职业化"这一词语借鉴过来，希望以此来概括妇女在19世纪至20世纪30年代过程中妇女就工作方面取得的胜利成果。

工业化时期德国的妇女职业化主要包括劳工妇女职业化与中产阶级妇女的职业化。

一 劳工妇女职业化状况

（一）工作比率与工作类型变化

19世纪的下层妇女，很难接受中产阶级妇女所谓的姐妹观念，因为她们很难将自己的女主人看成同类人，反之她们将自己的女主人看成不愿意付工资的老板。佃农家庭出身的女儿和大企业或者官员家庭出生的女儿有着完全不同的命运，她们一生都要辛苦地讨生活。从孩童时代就要为一日三餐奔波，纺织工家的小女儿要抽丝还要去卖东西，农夫家的女孩要跟母亲学着料理家务和喂养动物，还需要留心田中能吃的菜叶和马铃薯，甚至还需要到工厂工作。此外，她们需要照顾年纪小的弟弟妹妹，家中的每一个人都需要出力，以满足家庭中的基本需求。从1763年起，普鲁士已实施义务教育，到1816年则有60%的家庭送孩子去学校[①]，而这一做法使家庭中少了不少劳动力。

恰恰是这一时期妇女就业比率持续增加，我们可以通过下表清楚地了

---

① 普鲁士的义务教育在19世纪80年代已百分之百被贯彻落实。

解到妇女工作比率增加的具体情况。

表4-8　　　　1816—1861年普鲁士的女性就业比率统计

	1816	1846	1855	1861
女性总人口（14岁以上）	3390000	5260000	5640000	6100000
女性就业者	984619	1345808	1445303	1910181
家庭仆役	71855	133018	152148	214472
农村帮佣 手工业	532778	558716	571168	500532 70752
农村临时工 手工业临时工 手工业助手	368537 11439	596805	647115	565705 450068 18292
工厂女工		57269	74872	90360
女性就业比率（%）	29	25.6	25.6	31.3

资料来源：[德] U. 弗雷弗特：《德国妇女运动史——走过两世纪的沧桑》，马维麟译，五南图书出版公司1984年版，第71页。

表4-8所记载为1816—1861年普鲁士的妇女就业比率变化。表中分别记录了1816年、1846年、1855年和1861年时，妇女总人数和妇女就业人数以及妇女不同类型的就业工作，由此得出妇女就业比率。

通常而言，妇女超过14岁被认为具有就业能力，因此，超过14的妇女作为总体妇女人数。1816—1861年，妇女总人数呈现出增长趋势总人数从339万增长到610万；妇女就业者从1816年的984619发展到1861年的1910181人；家庭仆役工作是当时传统工作的工业种类，1816年就有71855人从事仆役工作，这一数字发展到1961年变成214472人，数量增加巨大；农村帮佣从1816年到1855年数量略微增加，但到1861年反而数量变少，这说明农村帮佣在妇女就业数量中所占比率呈现下降趋势；妇女手工业开始从无到有的发展起来；农村临时工的数量变化比较大，从1816年到1855年，这一数量从368537发展到647115[①]，数量增加非常大，就业比率也从11%增长到12%，增长了整整一个百分比，虽然增长变化不大，但是对比1816—1855年妇女总体就业比率下降的趋势，我们可以看出这1%的增长十分可贵，而1855—1861年之间，农村临时工数量

---

① [德] U. 弗雷弗特：《德国妇女运动史——走过两世纪的沧桑》，马维麟译，五南图书出版公司1984年版，第71页。

减少了将近80000人，就业比率更从12%下降到了9%，就业比率下降了3%；手工业临时工从无到有发展起来，1861年有450068人；手工业助手从1816年的11439发展到1861年的18292人，数量呈现出少量的增长，也符合当时妇女就业人数的增长情况；工厂女工从1846年开始有记录，从1846年的57269人增长到1861年的90360人，人数增加了快一倍；妇女就业比率1816年时有29%，1846年和1855年的统计均为25.6%，就业比率相对而言有所下降，这可能是因为这一时期妇女总人数数量增加，而同时期妇女就业人数并没有急剧增加的缘故，因此产生了比率下降的情况。

纵向来看，妇女就业的类型也发生了变化。1816年，妇女主要从事的工作有家庭仆役、农村帮佣、农村临时工和手工业助手之类，妇女的就业类型很少，并且主要集中在农村帮佣和农村临时工上；1846年妇女工作的类型稍微有些变化，变成了家庭仆役、农村帮佣、农村临时工和工厂女工，依然是农村帮佣和农村临时工所占比重比较大，相比于前一阶段，增加了工厂女工这一类型，少了手工业助手这一类型，同时就业比率也比之前要降低了；1855年，妇女就业情况与1846年比较相似；1861年的就业类型有了很大变化，首先妇女工作类型变多了，相比于1816年，增加了手工业、手工业临时工和工厂女工，就业类型的构成比也发生了变化，农村帮佣比率大幅度减少，手工业也是妇女工作的重要组成部分，就业比率也比1816年上升了2.3%。

总体而言，从妇女工作数量和类型的变化，能够推测出社会总体变化，也能看出工业化的不断发展，因此，妇女的就业类型比发生了变化。

劳工家庭的女孩在小学毕业后，大约13岁或14岁就要开始找一份固定工作贴补家用，即使不在家中也需要定期向家中汇钱。只有极少数人会去职业学校就读，因为职业学校或者学徒期间不仅不能赚钱还得付钱。况且很多的职业训练根本不允许女性参与。

农村的工作机会大概也只有仆役或者佣人的工作。女孩们多半在大农家中做佣人，这样可以免费吃住，并领取固定年薪及其他一些生活辅助品，例如布料等。她们把这些布料缝成嫁妆，加上一些历年来的积蓄，集合成一笔小财产。她们的仆役工作一般只是一种过渡性，10—15年以后就结婚。但结婚并不代表着能够闲下来，而是要求她们要加倍工作。

并不是每一位女佣人都能在婚前存够相当的积蓄。通常她们如果赚得越少，就越难找到结婚的对象，当时德国很多联邦都有结婚的限制，例如必须在一个乡镇定居，并且有足够的经济能力。一直到1868年，这种限制才慢慢在南德一些城邦中被取消。从19世纪后半叶起，工业化产生了大量的劳动需求，农村很多劳动力被一扫而空。此外，这也导致了人口大迁徙，一定程度上提高了结婚的机会。

这一时期的妇女工作比重相比于之前又发生了一些变化。

表4-9　　　　　　　　1875年普鲁士女性劳工分布情况

行业	比重（%）
纺纱、织布、染布、漂白	53.1
烟草工业	14.3
制糖工业	7.2
造纸工业	7
采矿、陶业、	6.8
编织、针织、刺绣	3.4
陶瓷业、玻璃业	2.8
其他的工业	5.4

资料来源：［德］U. 弗雷弗特：《德国妇女运动史——走过两世纪的沧桑》，马维麟译，五南图书出版公司1984年版，第73页。

如表4-9所示为1875年普鲁士女性劳工分布状况表。这一时期妇女从事的行业类型有纺纱织布染布漂白、烟草工业、制糖行业、造纸行业、采矿陶业、编织针织刺绣、陶瓷玻璃和一些其他行业，从从业类型来看，都是一些轻工业对技术要求比较低的行业，这类行业或是因为工作比较烦琐或是因为薪水较低对男性的吸引力比较小。这些种类中，主要还是纺纱、织布、染布、漂白这类的工业吸收了一半的就业妇女，这类工作一直是传统妇女就业的主要领域，有53.1%的妇女从事这一类职业。剩下的行业类型中烟草、制糖业和造纸业都超过了7%，这三类产业加上采矿陶业也是妇女就业类型中的重要组成部分。

对比表4-8和表4-9，能够发现妇女就业类型从1861年至1875年发生了翻天覆地的变化，1861年妇女就业类型主要有农村帮佣、农村临时工和手工业临时工，1875年妇女的工作领域却集中于工业部门，通过这一变化看出德国工业化不断推进的过程。工业化是工厂取代手工业的过程，也是人口不断向工业聚集的过程，妇女工作部门从手工业部门逐渐转向工厂工作的过程也正印证了这一时期德国工业化的不断推进。

随着工业化的不断推进,出现了新型的化学工业和电子工业部门,这一类型的工业部门也为妇女提供很多的就业机会。

(二) 影响劳工妇女就业的内部因素

妇女工作数量的不断增加以及就业岗位的不断变化是工业化的产物,影响妇女就业的内部因素有妇女自身的年龄、婚姻以及生育情况。

1. 年龄

表4-10　　　　1875年普鲁士妇女就业人员年龄和家庭情况

年龄阶段	总数	未婚	已婚
16—18岁	25.1%	99.4%	0.6%
19—25岁	43%	88.6%	11.4%
超过25岁	31.9%	44%	56%
	100%	77.1%	22.9%

资料来源:[德] U. 弗雷弗特:《德国妇女运动史——走过两世纪的沧桑》,马维麟译,五南图书出版公司1984年版,第75页。

表4-10为1875年普鲁士妇女就业人员年龄和家庭情况。16—18岁之间,妇女就业数量占总数的25.1%,这一年龄阶段基本为未婚妇女;19—25岁之间,妇女的就业比率最多,占总数量的43%,其中未婚妇女占绝大多数,有88.6%,已婚妇女占11.4%,已婚妇女较少;超过25岁的阶段中,妇女就业人数占总人数的31.9%,这一阶段中的已婚妇女超过未婚妇女。横向来看,未婚妇女所占的比重较大,占到了77.1%,已婚仅有三成的占有率。从就业年龄来说,16—18岁,年龄较小,工作的妇女主要为总数的1/4,也有可能是这一时期妇女工作能力并没有完全开发,妇女身体还处于发育阶段,因此,所占比率在三个阶段中相对较低。19—25岁期间,妇女未婚人数较多,工作人数相对较多,而这一时期妇女身体发育较为成熟,工作能力也得到很大提高,因此在三个阶段中所占比重较大。而超过25岁之后,妇女工作比率是总数的31.9%,该年龄段的妇女身体条件很好,但是出于生育时期,很多妇女不得不放弃工作,生育孩子。

年龄问题对妇女工作的影响是确切存在的,劳工妇女工作的黄金时期是19—25岁。一方面是因为这一时期妇女身体状况较好;另一方面也因为这一阶段妇女结婚比率较低。从表4-10的前两列能够明显看出16—18岁妇女工作比率低,其次为超过25岁时期,妇女工作比率较高的是19—

25 岁期间。但是婚姻状况对妇女就业也有不小的影响。

2. 婚姻情况

结合表 4-10，能够看出婚姻情况对妇女工作也有不小的影响。未婚妇女工作比率占到了 77.1%，已婚妇女却仅仅有 22.9%。

表 4-11　　　　　　　　1895 年德国妇女工作人数统计

职业	总数（人）	已婚妇女（人）
农业	2479417	615301
工业	1416105	250566
商业	554033	129176
临时工	218365	28595
自由职业	175184	22643
服务业	1130131	11214
总数	5973237	1057595

资料来源：Fritz-Konrad Kruger, "*The Social-Economic Condition of the Women of the Working Classes in Germany*", University of Nebraska, 1909, p. 43。

从表 4-11 可以清楚看出婚姻情况对妇女的影响。妇女结婚以后因为经济原因还是会出去工作，但是妇女的工作比率却大大下降。表 4-11 与表 4-10 交叉对比能够发现，已婚妇女婚后工作情况很不理想。1895 年德国妇女中工作总人数有 5973237 人，而已婚妇女只有 1057595 人，大约是 18%，这一数据连表 4-10 的 22.9% 都不到，这充分说明经过 20 年的发展，已婚妇女的工作比率并没有随着妇女工作比率的上升而上升。婚姻[①]情况是影响妇女就业的重要因素。

19 世纪工作的佣人或者工厂女工，几乎都是年轻未婚女性，她们在结婚或者是生下第一胎之后就辞职了。但是这并不表示她们就不工作了。当时仅仅靠着丈夫的一份劳动薪水无法满足一个家庭温饱，只有少数工资较高的专业工人才可以养活一家人。这种家庭中，如果妇女去上班的话才是对丈夫的侮辱，因为她们要学习中产阶级家庭的生活方式，妇女要留在家中相夫教子，这样丈夫才更有面子。当然这种高级工人家庭毕竟是少数。依据关于当时的劳工经济文献推断，很多劳工太太需要工作提高家庭收入，

---

① Fritz-Konrad Kruger, "*The Social-Economic Condition of the Women of the Working Classes in Germany*", University of Nebraska, 1909, pp. 41-45.

常见的副业是家庭手工、转租房间,或者是一份小小的农业副业,或者去中产阶级家庭帮佣,这些副业收入对于有小孩的家庭显得更为重要。

19世纪末20世纪初,大部分家庭主妇主要从事手工业工作。为了使家庭收支平衡,妇女需要外出贴补家用,家务也要在很短的时间内完成,此外,还需要照顾小孩。曾经家庭手工业由全家共同完成,而现在男性外出去工厂工作,妇女需要料理家务并且照顾小孩,与此相比,外出工作处于次要地位。因此,在家庭中也显示出了不同的等级差异,男性在家庭中受到更多的重视,妇女的贡献不太明显,因此,妇女家庭地位相对而言比较低下。因为即使妇女外出工作,她们挣的钱也很少。因为工厂方面考虑到妇女家务牵绊的情况,付给妇女的薪资很低。但是,妇女为家庭做出了很大的贡献。

3. 生育情况

妇女生育情况同样是另一个影响妇女就业的因素。孩子的数量越多,妇女在生育上花费的时间就越多,加上妇女本身需要处理的家务工作,妇女外出工作的时间越来越少了。

妇女为了家庭做出了巨大的贡献,这种贡献表现在妇女的平均寿命上:从人口统计学上可以明确地看出,19世纪的已婚妇女要比男性的寿命短,因为她们过分操劳,不仅要忙家里的家事,照顾孩子,还需要外出工作养家,此外,怀孕、流产、坐月子都在不断地蚕食她们的生命。基于经济上的原因,农村以及中产阶级家中都十分欠缺劳动力,因此,妇女多半早婚、早孕、多孕,希望可以多子多孙,增加家里的劳动力。

表4-12　　　　　　　　1905—1939年妇女婚姻生子情况

社会阶层	平均生子数量(个)
办事员	3.09
官员	3.15
企业家	3.84
手工业师傅	4.41
劳工	4.67
自耕农	5.4
农村中的工人	6.05

资料来源:[德] U. 弗雷弗特:《德国妇女运动史——走过两世纪的沧桑》,马维麟译,五南图书出版公司1984年版,第80页。

从表4-12中可以看出中产阶级和劳工阶层的生育情况。办事员、官员和企业家属于中产阶级，手工业师傅、劳工、自耕农和农村中的工人属于下层阶级也就是劳工阶层。前一个阶层即办事员、官员和企业家的生子平均数量都在四个以下，而后一阶层的生子数量都在4个以上，自耕农家庭孩子平均在5个以上，农村中的工人生子数量在6个以上。

生子数量越多，妇女在生子这件事上所花费的时间就更多，因为生孩子需要怀孕和坐月子，平均每个孩子都要占用妇女一年多的时间，再加上孩子教育问题，由于身体不好流产问题，妇女本身所需要完成的家务工作，桩桩件件加在一起，妇女可以出去工作的可能性微乎其微，因此生育对妇女工作的影响十分巨大。

从孩子的数量来看，劳工之间也有很大的区别，教育程度不高的工人太太比教育程度较高的工人妻子要生得多。随着社会开始逐渐重视教育，受教育高的妇女会将家中照顾得很好，尤其是孩子的教育问题，会被很好地对待和解决。而在这样的中产阶级家庭中工作的女佣也常常受到劳工的偏好。

大部分劳工的太太，在结婚后当然不可能享清福。相反在19世纪时，已婚的妇女工人开始不断增加。而她们的小孩则请亲人代管，不然就自求多福，她们的孩子很难得到很好的教育。

中产阶级的同僚，如牧师、医生、官员、老师等[①]在观察到这一现象之后共同呼吁改善普通大众的家庭关系。他们甚至要求禁止已婚妇女去工作，减轻劳工妇女的负担，或改善社会政策去资助那些劳工妇女。但国家方面的反应并不积极。妇女们在怀孕生产后，可以领取一些补助，但这些钱太少。因此，妇女不得不在生产一周后就去工作[②]，妇女事实上的负担变得更重了。

（三）影响劳工妇女就业的外部因素

除了妇女本身年龄、婚姻以及生育状况会影响妇女的工作情况以外，还有很多的外部条件对妇女工作会产生影响。首先专业的职业行会对妇女工作人员的保护能够到位，社会相别观念分工从意识形态上影响着妇女的工作问题。

---

① James Retallack, *Imperial Germany 1871-1918*, New York: Oxford University, 2008, p. 134.

② Fritz-Konrad Kruger, "The Social-Economic Condition of the Women of the Working Classes in Germany", University of Nebraska, 1909, pp. 34-35.

1. 职业行会的拒绝

面对劳工妇女的工作情况，中产阶级妇女们开始联合起来，要求改善劳工及劳工妻子的社会和经济环境。她们这样的做法其实也是因为妇女自身有很多问题需要改善。她们开始团结起来为了改变现状积极活动。她们希望可以通过对劳工妇女的帮助解决妇女改善妇女的就业情况。

男性在革命时期成立的工人社团似乎并不对妇女做出什么帮助。男人们在保持基础的情况下，不断地扩大现有的组织，朝着工会的方向进步。印刷业和烟草业工人间发展出一种新的管理组织开始有强烈的政治性，但是，他们只接受男性社员的加入。但更让人不解的是，在妇女占多数的行业，例如清一色是妇女工作的裁缝行业，也只接受男性社员。也不让妇女工作者加入公会。1848年建立的"德国烟草社团"曾经要求禁止妇女参加工作。他们认为由于妇女的薪水很低会破坏市场的行情，进而导致男性工作机会减少，导致小工业破产。但是他们面对不属于行会，只属于为中产阶级家庭工作的妇女时，没有办法很好控制。所以当时的普鲁士政府并不屈服于男性手工业者的竞争压力及独占的要求，而积极干涉妇女工作。

基于这种较为自由的政策，再加上当时工业迅速膨胀，所以男性同志们对妇女同行业者充满了排斥。在烟草行业和纺织业中，19世纪40年代时期妇女劳工的比率提高很快。全国各地都出现了这种妇女员工数量大幅度上涨的情况。但是，60年代成立的香烟公会及纺织业工会在组织内部反对妇女员工，每天重要的事情就是刁难妇女。1867年的"德国裁缝社团"，完全排斥女性会员加入。

上述两个组织和德国全国工会联合的工会都一致反对在工业界女性的不断增加。他们认为妇女的薪资低会破坏市场环境，如果妇女退出市场，回归到家庭，可以通过提高男性薪资的方法来提高劳工家庭的生活环境。

职业行会[①]的拒绝对妇女的工作而言有不小的影响。因为职业行会对本职业的工人而言有一定的保护效果，与此同时，职业行会在本行业雇用过程中也有一定的话语权。职业行会拒绝妇女不仅仅意味着妇女没有职业行会的保护，还更意味着妇女在该行业的就业过程中有很大劣势。反对妇女工作的人们认为妇女在工厂工作是向传统挑战，如果妇女坚持外出工作

---

① Anja Schoenberg Shepela, "*Women，Space，Place，and Mobility in Late Eighteenth-and Nineteenth-Century Germany*", University of Minnesota, 2014, p. 123.

也需要保留一些传统，从事一些传统行业。其实男性提出这样的要求主要因为随着工业化推进，大机器生产方式不断推广，促使妇女工作领域开始扩张，传统的男性的工作领域也开始受到妇女的竞争压力。当然，人们的传统观念同样也是影响因素。

2. 社会性别分工的阻碍

社会意识形态并不是一种具象的因素，而是一种隐藏但影响深远的因素。受到中产阶级观念的影响，劳工阶层也有了那种男主外女主内的思想。劳工阶层家庭中如果丈夫的工资足够高，能够养活整个家庭的话，他们一般不会允许自己的妻子出去工作。比较明显的例子就是收入较高的技术员工，他们工资水平相比普通劳工要高出一大截，这种家庭的生活情况就类似于中产阶级家庭的生活情况，妇女需要照顾家庭内部以及抚养小孩，教育下一代。即使是家庭收入比较普通的家庭中，妇女的优先选择也并不是外出工作，只要家庭经济允许，还是会维持原有的社会性别分工。除非是经济条件特别差的情况下，妇女已婚妇女才会走出家庭去工作，即便如此，妇女的工作依然排在家庭之后。

经过"毕德麦尔"时代关于妇女形象描述以及中产阶级的双重影响，妇女外出工作的阻力是社会性别分工到外部职业环境的双重不利条件。再加上妇女本身年龄状况、婚姻情况和生育数量的作用，妇女外出工作其实阻碍重重。

（四）劳工妇女的特殊就业——妓女

对女工和女用人来说有一份能养活自己的收入非常困难，她们所赚的通常只刚好维持生计，如果生病了，那将是极大的灾难。许多公民家庭会在夏天或圣诞节前将佣人解雇，经济萧条时期，工厂也会大量的解雇工人，因此很多妇女为了维持生计，就不得不用其他的办法维持生计——妓女。[①]

19世纪后半叶，街头的妓女开始大量增加。只有极少数的妓女是在国家承认的妓院工作，而大部分的妓女只能在街头召唤，因为这样就没有人知道她们的背景，比较有弹性并且比较独立。妓女们开始大量在街头招揽客人，引起了一些社会动荡，特别是对其他妇女产生了很大困扰，主要

---

① Lynn Abrams, "Prostitutes in Imperial Germany, 1870–1918: Working Girls or Social Outcasts?" *The German Underworld: Deviants and Outcasts in German History*, (January 2015), pp. 189–209.

是从外观而言，她们与妓女没有任何区别。自19世纪80年代起，妓女们基于道德和健康上的原因开始定期做检查，并且与警察保持联系。如果女佣、女工及女售货员把妓女当成副业的话，她们永远都不能够回归平常的社会中了。

据说当时有1/3的妓女曾是女佣①，这项传闻也让中产阶级家庭对家中的佣人更加不信任。这种情形特别是大城市更明显，因为大城市有许多女子从事女佣工作。在一些高度工业化地区如鲁尔区，工业主要是以男性为主的采矿业及重工业，所以妇女除了在家帮佣以外，几乎没有其他工作机会。当时农村来的女孩子更愿意在家帮佣，因为帮佣可以住主人家的房子，而如果是工厂做工的话还需要一个人在外租房。仅仅这一项就让很多人觉得令人不能接受，认为单身女孩子随随便便 个人在外住是不道德的。再加上她们的工作环境，更是让人退避三舍，她们的工作环境特别不好，而即使是工厂女工也以工作环境作为区分社会阶层高低的标准。

妇女从事妓女工作是迫不得已的无奈之举。劳工阶层的经济情况堪忧，这些家庭的女儿需要自己挣钱养活自己，然而，女工的收入很低，只能勉强糊口，而很多女用人是季节性的，这些工作妇女解雇以后赖以生存的工作只有通过成为妓女维持生计。②

二 中产阶级妇女工作情况

（一）中产阶级工作情况

中产阶级妇女这一时期的工作类型主要是自己家庭的家务工作和帮助劳工妇女的公益性活动。还有一些零碎的有薪酬的工作，例如教师。

1. 依然烦琐的家务工作

19世纪中产阶级妇女受到"毕德麦尔"时代观念影响再加上自身的性别分工束缚，几乎不会外出工作。她们的主要任务与18世纪一样，同样是完成家庭中的各种琐事，包括一家人的衣食住行、生育以及抚养下一代、教育孩子、外出社交维持好家庭的社会关系、招待家中客人和勤俭持家。种类繁多的家务工作耗费了家庭主妇所有的时间，可是她们在家中地位并不高，更不要提在社会上的地位了。

---

① Fritz-Konrad Kruger, "*The Social-Economic Condition of the Women of the Working Classes in Germany*", University of Nebraska, 1909, p. 29.

② Ibid., pp. 24-25.

2. 帮助别人的慈善工作

除了家庭内部的工作以外，中产阶级妇女可以做的一些工作就是慈善工作。中产阶级妇女与劳工妇女是同盟军。中产阶级妇女在1869年成立了"女性劳工之进修及精神刺激"社团，目标是建立女性进修班及为妇女劳工建宿舍等。她们的目的主要在于对女性的教育及社会性的协助，而不是热心于妇女工会活动。她们给自己的定位在教育及请愿方面，并不是阶级斗争方面。中产阶级妇女希望妇女拥有良好的教育、社会自主、更高道德情操和勤俭的品质，以助于提高妇女地位。基于这样的理念，中产阶级妇女周六日为劳工妇女开设课程，教授她们纺织、裁缝以及所有一切家务工作，尽可能提高她们精神和伦理方面的教育。不少中产阶级妇女帮助一些企业成立学校，来帮助劳工妇女的女儿。然而，中产阶级的这些做法并没有得到劳工妇女的感谢。她们认为中产阶级妇女创办学校中教授的东西太不切合实际、太干净、太精致，而劳工家庭的三餐尚且不能满足，如何能担负起如此精致的生活方式。①

中产阶级妇女对劳工妇女的帮助有利有弊，所以她们慢慢将重心转移到照顾一般穷人身上。早在19世纪60年代开始，各个地区的政府就开始吸收妇女进入福利组织，在一些城市中，妇女已经在这一方面和她们的男同事享有同样的权利了。

整体而言，经过中产阶级妇女的慈善工作，妇女的地位稍微有了一点提高，虽然她们远远不能和男同事相比，但是，她们也开始或多或少能做一些辅助性的工作了。妇女们所从事的这一些工作让政府部门意识到，廉价妇女劳动力的重要性。

很多福利机构由中产阶级妇女组成，主动帮助穷人的都是中产阶级妇女，比如富人阶级的夫人，像牧师夫人、商人夫人等。她们通过自己的无偿劳动帮助穷人，自己得到精神上的满足。

3. 中产阶级女儿的老师工作

19世纪德国妇女的平均结婚年龄在25—26岁，所以她们在青年与结婚之间有大约10年的时间。这段时间，她们的行为并没有一个统一的标准，与此同时，19世纪下半叶的中产阶级家庭结构也开始转变。随着工

---

① Fritz-Konrad Kruger, "The Social-Economic Condition of the Women of the Working Classes in Germany", University of Nebraska, 1909, pp. 17-18.

业化的不断推进，消费工业迅猛发展，家庭中的家务工作开始减少，很多家务工作都可以用机器代替。中产阶级主妇或者女儿会找一些外来活计在家做，收取一些酬劳。这些妇女也可以通过这样的做法造成在家享福的假象，显示丈夫能干。

对中产阶级家庭女儿而言，这些孩子可以在婚前自力更生或为了赚一些嫁妆而参加工作，但是她们的工作机会非常少，尤其是与她们的兄弟相比较而言。男孩子可以在学校毕业以后去上大学，这对于找工作是非常有竞争力的。当时社会十分反对妇女参加工作，但是就经济情况而言，允许妇女参加工作是很明智的选择。即使高官家庭也希望自己的女儿能去学校[1]学习一技之长。

自19世纪开始，老师这一职业已经成为中产阶级家庭中妇女最适宜的职业。1896年，普鲁士有14600位女老师在国小及公私立的学校任教。1908年前，没有对女子学校以及对女教师的法律指令。[2]

(二) 影响中产阶级妇女工作的影响

1. 家庭情况被迫

工业化的过程中，工业化发展创造了大量的社会财富，也促进了财富的集中，贫富差距越来越大。劳工阶层的数量逐渐壮大，他们的生活却很贫困，而中产阶级的财富却越来越多。与此同时，战败的法国给德国支付了大量的战争赔款[3]，带动了国内投资市场发展，这种投资方式又进一步拉大了贫富差距。工业城市快速发展，在城市发展的过程中，贫富差距越来越明显，劳工阶层住在拥挤的小小格子中间；而富裕的企业家却住在郊区奢华的别墅中，有公园般的院子。

19世纪下半叶，企业家、官员很多人都抛弃了原来简朴的生活方式，他们进一步通过婚姻来保障自己的财富。婚姻在当时与感情关系不大，反而与物质有很大的关系，理想的婚姻不但可以获得忠实的事业伙伴，还可以建立更稳固的业务关系及政治势力。由此可知，大企业家肯定与大企业家联姻，高级官员及学者也可能与企业界联姻。这一阶层的妇女在结婚以后，要料理庞大的家务工作，一方面要指挥好家中仆役；另一方面要操持

---

[1] Anja Schoenberg Shepela, "*Women, Space, Place, and Mobility in Late Eighteenth-and Nineteenth-Century Germany*", University of Minnesota, 2014, p. 100.

[2] Ibid., p. 124.

[3] 普法战争，德国取得胜利，获得了法国的战争赔款。

大大小小的宴会，做好女主人的身份。而妇女们身上的一些大大小小的配饰也表现出丈夫的财富。

妇女之间的宴会活动只有很少的阶层才能够负担得起，很多中产阶级为了参加这样的宴会，不得不打肿脸充胖子，这一过程中，牺牲的仍然是妇女，中产阶级家庭需要她们平时非常节俭地持家，才能维持这一份外在的虚荣生活。她们（中产阶级家庭中妇女）需要尽可能多地精打细算，减少仆人数量，还要很好地处理家中方方面面的事情，同时还要生孩子，传宗接代。如果家庭足够幸运，丈夫的事业越来越顺利的话，妇女的工作就会轻松很多，她们可以多请仆人来帮忙，或者购买现代化的机器。但是即使如此，她们还是需要养育和照顾下一代。因此，总体来说，妇女的社会活动相对被限制了。

2. 一些相对超前的观念

中产阶级妇女大多受到很高的教育，生育数量方面比劳工妇女阶层减少很多。因此中产阶级妇女享受到了少生孩子的优势，她们能够空出更多时间做家务或者做慈善事业孩子的，孩子数量减少同样有利于每个孩子的深入以及良好教育。

中产阶级家庭的女儿能够享受到良好的教育，她们可以去较高级一点的女校学习，毕业以后有三个选择：可以转到女子学校就学，接受一般的教育；可以参加三年的学术课程并参加老师就业的考试；或是接受学术性教育，参加文理学校的毕业考试，最后进入大学。[①] 因此她们可以从事教师方面的工作，这类工作的社会地位相对比较高，工作环境也很好。

三 德国女性职业群体兴起的原因

19世纪末20世纪初，第二次工业革命正在如火如荼地进行。社会处于一个大变革的时期，在工业革命的影响下，政治、经济、文化、教育等都发生了巨大的变化。在社会生活中，男性与女性无论是在家庭中，还是在社会职业中，所处的地位都发生了变化。工业革命前期，女性没有权利参加社会工作，没有固定的收入，在经济上必须依附于男性而生存。随着

---

① 德国的学校制度做如下介绍：六岁进入小学，四年级毕业以后有不同的选择，若想接受更高的教育就文理学校，在其中继续上九年的课，毕业后可以进入大学就读；第二种是五年制的普通中学，毕业后多继续念职业学校；最后一种是六年制的实科中学，毕业后则可再接受比较高级的职业教育。

工业革命的不断推进，工业化和城市化不断发展，女性逐渐地走出家门，开始参加社会工作，并且渐渐地形成了女性职业群体。特别是在19世纪末20世纪初，这一群体逐渐地壮大起来。本书主要探究了女性职业群体出现、发展的原因。

首先需要明确的是，本书中所指出的女性职业群体是相对于那些全职的家庭主妇而言的，是指那些走出家门的积极参与社会工作，创造社会价值的女性群体。也就是指那些在家庭经济中不依靠或者说不完全依赖于男性的女性工作人员。

本书对19世纪末20世纪初这一阶段的女性职业群体兴起的原因作了深入分析。首先，可以看出工业化的发展在壮大女性职业群体方面发挥了根本性的作用，只有在工业化不断发展的前提条件下，才有可能提供更多的工作岗位给走出家门的女性；其次，教育的改革和发展给女性职业群体的壮大提供了客观的推动力；最后，妇女运动是女性职业群体壮大的内在动因。妇女运动是女性对社会工作和生活的过程中所遭受的各种偏见和歧视的积极反抗和斗争的结果，事实上妇女运动对于女性争取在法律上与男性平等的权利过程中居功甚伟。基于上述原因，必须提到第一次世界大战是女性走出家门的契机。战争的爆发，导致数以万计的男性奔赴战场，而不得不由女性来填补他们所遗留下来的工作空缺，这是女性职业群体壮大的前所未有的机遇。同样是女性职业群体壮大所必不可缺的机会。可以说没有第一次世界大战，女性即使有可以走出家门的各种有利的因素，也缺少可以走出家门的契机。

（一）工业化——女性积极参与社会工作必不可缺的条件

随着工业革命的推进，德国的城市化和工业化的发展优势渐渐显示出来。社会经济结构产生了巨大的变化。很多新兴的工业部门得以出现，以及从就业市场的供需状况和市场经济准则方面来看，这些都对女性走出家庭，成为职业女性有着至关重要的影响。

1. 工业化——女性走出家门的基础作用

首先，在科技革命推进的过程中，德国的社会主导经济结构产生了巨大的改变。从原来以农业经济为主导的社会结构变为以工业为主导的经济结构。工业领域所创造的巨大利润使得男性从农业领域慢慢地过渡到工业领域中，越来越多的农村男性开始进入城市，从事工业劳动。在这一过程中，农业领域中就出现了很多的劳动力空缺，而女性则逐渐地填补了农业部门的这一空缺。因此，这一时期德国参加农业劳动的女性数量急剧飙升，比重也随之加大。有关数据显示，1882年，女性农业领域的就业的比重仅为30.8%，到1907年这一比重就增加到46.5%。这一比重显示出女性在这一领域的就业状况与男性是不分伯仲的。

其次，在工业领域中，随着工业革命的不断深化与发展，大量的新型工业部门如雨后春笋般相继产生，对于劳动力数量的需求增大，尤其是对于女性这一广大的受众群体来说，1882年女性在工业和采矿业的数量是1126976人，而到了1907年则猛增到2103924人。[①] 在纺织业这类更加适合女性工作的行业，人数的增加尤其明显，德国纺织业妇女的人数从1895年的427961人增加到1907年的528235人，[②] 增长比例为23.4%。

需要注意的是，在金融、交通运输和商业等服务型行业不断发展的过程中，女性工作人员的数量也在不断地上升。女性的就业比例从19%上升到24.8%。[③] 在商业领域中，有适合女性职业的职位例如打字员、话务员等适合女性的工作岗位对于女性就业比重的提高也有着一定的作用。

2. 国家宏观经济状况——女性走出家门的大背景

国家的经济状况严重影响着就业市场的供需状况，而就业市场的供需状况又对女性的就业比例有着深刻的影响。众所周知，在经济萧条的状态下，就业市场竞争极其激烈，无论男女都会对有限的就业岗位全力以赴，这一大环境对女性在就业岗位上的竞争十分不利。然而这一时期，德国的经济状况十分良好，这就对女性就业比例的提升有着不小的助力。同时人口增长趋势对于就业市场也有着不可磨灭的作用，在工业化的过程中，人们的生活压力越来越大，使得德国家庭中的出生率降低，孩子的数量减少，这就直接导致了19世纪末20世纪初劳动力人口的减少，而因此女性的就业竞争压力相对而言就明显降低了[④]。同时值得一提的是，在工业化的过程中，越来越多的家庭脱离了传统的大家族的生活方式，组成了小家庭进行生活，这种家庭构成模式直接导致了女性家务劳动量的大量减少，

---

① 邢来顺：《德国工业化经济——社会史》，湖北人民出版社2001年版，第482页。

② [德] 倍倍尔：《妇女与社会主义》，葛斯、朱霞译，中央编译出版社1995年版，第212页。

③ 邢来顺：《德意志帝国时期妇女群体的崛起》，《世界历史》2004年第2期。

④ Dennis Sweeney, *Work, Race, and the Emergence of Radical Right Corporatism in Imperial Germany*, the University of Michigan Press, 2009, p. 105.

这也为越来越多的女性走出家庭，做出了不小的贡献。

(二) 教育改革——女性参与就业的强大推动力

1. 教育改革的积极意义

众所周知，教育的发展对于职业生涯的影响至关重要。尤其是在19世纪末20世纪初德国工业化的过程中，教育同工业化的推进甚至是经济的长足发展都是相互影响相互促进的。一方面，工业化的不断推进给国家提供了大量的资本，促使国家可以有能力发展教育事业（虽说再穷不能穷教育，然而，就现实情况而言，每个国家教育事业的大力发展都是在经济有了一定的发展之后进行的，我国就是一个很明显的例子）。国家将大量的资本投入教育事业的改革、发展等各个方面，有利于适用于新型工业现代化的高科技人才的培养。另一方面，教育事业的发展、改革为工业化的进一步推动提供了人才、技术的支持，是国家工业化发展的重要推动力。

教育事业对于人才的培养有不可磨灭的功绩，所以，我们有理由相信，教育事业的改革，或者说教育在有关女性方面的改革，对于女性的职业生涯有着至关重要的作用。而必须着重强调的是，女性进入职场的先决条件是女性可以同男性一样进入大学进行深造，她们可以平等地参加大学的入学考试，成为德国大学的注册学生，而不仅仅是旁听生。

2. 女性基础教育的改革

在教育方面最值得一提的一定是在工业化过程中所伴随的，专门针对女孩教育的女子学校成为当时德意志帝国基础教育的重要组成部分。与此同时，最不能忽视的是女性获得高等教育资格的重大变化。这是女性进入职业生涯的关键因素。

首先，我们需要知道专门针对女孩的女子学校是成为工业化过程中德国基础教育的重要组成部分。高等教育在很长一段时间都是专门给一些少数的男性精英分子预留的。1900年之后，90%的学生仅仅停留在基础教育的水平上。甚至是1900年之后，66%的中学教育水平的学生着重参加体育健身运动（古罗马时期特别强调的项目）。[1] 1900年之后，中学给了学生相应的考试机会（Abitur），让学生有可以进入大学学习的机会。当

---

[1] James Retallack, *Imperial Germany 1871 – 1918*, London: Oxford University Press, 2008, p. 129.

时，对女性来说，更深层次的教育机会仅仅是面向于富裕家庭的"女子学校"。因为这些学校不仅没有统一的课程标准，而且没有教科书，甚至都没有期末测试，这只是所谓的加分教育。残存的课程表显示出，当时的课程是集中在宗教、德语、法语、英语的讨论，以及音乐、绘画和针线活的。这些就是当时女性能够接受教育的顶级状态。如果在如此"高素质教育"的情况下，女性都不能找到适合的老公，那么她们将得不到毕业证书。在普鲁士，直到1908年，中学教育才作为基础教育的一部分而被有效地执行，私立的女子学校数目迅速增长（以1901年为例，普鲁士有213个州共656所私立女子学校）。[①] 女子公立学校同男性学校相比而言，也显示出了压倒性的增长优势。1893年，粗略估计92%的女子公立中学是男校长，同时88%的私立学校校长为女性。

虽然在女子中学建立之初，它的课程设置主要以补充基础教育的缺失为主要目的，并且有着很明显的倾向性，同时还不设立商业、文科等实用类的科目，但女子中学存在的本身就是对于女性接受教育的一种鼓励。更不必说在19世纪末期，经过女性运动的影响，许多文科类的以及实用类的科目引入了女子中学。而这一举措，更是对于女性参加大学入学考试有着举足轻重的作用，这为女性赢得大学的入学资格产生了积极的作用，同时为女性步入职业生涯产生了长远的推动力。

3. 大学改革——女性就业的敲门砖

随着社会主导经济结构的变化，大学也相应地发生着巨大的变化。从人数的变化到专业的变化、从学科设置的转变到新型大学的出现，同时不可忽略的是大学社会结构的巨变。女性不能进入是"德国大学史上黑暗的一章"。[②] 自19世纪下半期开始，随着女性运动的不断发展，女性越来越要求平等的教育权，特别是在女性医生的需求量越来越多的情况下，大学的大门终于缓缓地为女性敲开了。从60年代已经开始有一些零散的女旁听生的出现（虽然没有正式的入学资格）。在1901年，在巴登（Baden）地区的带领下，弗莱堡和海德堡大学终于率先向女性学生敲开了大学的大门。在这之后，巴伐利亚、萨克森以及普鲁士等重要的州都向女性学生抛出了善意的橄榄枝。女性的大学学习发展迅猛：仅1914年，

---

① Edgar Feuchtwanger, *Imperial Germany 1850-1918*, New York: Taylor & Francis e-Library, 2001, p.143.

② 邢来顺：《德意志帝国时期教育事业的进步》，《历史教学》2012年第1期。

女大学生的人数就增长到了 4128 名，这一数字占所有学生人数比重的 6%[1]。这第一批的女毕业生基本上都比她们的男同学岁数大。她们中的绝大多数来自书香门第。在大学经过六个学期的学习之后，她们可以参加各州的教师考试。而德国终于在 1908 年用法律的形式确切地保证了女性同男性同等的接受高等教育的教育权。这毫无疑问是女性地位提高的一个重大举措，同时也是女性迈向职业生涯的至关重要的一步。这一明朗的形式给了女性极大的鼓舞。

（三）妇女运动——女性职业群体壮大的内在动力

1. 妇女运动兴起的背景

在轰轰烈烈的工业化的过程中，越来越多的女性基于社会对劳动力的需求走出了家门开始工作来贴补家用。女性群体的力量得以增强，然而，女性在社会生活中也在承受着许多官方或者非官方的、有形或者无形的阻碍和壁垒。不仅仅在从事工作的过程中有着偏见，而且在接受高等教育过程中也存在着许许多多的不友好甚至是敌视。例如，女性在社会工作中主要从事的是一些低地位低收入的"福利工作"（比如像病人看护、苗圃护理、助产以及社会福利工作等），而在类似于医生、法律工作、高级公务员以及大学老师等高收入高地位的工作岗位对于女性秉持着很大的偏见和敌意。[2] 不仅如此，女性在接受了医学类的大学教育以后，从事医学类的工作十分困难，当然，妇科类的医生由于女性天然的优势是接受女性从业者的；而女性教师在工作过程中要受到男性诸多的歧视和偏见，她们绝大多数人都受到了来自男性的关于先天性生理上的恶意攻击；更为吃惊的是，人们明显地注意到在偌大的德国，从来没有女性成为律师的这一历史传统，即使女性有了接受法律高等教育的机会[3]（例如在 1913 年夏天有 47 个女学生，甚至到 1918 年夏天人数增加到 191 名），但是女性在法律专业的实习直到"一战"后都是在痴人说梦；甚至在大学校园内，针对女性的歧视并没有因为战争而停止，教授对于课堂上出现的越来越多的女

---

[1] James Retallack, *Imperial Germany 1871-1918*, London: Oxford University Press, 2008, p. 134.

[2] Geoffrey Cocks, Konrad H. Jaeausch, *German Professions*, 1800-1950, London: Oxford University Press, 1990, p. 273.

[3] Lynn Abrams, *Worker's Culture in Imperial Germany*, New York: Taylor & Francis e-Library, 1992, p. 116.

学生感到十分的悲痛,而他们的行为,则鼓励了从战场上回来的男性同学轻视这些出现在课堂上的女同学。① 此类事件不胜枚举,因此女性同胞认为不能再坐以待毙,必须为了女性的权利进行斗争,来获得一个至少是相对和谐的生活环境。

2. 妇女运动的主要潮流及所持观点

德国的妇女运动由于每个人所处的社会阶层的不同,宗教信仰以及相关利益的差异,相应呈现出不同派别和类型。大致可以分为资产阶级妇女运动、天主教妇女运动以及社会主义妇女运动等几个派别。其中资产阶级妇女运动按女性政治权利的需求,可以分为温和派与激进派。温和派的主要主张是保障女性在生育与堕胎方面的自由权利(之前德国女性的堕胎是违法的),并且积极推进在保障女性权利方面的社会立法,而对于女性的政治权利方面则不感兴趣;然而激进派则是积极的活动,推动女性平等地拥有选举权和被选举权,平等地进入一切领域就职的权利等拥有和男性平等的基本权利。天主教妇女运动主要的观点是反对从根本上改变女性从属于男性的社会地位,她们拒绝女性参与到公共政治中。社会主义妇女运动是德国妇女运动另一大重要的派别,她们持有的观点是,妇女运动是工人运动的重要组成部分,普遍的妇女就业是女性获得解放的不可缺少的前提条件,社会主义妇女运动明确要求推翻资本主义制度,这与资本主义妇女运动要求资本主义结构的局部调整是有很大差别的。

然而,即使德国的这几种社会潮流在这一时期有着种种的不同和差异,但是在争取平等的就业机会与接受教育方面它们都是殊途同归的。由上文可以知道,接受高等教育与女性的就业机会两者之间的关系是密不可分的。正是由于女性在知识上的匮乏和专业技能上的不熟练,女性被排斥在高收入、高社会地位的行业之外。因此,女性在社会上只能从事一些简单的类似于家庭服务业之类的体力劳动的工作,而相对于律师、医生或者职业教师这类高地位高收入的职业而言,女性的就业机会微乎其微。因此资产阶级女性尤其是中产阶级的女性希望通过教育来弥补她们在知识上的匮乏与缺失,填补她们的不足,从而进入类似高级公务员、律师或者医生、大学教师等行业。1894 年,德国妇女联盟成立,这一联盟所关注的

---

① William Harbutt Dawson, *Municipal life and Government in Germany*, London: Longmans and Company, 1914, p. 272.

焦点问题是关于女性的高等教育问题和女性的就业问题。她们试着联合起来，重新定义自己在社会工作中的角色。她们对女性进行培养和教育，目的是培养出女性自己的职业观念和想法，培养出拥有女性独有特征的、成功的职业女性。在19世纪90年代，德国的妇女运动逐渐地开始关注女性在社会工作方面所面临的种种问题。这些运动的领导者将女性工作问题作为首要的斗争问题，要求与男性同事同工同酬，获得平等的职业报酬；（她们）积极帮助女性很好地处理家庭与工作之间的矛盾，调节好女性在家庭和工作中的角色转换，使她们摆脱自己所面临的困境。在这一过程中，这些工作人员也得到了心理上的满足感。而这一独特的运动方式有效地扩大了妇女运动在各方面的影响，这一方式同时也促进了社会福利法律方面对于女性的保护。

3. 妇女运动的意外之喜

还有一个方面也是必须注意到的，那就是魏玛共和国时期，通过的一系列法律，它们对于女性参与社会工作做了很重要的保护。首先是1919年8月11日国会通过的《魏玛宪法》，这一宪法保护了女性所应有的权利，即法律面前人人平等。女性与男性拥有平等的公民权利和义务，这对于女性在参与社会工作中有着举足轻重的作用，特别是在受教育权和社会福利方面的规定。这一法律上的保护，使得女性不仅仅在家庭，而且在社会生活工作中的地位有了很大提高。其次，1922年的《国家青年福利法》以及1924年的《国家社会福利法》中的相关规定，是女性能够积极开展社会工作的重要依托。《国家青年福利法》使得非婚生的儿童有了同等的社会福利待遇，对于女性天性的解放发展方面有了长足的进步；《国家社会福利法》中对于孕妇的救济和在医疗方面的救助队女性来说是有着很重要的影响。在这一系列的法律保护下，底层的女性获得了生存的意义，有了参与社会工作的决心，对于女性解放而言有着潜移默化、深远持久的影响。

（四）第一次世界大战——女性参与就业的契机

第一次世界大战爆发后，绝大多数男性，为国家的安危而远赴战场，因此留下了很多空缺的工作岗位。为了使社会得以正常的运转，女性不得不作为后备力量补充到各行各业中空缺的岗位中去。而这一特殊的历史时期，女性的就业比重更是达到了史无前例的地步。尤其是在类似化学、金属等适合男性的传统男性占主导地位的行业中，女性所占的比率从战前的

22%猛增到1918年的38%[①]。女性在全部领域中的就业比重更是在1914年至1918年这短短的四年间增长了17%,这个数字远远超过了19世纪90年代以来女性的就业比例。

因此,我们可以明显地看出来第一次世界大战以后,女性的就业比率有了明显的上升,特别是与战前相比较而言。同时,第一次世界大战结束后,由于女性在战争中发挥了不可忽略的作用,如果说男性在战场上是为国家流血牺牲,那么女性在后方的付出也是国家进行战争的重要因素。相应地,女性的重要性就渐渐地凸显出来。那些战前对于女性的禁锢和压迫,随着战争的结束,也受到了极大的冲击。当然,应该清楚的是,罗马不是一日建成的,这个转变也不是一蹴而就的,这是一个长期的、渐进的过程。在这个过程中,女性逐渐地填补了男性在社会岗位上的空缺,为了让国家顺利健康运转,女性发挥着越来越重要的作用。并且在就职的过程中,女性独立养活自己和家人,获得了独立的经济地位,变得越发的自尊自信和美丽,有了前所未有的强烈的自我认同感,逐渐地摆脱了传统观念中的女性自我感觉上的自卑和在社会氛围上强烈的压迫。

综上所述,笔者认真分析了女性在19世纪后期至20世纪前期德国女性在职业上取得重要成绩的原因。其中工业化的发展,尤其是两次科技革命的不断推进是女性走出家庭的根本因素。在工业化的过程中经济呈现良好的发展态势为女性的就业问题提供了一个良好的大背景;随着工业化的不断推进,社会经济结构发生了巨大的变化,女性逐渐地填补了男性转向工业部门后,留下的农业领域的职业空缺;同时新型的工业部门的产生对于劳动力数量的需求吸引了大量的女性成员,适合于女性的工业部门或者岗位也向女性发出善意的呼喊。同时我们了解到教育的改革和发展对于女性获得工作岗位的必要性。女子学校的出现,特别是女子中学的出现为女性的观念的转变、以后参加工作都有着十分重要的影响;特别值得一提的是,大学的大门为女性敞开这一巨大进步,为女性最后赢得工作机会添砖加瓦,增加了她们的竞争力。不得不注意到,第一次世界大战是女性走出家门的必不可少的机会。第一次世界大战期间,女性填补了男性所留下的空白,补齐了男性留下的工作岗位,为了国家经济的正常运转贡献自己的

---

① Steinmetz George, Workers and the Welfare State in Imperial Germany, *International Labor and Working-Class History*, Vol. 8, No. 40, 1991, pp. 18-46.

一分力量。

　　然而，我们还应该认识到的是，尽管如此，女性在那个年代仍然是社会的弱势群体，仍然接受着各方面的歧视和偏见。妇女运动应运而生，这一运动潮流在女性参与社会工作的过程中发挥着至关重要的作用。她们积极地奔走呼吁和运动，推动区别于男性的女性职业评价标准，同时也为了女性的教育权、平等的公民权利和义务等。特别值得注意的是，法律方面对于女性有力的规定，在表面是推动了男女平等的步伐。然而，我们必须注意的是，在实际生活中，女性为了在社会工作中得到一席之地不得不受到男性主导权的制约。女性在法律上已经获得了平等的权利，在社会生活中，女性仍然需要在艰难的处境中打破层层的壁垒，这一阶段以德国为例子的先进国家的高水平职业仍然是男性为主导的，男性不愿意接受女性作为自己的同事，男性歧视和排斥女性，其中排斥最为厉害的并不是保守的无产阶级，而是那些受到良好教育的知识分子和中产阶级。因为女性职业群体的出现直接地影响了他们的既有利益。在学校教育中，大学中的女性虽然获得了同等的受教育权，但是，女性毕竟是人数中的极少数，所以在满是敌意氛围中学习生活需要女性拥有巨大的勇气。第一次世界大战虽然给了女性前所未有的机会来参加社会工作。然而，战争结束后，那些原本在各行各业工作的男性是需要回归的，当他们面临着如此出众的女性从业人员时，那些男性对她们抱以强烈的敌意。妇女运动者渴望建立属于女性自己的职业原则和标准，然而实际情况是女性从业人员的成功不得不使得自己变成男性，以男性的标准要求自己，就是所谓的"像男人一样思考"。

　　即使面临种种的偏见与歧视，女性仍然在社会工作领域内兢兢业业，主动与男性甚至是女性同胞进行竞争。女性积极地走出家庭，参与社会生活，活出独属于女性的完美生活。

结　语

对近代德国城市社会发展的思考

研究表明，就近代德国历史发展而言，19世纪30年代兴起工业化与近代德意志地区的农业改革促使德国出现了根本性的社会经济转型，即经济上实现了以农业为主导向以工业为主导的转变，同时也实现了由农业社会向城市社会的巨大转变。

本书主要从社会经济史的视角来研究德国城市社会发展变迁，19世纪初期德意志地区城市经济职能已经开始朝着商业化、专业化与开放化的趋势发展，这一时期德意志地区城市的职能已经从19世纪前以行政功能为主，逐渐向以经济职能为主转变。尤其是19世纪30年代以来，随着德意志关税同盟的建立与工业化的快速发展，工业城市的崛起使德意志地区城市的经济职能进一步强化。工业化发展也引起德意志地区城市发展专业化分工，出现了新兴工业城市、交通枢纽城市以及工商并重的区域中心城市。到19世纪末20世纪初，德国初步形成了以柏林为核心，分区域中心城市和中小城镇两级伸展到全国的城市体系。城市体系形成使得城市之间的交往越来越密切，逐渐形成了以科隆、杜塞尔多夫为主西部城市群与以柏林为主中部城市群。德国城市经济职能的变化不仅促进了德国城市体系初步形成，也推动了近代德国经济一体化的进程。

近代德国城市社会发展也促使市政管理朝着现代化趋势演进。德意志帝国时期城市化的高速发展带动了城市人口的急剧增长，进而加重了城市人口的压力，给城市带来严重的挑战。在城市人口增长与社会经济发展的影响下，德国城市的供水设施、供电设施以及城市卫生服务体系初步构建。城市市政设施的建设不仅有利于提高公共卫生状况，减少疾病的发生，同时也带动了电力产业的发展。19世纪德城市现代化是城市化过程中向质的方面不断提升的过程。19世纪德国的城市现代化主要包括城市基础生活设施的建立与城市管理制度的完善。19世纪德国城市在住房改造、公共卫生事业的建设、休闲与娱乐等生活设施的兴建等方面取得很大进展，极大地改善了城市的物质环境。另外，19世纪德国在城市管理方面进行了全面探索，确立了"委员会制"与"市长制"两种模式，使城市管理摆脱了中世纪的寡头统治，进入民主监督与管理的时代。

工业化时期德国不仅实现了城市人口急剧增长，而且也引起了社会结构局部调整。由于德国是通过改革方式而非革命道路从封建社会逐渐转变为资本主义社会的，各邦政府在改革过程中最大限度地保留了封建贵族的传统特权，而且德国的统一也是在普鲁士容克地主阶级的王朝战争中实现的，因而贵族在新建立的德意志帝国中的政治统治地位并未受到根本性的动摇，贵族在德国社会结构中仍然占据主导地位。在向工业社会转型过程中，资产阶级是各社会集团中流动性最大的群体，同时也是一个由多个不同阶层构成的阶级集团。经济资产阶级、文化资产阶级以及小资产阶级是德国资产阶级的主要组成部分。受经济因素、社会与政治因素、教育因素的影响，自20世纪20年代以来，德国社会垂直流动增加了，来自社会下层家庭，进入中产阶级的人数比例扩大了，出身于下层中产阶级家庭，流进上层中产阶级的人数比例也扩大了。

工业化时期德国城市发展的同时也推动了经济发展、产业规模和居民收入水平的提高和生活条件的改善，进而使得19世纪后半叶德国消费社会初现端倪。这一时期享乐主义消费与炫耀性消费出现导致消费手段呈现出多元化的趋势。大众媒体推动、圣诞市场发展、百货商店的出现等因素都推动了德国消费社会的快速发展。

工业化时期德国积极从本国国情出发及时调整城市反贫困政策，使其实现了从补救模式的社会救济体制向预防模式的社会保险制度转变。自19世纪中期以来，德国借助工业化推动形成了别具一格的城市反贫困制度，不仅缓解了社会成员的生存危机，化解了由贫困问题引起的群体性社会风险，实现了社会平稳转型，也是德国城市社会变迁的一个方面。

工业化时期德国城市社会变迁的另一个方面是妇女的职业化发展。19世纪是妇女职业化初期的艰难探索时期。受"毕德麦尔"时代的影响，妇女们完全被禁锢在家庭中，与此同时，工业化、城市化的进程进一步影响到妇女，性别分工体系有所松动，妇女开始觉醒了自己的意识要求外出工作，主动开始妇女职业化发展。这一时期妇女工作依然存在很大区别，劳工阶层妇女的工作行业和领域有了很大进展，同时也遇到很大问题。中产阶级妇女这一时期的工作内容包括家庭内部的家务工作和外部的慈善工作，同时这一阶段劳工阶层和中产阶级妇女开始联合起来，为改善自身在社会性别分工中的弱势，积极地进行妇女运动争取妇女工作权利，推动妇女职业化进程。这一趋势一直持续到第一次世界大战，妇女工作情况开始发生巨大变化，迎来了德国妇女职业化的飞速发展时期。

总之，工业化时期德国城市社会发展与变迁不仅包括物质层面变化诸如城市的基础设施的建设，而且也包括制度方面的变化，即市政管理制度与城市反贫困制度的完善，还包括社会方面的变化：社会结构局部调整、垂直社会流动的出现、消费社会的形成以及妇女职业化的发展。

参考文献

德文文献

一 统计资料

Beiträge zur Finanzstatistik der Gemeinden in Preußen 1883/1884,Berlin:Statistisches Bureau,1884.

Das Anwachsen der Bevölkerung im Preußischen Staat seit 1816,In:*Zeitschrift des Kgl. Preußischen Statistischen Bureaus*,Jg. 1(1861).

Das Deutsche Reich in gesundheitlicher und demographischer Beziehung,Berlin 1907.

Das Gesundheitswesen des Preussischen Staates im Jahre 1906,Berlin 1908.

Das Gesundheitswesen des Preussischen Staates im Jahre 1913,Berlin 1915.

Das Preußische Medizinal-und Gesundheitswesen in den Jahren 1883 bis 1908,Festschrift zur Feier des 25 jährigen Bestehens des Preussischen Medizinalbeamten-Vereins,Berlin 1908.

Das Sanitätswesen des Preußischen Staates während der Jahr 1898,1899 und 1900,Berlin 1908.

Gesetz-sammlung für die Königlichen preussischen Staaten,Berlin 1883.

Jannasch,R.,*Das Wachstum und die Concentration der Bevölkerung des Preußischen Staates.* In:*Zeitschrift des Kgl. Preußischen Statistischen Bureaus*,Jg. 18(1878).

Medizinal-statistische Mitteilungen aus dem kaiserlichen Gesundheitsamte,Berlin 1912.

Preußische Gesetzesammlung(GS.)

Preußische Statistik,Berlin 1861.

Statistik des Deutschen Reichs,Berlin 1873.

Statistisches Handbuch für den Preußischen staat, Berlin 1888.

Statistisches Jahrbuch für den Preußischen staat, Berlin 1903.

M. Neefe (Hrsg.), *Statistisches Jahrbuch Deutscher Städte*, Breslau: Verlag von Wilh.Gottl.Korn, 1890.

M. Neefe (Hrsg.), *Statistisches Jahrbuch Deutscher Städte*, Breslau: Verlag von Wilh.Gottl.Korn, 1892.

M. Neefe (Hrsg.), *Statistisches Jahrbuch Deutscher Städte*, Breslau: Verlag von Wilh.Gottl.Korn, 1893.

M. Neefe (Hrsg.), *Statistisches Jahrbuch Deutscher Städte*, Breslau: Verlag von Wilh.Gottl.Korn, 1897.

M. Neefe (Hrsg.), *Statistisches Jahrbuch Deutscher Städte*, Breslau: Verlag von Wilh.Gottl.Korn, 1901.

M. Neefe (Hrsg.), *Statistisches Jahrbuch Deutscher Städte*, Breslau: Verlag von Wilh.Gottl.Korn, 1904.

M. Neefe (Hrsg.), *Statistisches Jahrbuch Deutscher Städte*, Breslau: Verlag von Wilh.Gottl.Korn, 1906.

M. Neefe (Hrsg.), *Statistisches Jahrbuch Deutscher Städte*, Breslau: Verlag von Wilh.Gottl.Korn, 1908.

Tabellen und amtliche Nachrichten über den Preußischen staat für das jahr 1849, Bd. I, Berlin 1851.

Tabellen und amtliche Nachrichten über den Preußischen staa für des Jahr 1849, Bd. Ⅵ, Berlin 1851.

Tabellen und amtliche Nachrichten über den Preußischen staat für des Jahr 1855, Bd. V, Berlin 1851.

Vierteljahreshefte zur Statistik des Deutschen Reichs, Berlin 1901.

Zeitschrift des Kgl. Preußischen Statistischen Bureaus, Berlin 1861.

Zeitschrift des Kgl. Preußischen Statistischen Bureaus, Berlin 1887.

Zweigert, *Statistik der Stadt Essen*, Bd. 1, Essen 1900.

二 研究著作（按作者姓氏排列）

Abel, W. (Hrsg.), *Handwerksgeschichte in neuerer Sicht*, Göttingen: Schwartz, 1978.

Adelmann, Gerhard, *Strukturwandlungen der rheinischen Leinen – und Baumwollgewerbe zu Beginn der Industrialisierung.* In: Vierteljahrschrift für Sozial-und Wirtschaftsgeschichte, Bd. 53, (1966).

Bergmann, Jüngen, *Das Berliner Handwerk in den Frühphasen der Industrialiserung*, Berlin: Colloqium Verlag, 1973.

Bergmann, Jüngen, *Regionen im historischen vergleich studien zu deutschland Im 19. und 20. Jahrhundert*, Opladen: westdeutscher Verlag, 1989.

Blankenburg, Jürgen, *Die typisierung der Gemeinden nach sozialökonomischen und finanzwirtschaftlichen Strukturmerkmalen*, Köln: Westdeutscher Verl, 1965.

Blaschke, H., *Bevölkerungsgeschichte von Sachsen bis zur industriellen Revolution*, Weimar: Böhlau, 1967.

Born, Karl Erich, *Wirtschafts-und Sozial-geschichte des Deutschen Kaiserreichs (1867/1871-1914)*, Stuttgart: F. Steiner, 1985.

Croon, Helmuth (Hrsg.), *Kommunale Selbstverwaltung im Zeitalter der Industrialisierung*, Stuttgart: W. Kohlhammer, 1971.

Vorstand des Deutschen Metallarbeiterverbandes (hrsg.), *Die deutsche Elektrizitätsversorgung*, Stuttgart: W. Kohlhammer, 1927.

Eberstadt, Rudolf, *Rheinische Wohnverhältnisse und ihre Bedeutung für das Wohnungswesen in Deutschland*, Jena: G. Fischer, 1903.

Eberstadt, Rudolf, *Handbuch des Wohnungswesen und Wohnungsfrage*, Jena: G. Fischer, 1917.

Esche, Paul von, *Die Versorgung der Bevölkerung mit Krankenhäusern in Deutschland von 1876 bis zur Gegenwart.* In: Archiv für Hygience, *Bd.* 138, 1954, S. 387, 389, 392.

Fehn, Klaus, *Saarbrücken-Großstadtbildung im grenznahen Bergbau-und Industriegebiet.* In: Stadt und Stadtbaum, 1974.

Feldenkirchen, Wilfried, *Die Eisen – und Stahlindustrie des Ruhrgebiets 1879-1914*, Wiesbaden: Steiner, 1982.

Fischer, Wolfram, *Wirtschaft und Gesellschaft im Zeitalter der Industrialiserung*, Göttingen: Vandenhoeck & Ruprecht, 1972.

Forsthoff, Ermst, *Die Verwaltung als Leistungsträger*, Stuttgart: Kohlhammer, 1938.

Fourastié, Jean, *Die Große Hoffnung zwanzigsten Jahrhunderts*, Köln: Bund-Verl, 1984.

Grahn, E., *Die Städtische Wasserversorgung*, Bd.1, Leipzig: Kröner, 1912.

Gröttrup, Hendrik, *Die kommunale Leistungsverwaltung*, Stuttgart: Kohlhammer, 1973.

Guttstadt, Albert, *Deutschlands Gesundheitswesen*, Leipzig: Thieme, 1890.

Hansen, Joseph, *Die Rheinprovinz 1815-1915 hundert Jahre preussischer Herrschaft am Rhein*, Bd. 1, Bonn: A. Marcus, 1917.

Henning, Friedrich Wilhelm, *Die Wirtschaftsstruktur mitteleuropäischer Gebiete an der Wende zum 19. Jahrhundert unter besonderer Berücksichtigung des gewerblichen Bereiches*. In: Wolfram Fischer (Hrsg.), *Wirtschaftswachstum und Wirtschaftsstruktur im 16. und 19. Jahrhundert*, Berlin: Duncker & Humblot, 1971.

Henning, Friedrich Wilhelm, *Die Einführung der Gewerbefreiheit und ihre Auswirkungen auf das Handwerk in Deutschland*, In: W. Abel (Hrsg.), *Handwerksgeschichte in neuer Sicht*, Göttingen: Schwartz, 1978.

Henning, Friedrich Wilhelm, *Die Industrialisierung in Deutschland 1800-1914*, Paderborn: Scho ningh, 1984.

Hermann, *Handbuch der europaischen Wirtschafts- und Sozialgeschichte*, Stuttgart: Klett-Cotta, 1980.

Hoffmann, J. G., *über Das Verhältniss der Anzahl der meister gegen die Anzahl der Gesellen in den gemeinsten Handwerken*, In: Hoffmann, J. G, *Nachlass kleiner Schriften*, Berlin: G. Reimer, 1847.

Hoffmann, J. G., *Die Bevölkerung des preußischen Staats*, Berlin 1839.

Hoffmann, Walther G., *Das Wachstum der deutschen Wirtschaft seit der Mitte des 19. Jahrhundert*, Berlin: Springer, 1965.

Hofmann, Wolfgang, *Zwischen Rathaus und Reichskanzlei: die Oberbürgermeister in der Kommunal-und Staatspolitik des Deutschen Reiches von 1890 bis 1933*, Stuttgart: W. Kohlhammer, 1874.

Hohorst, Gerd (Hrsg.), *Sozialgeschichtliches Arbeitsbuch: Materialien zur Statistik des Kaiserreichs 1870-1914*, Bd. 2, München: C. H. Beck, 1975.

Hoth, Wolfgang, *Die Industrialisierung einer rheinisch Gewerbestadt-darg-*

estellt am Beispiel Wuppertal, Köln: Rhein. -Westfäl. Wirtschaftsarchiv, 1975.

Huber, Brigitte, *Tagebuch der Stadt München: die offiziellen Aufzeichnungen der Stadtchronisten 1818-2000*, München: Dölling und Galitz, 2004.

Hubert, Michel, *Deutschland im Wandel: Geschichte der deutschen Bevölkerung seit 1815*, Stuttgart: F. Steiner, 1998.

Huber, Paul B., *Regional Expansion und Entleerung im Deutschland des 19. Jahrhundert: eine Folge der Eisenbahnenentwicklung*. In: Rainer Fremdling und Richard H. Tilly (Hrsg.), *Industerialisierung und Raum*, Stuttgart: Klett-Cotta, 1979.

Huber, Rudolf, *Dokumente zur deutschen Verfassungsgeschichte*, Bd. 1, Stuttgart: Kohlhammer, 1961.

Huerkamp, Claudia, *Arbeitsmarkstrategien der deutschen Ärzteschaft im späten 19. und frühen 20. Jahrhundert*, In: Richard Tilly (Hrsg.), *Historische Arbeitsmarkforschung*, Göttingen: Vandenhoeck & Ruprecht, 1982.

Huerkamp, Claudia, *Ärzte und Professionalisierung in Deutschland*, In: Geschichte und Gesellschaft, Jg. 6 (1980).

Kaufhold, Karl-Heinrich, *Gewerbefeiheit und gewerbliche Entwicklung in Deutschland im 19. Jahrhunder*, In: Blätter für deutsche Landesgeschichte, Jg.1982.

Kaufhold, Karl-Heinrich, *Umfang und Gliederung des deutschen Handwerks um 1800*, In: W. Abel (Hrsg.), *Handwerksgeschichte in neuer Sicht*, Göttingen: Schwartz, 1978.

Kaufhold, Karl-Heinrich, *Das Gewerbe in Preußen um 1800*, Göttingen: Schwartz, 1978.

Kaufmann, *Die Kommunalfinanzen. Großbritannien, Frankreich, Preußen*, Bd. 1, Leipzig: C. L. Hirschfeld, 1906.

Keisewetter, Hubert, *Industrielle Revolution in Deutschland 1815-1914*, Frankfurt am Main: Suhrkamp, 1989.

Kellenbenz, Hermann, *Wirtschaftspolitik und Arbeitsmarkt*, Wien: Verl. F. Geschichte u. Politik, 1974.

Kellenbenz, Hermann, *Wirtschaftliches Wachstum, Energie und Verkehr vom Mittelalter bis 19. Jahrhundert*, Stuttgart: Fischer, 1978.

Kellenbenz, Hermann, *Deutsche Wirtschaftsgeschichte Bd. 2: Vom Ausgang des 18. Jahrhunderts bis zum Ende des Zweiten Weltkriegs*, München: Verlag C. H. Beck, 1981.

Kitzel, Karlheinz, *Die Herrfurthsche Landgemeindeordnung*, Stuttgart: W. Kohlhammer, 1957.

Klein, Ernst, *Geschichte der deutschen Landwirtsch im Industriezeitalter*, Wiesbaden: Steiner, 1973.

Klose, Walter, *Die Finanzpolitik der Preußischen GroßStädte*, Berlin: Siemenroth, 1907.

Köllmann, Wolfgang, *Sozialgeschichte der Stadt Barmen im 19. Jahrhundert*, Tübingen: J. C. B. Mohr, 1960.

Köllmann, Wolfgang, *Bevölkerungsgeschichte*, Köln: Kiepenheuer & Witsch, 1972.

Köllmann, Wolfgang, *Bevölkerung in der industriellen Revolution*, Göttingen: Vandenhoeck & Ruprecht, 1974.

Köllmann, Wolfgang, *Bevölkerung und Raum in Neuerer und Neuester Zeit*, Würzburg: Ploetz, 1965.

Koselleck, Reinhard, *Preußen zwischen Reform und Revolution. Allgemeines Landrecht, Verwaltung und soziale Bewegung von 1791 bis 1848*, Stuttgart: Klett, 1967.

Krabbe, Wolfgang R., *Die deutsche Stadt im 19. und 20. Jahrhundert eine Einführung*, Göttingen: Vandenhoeck & Ruprecht, 1989.

Krabbe, Wolfgang R., *Qualifikation und Ausbildung der Gemeindebeamten vor dem Ersten Weltkrieg.* In: Archive für Kommunalwissenschaften, Jg. 20 (1981).

Kriedte, Peter, *Die Stadt im Prozess der europaeischen Protoindustrialiserung.* In: Die alte Stadt, Jg. 9 (1982).

Kuczynski, Jürgen, *Geschichte des Alltags des deutschen Volkes*, Köln: Pahl-Rugenstein, 1981.

Lothar, Gall, *Bürgertum in Deutschland*, Berlin: Btb, 1996.

Luther, Hans, *Im Dienst des Städtetages, Erinnerungen 1913 - 1923*, Stuttgart: Kohlhammer, 1959.

Maschalck, Peter, *Deutsche überseewangderung im 19. Jahrhundert*, Stuttgart: E. Klett, 1973.

Matzerath, Horst (Hrsg.), *Städtewachstum und innerstädtische Strukturveränderungen: Probleme des urbanisierungsprozesses im 19. und 20. Jahrhundert*, Stuttgart: Klett-Cotta, 1984.

Matzerath, Horst, *Städtewachstum und Eingemeindungen im 19. Jahrhundert*, In: Jürgen Reuleck (Hrsg.), *Beiträge zur modernen deutschen stadtgeschichte: Die deutsche Stadt im Industriezeitalter*, Wuppertal: Hammer, 1978.

Matzerath, Horst, *Urbanisierung in Preussen 1815-1914*, Stuttgart: Kohlhammer, 1985.

Mombert, Paul, *Gemeindebetriebe in Deutschland*, In: Carl Johann Fuchs (Hrsg.), *Gemeindebetriebe*, Leipzig: Duncker & Humblot, 1908.

Most, Otto, *Die Gemeindefinanzstatistik in Deutschland*, Leipzig: Duncker & Humblot, 1910.

Most, Otto, *Die Schuldenwirtschaft der deutschen Städte*, Jena: G. Fischer, 1909.

Nipperdey, Thomas, *Deutsche Geschichte 1866-1918*, Bd. 1, *Arbeitswelt und Bürgergeist*, München: C. H. Beck, 1990.

Pfitzner, Johannes, *Die Entwicklung der kommunalen Schulden in Deutschland*, Leipzig: Druck von H. Hoffmann, 1911.

Pistor, M., *Das Gesundheitswesen in Preußen*, Berlin: J. Springer, 1896.

Preuß, Hugo, *Die Entwicklung des deutschen Städtewesens*, Bd. 1, Leipzig: B. G. Teubner, 1906.

Rapmund, O., *Das öffentliche Gesundheitswesen*, Berlin: Fischers Medicin, 1901.

Reulecke, Jürgen, *Geschichte der Urbanisierung in Deutschland*, Frankfurt am Main: Suhrkamp Verlag, 1985.

Rönne, Ludwig von, *Die Preußischen Städte-ordnungen vom 19. November 1808 und vom 17. März 1831*, Breslau: G. P. Aderholz, 1840.

Schäfer, Hans-Ludwig, *Bremens Bevölkerung in der ersten Hälfte des neunzehnten Jahrhunderts*, Bremen: W. Dorn, 1957.

Schlier, *Der deutsche Industriekörper seit 1860*, Tübingen: Mohr, 1922.

Schmoller, *Zur Geschichte der deutschen Kleingewerbe im 19. Jahrhundert*, Halle: Verl. der Buchh. des Waisenhauses, 1870.

Schneppe, Friedrich, *Gemeindetypisierungen auf Statistischer Grundlage*, Hannover: Jänecke, 1970.

Schott, *Die Großstädtisch Agglomerationen des Deutschen Reichs 1871 – 1910*, Breslau: W. G. Korn, 1907.

Schremmer, Eckart, *Standortausweitung der Warenproduktion im Langfristigen Wirtschaftswachstum*, In: Vierteljahrschrift für Sozial-und Wirtschaftsgeschichte, Bd. 59, (1972).

Schröder, W. H. (Hrsg.), *Moderne Stadtgeschichte*, Stuttgart: Klett-Cotta, 1979.

Selter, M., *Die Trinkwasserversorgung der Rheinprovinz auf Grund amtlicher Erhebungen nach dem Stande von Jahre 1911 bearbeitet*, Bonn: Hager, 1911.

Silbergleit (Hrsg.), *Preussen Städt. Denkschrift zum 100 Jährigen Jubiläum der Städteordnung vom 19. November 1808*, Berlin: C. Heymann, 1908.

Sombart, *Der moderne Kapitalismus*, Bd. 3, Berlin: Duncker & Humblot, 1955.

Steuer, Philipp, *Die Wasserversorgung der Städte und Ortschaften*, Berlin: F. Siemenroth, 1912.

Wächter, Georg, *Die sächsischen Städte im 19. Jahrhundert*, In: Zs. des K. Sächsischen Statistischen Bureaus 47 (1901), S. 179-232.

Waltershausen, A. Sartorius von, *Deutsche Wirtschaftsgeschichte 1815 – 1914*, Jena: G. Fischer, 1923.

Waterkamp, Hermann, *Die Bevölkerung von Duisburg*, Essen: Bacmeister, 1941.

Wehler, Hans-Ulrich, *Deutsche Gesellschaftsgeschichte, Bd. 3: Von der, Deutschen Doppelrevolution "bis zum Beginn des Ersten Welt-krieges 1849-1914*, München: Beck, 1995.

Winkler, H. A., *Organisierter Kapitalismus: Voraussetzungen und Anfänge*, Göttingen: Vandenhoeck & Ruprecht, 1974.

Wirminghaus, A., *Stadt und Land unter dem Einfluß der Binnenwanderungen. In: Jahrbüche für Nationalökonomie und Statistik, Bd. 9, 1895.

Wurm, Franz F., *Wirtschaft und Gesellschaft in Deutschland 1848-1948*, Opladen: Leske, 1969.

Zorn, Wolfgang, *Ein Wirtschaftskarte Deutschlands um 1820 als Spiegel der gewerblichen Entwicklung*, In: Jahrbücher für Nationalökonomie und statistik, Bd. 179 (1966).

Zorn, Wolfgang, *Handbuch der deutschen Wirtschafts-und Sozialgeschichte*, Stuttgart: Klett, 1976.

Ziebill, Otto, *Geschichte des Deutschen Städtetages*, Stuttgart: Kohlhammer, 1955.

Ziekursch, *Das Ergebnis der fiiderizianischen Städteverwaltung und Städteordnung Steins*, Jena: H. Costenoble, 1908.

Zimmermann, Clemens, *Die Zeit der Metropolen*, Frankfurt am Main: Fischer-Taschenbuch-Verl, 1996.

英文资料

Braun, Hans-Joachim, *The Germany Economy in the Twentieth Century*, Routledge, 1990.

Bry, Gerhard, *Wages in Germany*, 1871-1945, Ann Arbor: University Microfilms, 1960.

Brown, John, *Reforming the Urban Environment: Sanitation, Housing, and Government Intervention in Germany*, 1870-1910, The Journal of Economic History, Vol. 49, No. 2, (Jun., 1989).

Cameron, Rondo, *Banking in the Early Stages of Industrialization: A Study in Comparative Economic History: With the Collaboration of Olga Crisp*, New York: Oxford University Press, 1967.

Chandler, Alfred D., *Scale and Scope: the Dynamics of Industrial Capitalism*, Massachusetts: Harvard University Press, 1990.

Clapham, John Harold, *The Economic Development of France and Germany*, 1815-1914, Cambridge: Cambridge University Press, 1936.

Crew, David F., *Town in the Ruhr: A Social History of Bochum*, 1860-1914, New York: Columbia University Press, 1979.

Dawson, William Harbutt, *Municipal Life and Government in Germany*, London: Longmans, 1914.

Daunton, Martin, *The Cambridge Urban History of Britain*, 1840-1950, Cambridge: Cambridge University Press, 2000.

D. Hamlin, David, *Work and Play : The Production and Consumption of Toys in Germany*, 1870-1914, Michigan: Michigan University Press, 2007.

Feuchtwanger, Edgar, *Imperial Germany 1850-1918*, New York: Routledge, 2001.

Fine, Ben, *The Wrold of Consumption*, Taylor & Francis e-Library, 2002.

Fischer, Wolfram, *Rual Industrialization and Population Change*, Comparative Studies in Social and History, Vol. 15 (1973).

Frohman, Larry, *Poor Relief and Welfare in Germany from the Reformation to World War I*, New York: Cambridge University Press, 2008.

George, Steinmetz, "Social Policy and the Local State: A Study of Municipal Public Assistance, Unemployment Relief, and Social Democracy in Germany, 1871-1914." Ph. D. diss., University of Wisconsin - Madison, 1987.

Goldstone, Jack A., *Cities and Social Change*, Sociological Forum, Vol. 2, No. 1 (Winter, 1987).

Goldstone, Jack A., Reviewed work (s): *Urbanization in History: A Process of Dynamic Interactions*, by Ad van der Woude, Population and Development Review, Vol. 18, No. 1 (Mar., 1992).

Grant, Oliver, *Migration and Inequality in Germany 1870-1913*, New York: Oxford University Press, 2005.

Gray, Marion W., *Prussia in Transition: Society and Politics under the Stein Reform Ministry of 1808*, Transactions of the American Philosophical Society, New Series, Vol. 76, No. 1 (1986).

Habakkuk, H. J. and M. Postan, *The Cambridge Economic History of Europe. Vol 6: The Industrial Revolution and After: Population and Technological Change*, Cambridge: Cambridge University Press, 1965.

Habakkuk, H. J. and M. Postan, *The Cambridge Economic History of Europe. Vol 7: The Industrial Economics: Captical, Labour and Enterprise Part 1 Britain, France, Germany and Scandinavia*, Cambridge: Cambridge University Press, 1978.

Hochstadt, Steve, *Mobility and Modernity: Migration in Germany*, 1820-1989, Ann Arbor: University of Michigan Press, 1999.

Hoer, Dirk, *People in Transit: German Migrations in Comparative Perspective*, 1820-1930, New York: Cambridge University Press, 1995.

Horn, Norbert and Kock, Jürgen, *Law and the Formation of the Big Enterprises in the Nineteenth and Early Twentieth Centuries*, Göttingen: Vandenhoeck & Ruprecht, 1979.

Jackson, James H., *Migration and Urbanization in the Ruhr Valley*, 1821-1914, Boston: Brill AcademicPublishers, 1997.

Keynes, J. N., *The Economic Consequences of the Peace*, New York: Harcourt, 1920.

Kindleberger, Charles P., *A Financial History of Western Europe*, London: Routledge, 2007.

Kitchen, Martin, *A History of Modern Germany 1800-2000*, Massachusetts: Blackwell Pub, 2006.

Köllmann, Wolfgang, *The Process of Urbanization in Germany at the Height of the Industrialization*, Period Journal of Contemporary History, 1969, 4 (3).

Lawton, Richard and Lee, Robert, *Urban Population Development in Western Europe from the Late-Eighteenth to the Early-Twentieth Century*, Liverpool: Liverpool University Press, 1989.

Laux, H. D., *Structural and regional differences of natural population growth in German cities*, 1880-1905, Göttingen: Dümmler, 1983.

Lee and Eve Rosenhaft, *State Social Policy and Social Changes in Germany 1880-1994*, New York: Berg, 1997.

Lee, Robert, *Demographic Change and Industrialization in Germany*, 1815-1914, *Bremen in Comparative Perspective*, An International Quarterly, Vol. 5, No. 4.

Lenger, Friedrich, *Towards an Urban Nation: Germany Since 1780*, New York: Berg, 2002.

Meyer, Hugo R., *City Administration in Germany*, The Journal of

Political Economy, Vol. 14, No. 9 (Nov., 1906).

Northam, *Urban Geography*, New York: John Wiley & Sons Inc, 1979.

N. Stearns, Peter, *Consumerism in World History*, Taylor & Francis e-Library, 2001.

Retallack, James, *Imperial Germany 1871-1918*, New York: Oxford University Press, 2008.

Riesser, Jacob, *The German Great Banks and Their Concentration in Connection with the Economic Development of Germany*, New York: Arno Press, 1977.

Reulecke, Jürgen, *Urban History Research in Germany: Its Development and Present Condition*, Urban History Yearbook, 1981.

Rodger, Richard, *European Urban History: Prospect and Retrospect*, Leicester: Leicester University Press, 1993.

Tenfelde, Klaus, Reviewed work (s): *Town in the Ruhr: A Social History of Bochum, 1860-1914 by David F. Crew*, The American Historical Review, Vol. 85, No. 3 (Jun., 1980).

Vries, Jan de, *European urbanization 1500-1800*, Massachusetts: Harvard University Press, 1984.

Weber, A. F., *The Growth of Cities in the Nineteenth Century, A study in statistics*, New York: Cornell university press 1965.

Woude, Ad van, *Urbanization in History: A Process of Dynamic Interactions*, New York: Oxford University Press, 1990.

中文资料

[英] 彼得·马赛厄斯主编：《剑桥欧洲经济史》第 8 卷，王宏伟、钟和等译，经济科学出版社 2004 年版。

[英] 波斯坦等主编：《剑桥欧洲经济史》第 7 卷，徐强、李军、马宏生等译，经济科学出版社 2004 年版。

[英] B. R. 米切尔编著：《帕尔格雷夫世界历史统计（欧洲卷）1750—1993 年》，贺力平译，经济科学出版社 2002 年版。

陈甬军、景普秋：《中国城市化道路新论》，商务印书馆 2009 年版。

高佩义：《中外城市化比较研究》，南开大学出版社 2004 年版。

郭笑撰：《西方城市化理论、实践与我国城市化的模式选择》，武汉大学出版社 2006 年版。

韩士元：《城市经济发展专论》，天津社会科学院出版社 2004 年版。

纪良纲、陈晓永等：《城市化与产业集聚互动发展研究》，冶金工业出版社 2005 年版。

姜德昌、夏景才主编：《资本主义现代化比较研究》，吉林人民出版社 1989 年版。

姜丽丽：《德国工业革命时期的城市化研究》，华中师范大学，硕士学位论文，2008 年。

江美球：《城市学》，科学普及出版社 1988 年版。

[意] 卡洛·M. 奇波拉主编：《欧洲经济史》第 4 卷上《工业社会的兴起》，王铁生等译，商务印书馆 1989 年版。

[英] 克拉潘：《1815—1914 年法国和德国的经济发展》，傅梦弼译，商务印书馆 1965 年版。

[美] 科佩尔·平森：《德国近现代史——它的历史和文化》，范德一译，商务印书馆 1987 年版。

李江玉：《我国人口城市化区域发展的静态与动态比较研究》，载李晓西、郑贵斌主编《中国区域经济 30 年论文精选 1978—2008》，北京师范大学出版社 2009 年版。

李清娟：《产业发展与城市化》，复旦大学出版社 2003 年版。

梁琦：《产业集聚论》，商务印书馆 2004 年版。

林广、张鸿雁：《成功与代价——中外城市化比较新论》，东南大学出版社 2000 年版。

刘燕生：《社会保障的起源、发展和道路选择》，法律出版社 2001 年版。

刘治彦：《城市经济学》，中国城市出版社 2005 年版。

刘振邦：《主要资本主义国家的农业现代化》，农业出版社 1980 年版。

孟钟捷：《简析 19 世纪上半叶德意志地区城镇化的"起步"》，《经济社会史评论》2015 年第 4 期。

孟鑫：《德意志帝国时期农村劳动力转移研究》，硕士学位论文，华中师范大学，2018 年。

［意］奇波拉：《欧洲经济史》第 4 卷下，吴继淦、芮苑如译，商务印书馆 1991 年版。

钱乘旦等：《世界现代化进程》，南京大学出版社 1997 年版。

秦润新：《农村城市化的理论与实践》，中国经济出版社 2000 年版。

任保平：《衰退工业区的产业重建与政策选择——德国鲁尔区的案例》，中国经济出版社 2007 年版。

向德平：《城市社会学》，武汉大学出版社 2002 年版。

肖辉英：《德国的城市化、人口流动与经济发展》，《世界历史》1997 年第 5 期。

邢来顺：《德国工业化经济——社会史》，湖北人民出版社 2004 年版。

邢来顺：《德国工业化时期的城市化及其特点》，《首都师范大学学报》2005 年第 6 期。

邢来顺：《迅速工业化进程中的德意志帝国人口状况》，《世界历史》1996 年第 4 期。

徐继承：《德意志帝国时期的城市化研究》，中国社会科学出版社 2013 年版。

徐继承：《"分散与集中"——德意志帝国时期城市化发展及启示》，《社会科学论坛》2010 年第 6 期。

徐继承：《工业化时期德国西部城市的崛起及其影响》，《史学集刊》2012 年第 5 期。

徐继承：《19 世纪德国城市经济职能的变化及其影响》，《都市文化研究》2016 年第 2 辑。

徐继承：《德意志帝国时期城市化与现代市政设施的构建》，《都市文化研究》2017 年第 1 辑。

徐继承：《近代柏林城市人口增长及其社会影响》，《新史学》2018 年第 1 辑。

徐继承、姚倩倩：《19 世纪德国的城市现代化初探》，《都市文化研究》2018 年第 2 辑。

徐继承：《德意志帝国时期的高速城市化与公共卫生危机》，《史学集刊》2020 年第 4 期。

［德］U. 弗雷弗特：《德国妇女运动史：走过两世纪的沧桑》，马维

麟译，五南图书出版有限公司1995年版。

王琼颖：《政府导向与城市交通转型——魏玛繁荣时期的柏林城市交通发展》，《都市文化研究》2010年第1辑。

王章辉、黄柯可：《欧美农村劳动力的转移与城市化》，社会科学文献出版社1999年版。

伟林、严冀：《城市经济学》，复旦大学出版社2004年版。

吴友法、黄正柏主编：《德国资本主义发展史》，武汉大学出版社2000年版。

姚倩倩：《工业化时期德国市政改革研究（1830—1910）》，硕士学位论文，山西师范大学，2019年。

叶舜赞：《城市化与城市体系》，科学出版社1994年版。

赵理尘：《城市发展学导论》，山东大学出版社2004年版。

赵晓雷：《城市经济与城市群》，上海人民出版社2009年版。

张明龙：《产业集群与区域发展研究》，中国经济出版社2008年版。

中国科学院经济研究所世界经济研究室编：《主要资本主义国家经济统计集1848—1960》，世界知识出版社1962年版。

中国社会科学院研究生院城乡建设经济系编：《城市经济学》，经济科学出版社1999年版。

钟秀明：《城市化之动力》，中国经济出版社2006年版。

周一星：《城市地理学》，商务印书馆1995年版。

后 记

自跨入德国史的研究领域已有 10 年了，2008 年，我着手有关德国城市史的研究工作，并开始发表系列论文。2013 年出版了《德意志帝国城市化研究》一书，该书主要梳理了近代以来德国城市化发展历程。随着研究的深入，我发现单纯地研究德国城市化是不够的。城市化不仅是城市人口在总人口比重不断提高的过程，而且还促进了社会结构变迁、市政管理现代化的趋势、城市文化普及。于是，我有了写一部德国城市化与社会变迁的著作的想法，并做了前期的资料收集与准备工作。研究过程中一直设想从工业化时期城市化发展的视角来审视德国的社会变迁。2013 年有幸成功申报国家社科青年基金《工业化时期德国城市发展与社会变迁》也为该夙愿的实行提供了契机。历经五年，愿望初成，然囿于自身学术素养之限，研究成果与期望之间仍存在较大的差距，令人汗颜。

博士毕业已经有八年了，每一点的进步都离不开我恩师的提携与帮助，在本课题即将结题之际，向我的恩师武汉大学的严双伍教授将我引入学术道路，华中师范大学的邢来顺先生在我攻读博士学位期间所给予无微不至的关怀和指导表示感谢。邢老师不仅学识令人敬仰、治学严谨，而且待人和蔼可亲，这使我在治学与为人方面都受益颇大。每当遇到困难时，正是在先生们的鼓励下，我能够鼓起勇气，克服苦难完成课题。此外，上海师范大学都市文化研究中心的陈恒教授、陆伟芳教授对晚辈提携也不少，我不仅参与了陈恒教授主持的国家社科基金重大项目多卷本的《西方城市史》，还在该中心主办的刊物《都市文化研究》《新史学》发表多篇学术论文。

景德祥先生、罗衡林先生、孟钟捷先生、钱金飞先生、陈从阳先生、王涛先生、岳伟博士、王超博士、杜卫华博士、林纯洁博士、王琼颖博士都给本课题提出了许多宝贵而中肯的建议，在此表示真挚的谢意。山西师范大学的车效梅教授、张焕君教授、仝建平教授、王小平教授、王宝龙博士、高宇祥博士以及社科处的董斌副处长、赵振锋老师对本课题都给了较大帮助，在此表示感谢。

我的研究生姚倩倩撰写了第三章第二节、杨鑫撰写了第四章第三节、薛丽撰写了第四章第五节，为本课题付出了大量劳动。此外。我的学生张荣霞、颜毛毛、苏彩媛、李慧、刘旭红等参与了部分收集与整理资料的工作。

中国社会科学出版社任明编审不仅做了大量的具体工作，还给予我心理上的支持和鼓励。经济出版社的赵静宜女士、解放军出版社的董凌锋先生给予许多建议和帮助，在此一并感谢。

最后，我要特别感谢我的爱人赵端分，感谢她多年来对我学业的支持和为家庭付出的各种辛劳。

由于本人学识水平有限，该书中难免存在一些错误与不足，在此恳请专家、学者多多指正、赐教。